贵州康养蓝皮书：
贵州康养产业发展报告

2021

主　　编　肖远平　柴立
执行主编　王伟杰
副 主 编　赵尔文达

GUIZHOU

KANGYANG LANPISHU:

GUIZHOU KANGYANG CHANYE FAZHAN BAOGAO 2021

中央民族大学出版社
China Minzu University Press

图书在版编目（CIP）数据

贵州康养蓝皮书：贵州康养产业发展报告. 2021 / 肖远平，柴立主编. —北京：中央民族大学出版社，2022.6

ISBN 978-7-5660-2090-1

Ⅰ. ①贵… Ⅱ. ①肖… ②柴… Ⅲ. ①养老—服务业—产业发展—研究报告—贵州—2021 Ⅳ. ①F726.99

中国版本图书馆 CIP 数据核字（2022）第 094384 号

贵州康养蓝皮书：贵州康养产业发展报告. 2021

主　　编	肖远平　柴　立
责任编辑	舒　松
封面设计	舒刚卫
出版发行	中央民族大学出版社
	北京市海淀区中关村南大街 27 号　邮编：100081
	电　话：(010)68472815(发行部)　传真：(010)68932751(发行部)
	(010)68932218(总编室)　(010)68932447(办公室)
经 销 者	全国各地新华书店
印 刷 厂	北京鑫宇图源印刷科技有限公司
开　　本	787×1092　1/16　印张：23.5
字　　数	360 千字
版　　次	2022 年 6 月第 1 版　2022 年 6 月第 1 次印刷
书　　号	ISBN 978-7-5660-2090-1
定　　价	86.00 元

主编单位

贵州省康养产业商会

贵州民族大学

南方少数民族非物质文化遗产研究基地

支持单位

贵州省发改委、省民政厅、省政协科教文卫体委员会、省文旅厅、省农业厅、省科技厅、省工信厅、省卫健委、省科协、省体育局、省药监局、省社科联、农工党贵州省委、省工商联、省林业局、省中医药管理局、省红十字会、贵州大学、贵州财经大学、贵州师范大学

《贵州康养蓝皮书》编委会

摘　要

贵州省素有“山地公园省”的美誉，具备发展康养产业优越的资源条件及良好的现实基础，力争打造国内一流度假康养目的地。康养产业作为一个多产业高度融合的新兴产业，近年来，在贵州省委、省政府的重视与推动下，“森林康养”“红色康养”“山地康养”“中医药+康养”等多种依附贵州当地资源形成的康养模式已基本建立，“十三五”期间，贵州养老服务设施已基本实现城乡全覆盖，但离将贵州打造成为国内一流度假康养目的地的目标还有一定距离。

为总结贵州康养产业的实践经验，探讨贵州康养产业未来发展趋势，在贵州省康养产业商会的支持下，《贵州康养蓝皮书》应运而生，具有基础研究与应用实践价值，以期共聚各界力量，打造贵州康养产业建设智慧阵地，努力为贵州康养产业全面可持续健康发展建言献策。

本书主要分四个部分。

第一部分为总报告。通过梳理国内学者及政府文件中对康养产业的定义，立足贵州的康养产业优势及资源，提出了贵州康养产业的定义及内涵，通过回顾2016年以来贵州省在建设和发展康养产业方面的主要成就及重点措施，针对现阶段贵州康养产业发展困境提出了解决方案。

第二部分为分报告。就具有贵州地域特色的三个产业——贵州山地中药材产业、酒用高粱产业及刺梨产业，以及一个区域产业——黔西南州康养产业的实践现状进行分析，并对其未来发展路径进行探索。

第三部分为理论探讨篇，就贵州的旅居养老产业、康养旅游产品、生态功能型社区建设、多层次养老服务体系、亲子康养产业及康养特色小镇的发展进行理论性探讨。

第四部分为案例分析篇，在对贵州省康养产业商会部分企业调研、分类基础上形成的案例分析报告。有对资源依托型企业的调研报告，如贵州省总工会息烽温泉疗养院、贵州盘州乌蒙大草原房车露营管理有限公司、贵州宏宇药业有限公司；有对技术支撑型企业的案例分析，如贵州泛特尔细胞生物技术有限公司、贵州龙善居健康管理有限公司、福万康康复医院；有对服务导向型企业的案例分析，如贵州椅山康蕊酒店管理有限公司康养小镇、贵州中天康养体育、益养苑康养中心等；以及混合型企业的案例分析，如贵黔国际总医院、华控城乡开发建设有限公司、贵州好一多乳业股份有限公司。

目　录

总报告

分报告

理论探讨

案例分析篇·资源依托型案例分析

案例分析篇·技术支撑型案例分析

案例分析篇·服务导向型案例分析

案例分析篇·混合型案例分析

总报告

B.1 2016—2021贵州康养产业发展优势、经验、问题及未来发展对策*

王伟杰　赵尔文达　杨　晓　冯　涛**

摘　要： 党的十八届五中全会把建设"健康中国"提升为国家战略后，康养产业发展日新月异，然而对于康养产业的相关研究却滞后于产业实践发展。贵州省素有"山地公园省"的美誉，拥有独特的自然资源和丰富的人文资源，力争打造国内一流度假康养目的地。基于此，本报告立足贵州的康养产业资源，提出了贵州康养产业的定义及内涵，梳理了2016至2021年贵州康养产业发展的主要成就及重点措施，指出了目前存在立体保障体系不健全、产业结构不完善、基础设施建设不足等困境，并提出了规范经营体系、建立健全管理机制，完善基础设施、提升康养服务质量，立足地域特色、实施产业示范引领，培养专业人才、建设康养人才队伍等具体措施，以期为未来贵州康养产业的发展建言献策。

关键词： 贵州；康养产业；问题；对策

---

* 基金项目：国家民委人文社科重点研究基地"南方少数民族非遗研究基地建设项目"（民委发〔2014〕37号）的阶段性研究成果。

本报告相关数据截止日期为2021年10月31日。所有学术观点谨代表"贵州康养蓝皮书"课题组意见，在此郑重明示，不妥之处敬请批评指正。

** 王伟杰，博士，贵阳人文科技学院科研处处长，贵州民族大学贵州民族科学研究院教授、硕士生导师，研究方向：非物质文化遗产；赵尔文达，中央民族大学民族学与社会学学院博士研究生，贵阳人文科技学院民族民间文化教育传承创新重点研究基地教师，研究方向：民俗学；杨晓，贵阳人文科技学院民族民间文化教育传承创新重点研究基地讲师，研究方向：非物质文化遗产；冯涛，贵阳人文科技学院民族民间文化教育传承创新重点研究基地教师，研究方向：康养产业。

随着社会经济的快速发展，人民生活水平日益提高，“健康”日益成为社会关注的焦点。贵州省素有“山地公园省”的美誉，拥有独特的自然资源和丰富的人文资源，力争打造国内一流度假康养目的地，推动贵州康养产业的快速发展。近年来，贵州省康养产业发展迅猛，积累了丰富的实践经验，总结和探讨贵州康养产业的发展状况，具有重要的现实意义和学术意义。

一、康养产业的定义、范畴及分类

在与新冠肺炎疫情的斗争中，我国民众逐渐对生命生活的思考有了新的定位——拥有健康的身体并有强大的免疫力才能赢得未来。越来越多人想拥有更新鲜的空气、水和食物，想有更开阔的运动空间，期盼更专业的康养设施，更贴心的日常服务，真正享受和体验高质量的愉悦生活，对康养的定义和理解也逐步扩展开来。

（一）康养产业定义及内涵

2015 年，我国将“健康中国”上升为国家战略；2016 年 10 月 25 日，国务院印发《“健康中国 2030”规划纲要》，指出到 2030 年，健康产业规模显著扩大，成为国民经济支柱性产业；2017 年 10 月 18 日，习近平总书记在党的十九大报告中指出，实施“健康中国战略”，要“完善国民健康政策，为人民群众提供全方位全周期的健康服务”。2020 年，新冠肺炎疫情的肆虐，以及后来在国内不同省份和地区的零星爆发，倒逼我国民众关注个人身体健康、注重积累康养知识，也间接推动了康养产业的大发展和大繁荣。与康养产业在国民经济行业中的迅猛发展形成鲜明的对比，学术界对“康养产业”的概念界定、主要分类、统计标准等等至今尚未统一，因而亟待科学构建康养产业的概念体系和理论体系。

与“康养产业”密切相关的概念，包括“健康产业”“养老产业”“老龄产业”和“养生产业”。国内对“健康产业”的大量研究始于 21 世纪初，对“养老产业”“老龄产业”的大量研究始于 20 世纪末，对“养生产业”的研究可以追溯得更早。而国内对“康养产业”概念的提出始于

2014年。2014年12月，首届中国阳光康养产业发展论坛第一次提出“康养产业”这一新名词，意指“健康与养老服务产业”，“包含健身养生业、旅游休闲业等相关产业，是现代服务业的重要组成部分”。直至2021年9月29日，山西省第十三届人民代表大会常务委员会第三十一次会议通过了《山西省康养产业促进条例》，在第二条中规定“本条例所称康养产业，是指以提高人民群众健康水平为核心形成的综合性产业，包括直接或者间接为康养活动提供物质或者非物质服务的养老、养生以及医疗、文化、体育、旅居等产业”①，自此“康养产业”有了较为明确的官方定义。

在学术界，截至目前，对“康养产业”尚未形成统一的、清晰的概念界定。李后强②认为“康养”主要包含了“健康”和“养生”两个方面，将“康养”定义为“在特定的外部环境中，通过一系列行为活动和内在修养实现个人身体上和精神上的最佳状态。”将“生态康养产业”定义为“以充沛的阳光、适宜的湿度和高度、洁净的空气、安静的环境、优质的物产等优良资源为依托，辅以优美的市政环境和完善的配套设施，以运动、保健、休闲、度假、养生、养老等功能为核心的促进人健康长寿的现代服务业。”何莽③则将“康养”分为“健康”“养生”“养老”三个维度，将“康养”看成“以养为手段，以康为目的”的活动，是对生命的“长度”“丰度”和“自由度”三位一体的拓展过程，是结合外部环境改善人的“身”“心”“神”，并使其不断趋于最佳状态的行为。有学者从学术界、产业界、行为学和生命学四个角度对康养进行了定义，给出了不同的概念，从学术上讲，学界普遍将康养解读为“健康和养生的集合，重点在于生命养护之上，用健康和养生的概念来理解康养的内容”；从产业上看，倾向于“将康养等同于大健康，重点是把养解读为养老，认为康养是健康与养老的统称”；从行为学角度分析，将康养看作“一种行为活动，是维持身心健康状态的集合，从更一般的角度来看待：康是目的，养是手段”；然而从生命学角度看，康养“要兼顾生命的三个维度：一是生命长

① 《山西省康养产业促进条例》，载《山西日报》，2021年10月29日，第9版。

② 李后强：《生态康养论》，成都：四川人民出版社，2015年版，第16—42页。

③ 何莽：《中国康养产业发展报告（2018）》，北京：社会科学文献出版社，2019年版，第2页。

度，二是生命丰富，即精神层面的丰富度，三是生命自由度”。

总的说来，国内对“康养”尚未有统一、完整的定论。就其“康养”二字的词意来说，“康”字在甲骨文中，像手持簸箕的人逆风扬糠选米的样子。后被借用为健康的“康”字，添加禾旁新造“穅”字，以表原“康”字意。《说文解字》说道：“穅，谷皮也。从禾、从米、庚声。”指稻、麦、谷子等作物籽粒外面的壳。再后来“穅”字改为“米”旁，写作“糠”，“康”字逆风扬糠取米的本义消失，借用为健康的“康”字。隶变使“康”字形态变成了“广”字中加一“隶”，表示“糠”为米的隶属物；楷书的“康”字，“隶”字下半部变成了“水”字。

《尚书·洪范》中提到人的“五福”，分别是“一曰寿，二曰富，三曰康宁，四曰攸好德，五曰考终命”。这里的“康宁”代表的是平安，无疾病、灾难；《诗经·唐风·蟋蟀》：“无已大康，职思其居，”，这里的“康”即安乐、安宁。由此可见，“康”表示的既是体内滋润和谐，生理上呈现代谢状态的安适自在，又代表居住环境及条件的舒适、和谐，维护人精神上、思想上安乐、宁静的外部环境。上文提及，“康是目的，养是手段”，能从生理、心理等多重“养”的手段维持和重塑人的健康生活。

（二）康养产业相关分类

康养产业由于概念尚不统一，其内涵和分类也较为复杂。从目前的学术研究来看，房红、张旭辉①提出应将“康养产业”理解为包含“大健康产业”与“养老产业”两部分。广义上既包括提供私人产品的部分，也包括提供公共产品的部分。或者说，广义上包括“产业”和“事业”两部分。然而依据消费群体、市场需求、关联产业、资源差异和地形地貌的不同，又有不同的分类方法。如从消费者年龄结构的不同分为妇孕婴幼康养、青少年康养和中老年康养，从消费者的个体健康状况又分为健康状态的保养、亚健康状态的疗养和临床状态的医养；基于市场需求差异，又分为养身、养心和养神的康养；从关联产业看，又包含康养农业、康养制造业和康养服务业三大类；依据自然资源的不同又有森林康养、气候康养、

① 房红、张旭辉：《康养产业：概念界定与理论构建》，载《四川轻化工大学学报》（社会科学版）2020年第4期。

海洋康养、温泉康养、中医药康养等不同类型；依照不同的地形地貌，可分为高原康养、山地康养、丘陵康养、平原康养。而基于康养产业的链条组成，可以将康养产业分为“三层”体系：核心层、紧密层和支撑层（具体见图 1）。

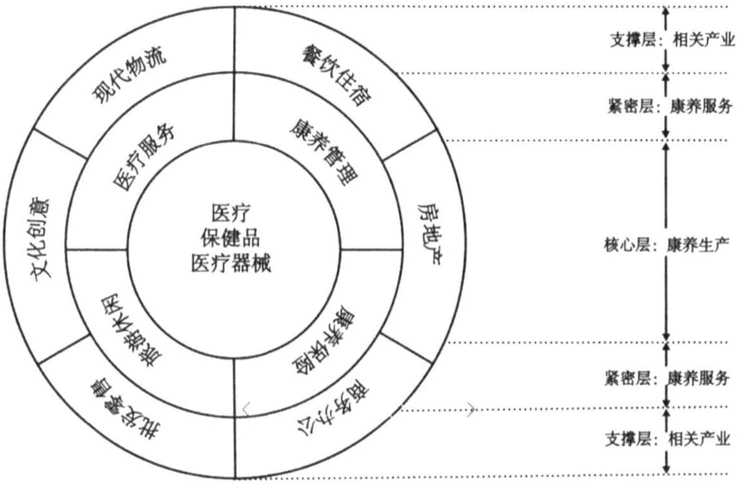

图 1　康养产业的核心层、紧密层和支撑层的逻辑关系

贵州省康养产业商会会长、贵州宏宇药业有限公司董事长柴立教授认为①，康养是一个综合概念，依据个体的身体健康状况和生活质量，分为食养（讲求食药同源，依赖中医药和民族医药知识与技术，并食用健康的农产品和保健品）、动养（利用运动达到身体的健康平衡状态，但不能过度运动以致疾病缠身）、医养（含药养，与医院的功能不同，与卫健委工作不同，依靠现代生物技术和传统医药文化提升生命质量）、天地养（依赖贵州优秀的自然环境，特殊的空气等生态资源）、怡养（琴棋书画、心理修炼等，包含瑜伽和培训等使人情致提升，如“饭养身、歌养心”提高生活质量）等多种形式，但康养产业的每一类产品和服务往往是以上的综合。

① 采访对象：贵州省康养产业商会会长、贵州宏宇药业有限公司董事长柴立教授，采访人员：王伟杰、赵尔文达，采访地点：贵州省贵阳市乌当区新添寨顺兴路 175 号贵州宏宇药业有限公司，采访时间：2021 年 1 月 15 日。

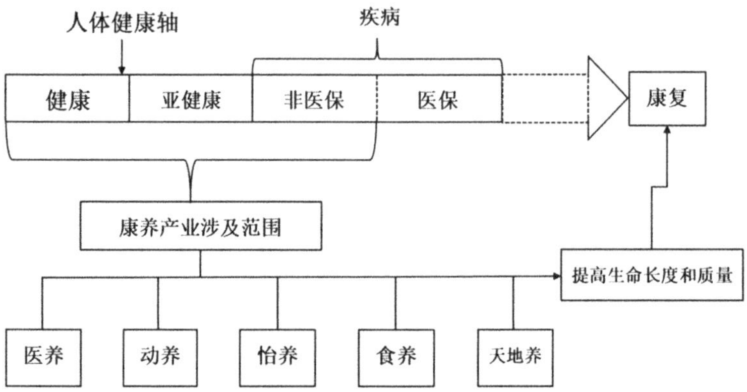

图 2　贵州省康养产业商会会长柴立教授界定的康养产业及分类

因此，康养是一个极具包容性的概念，涵盖范围广阔，其根本是以“康”为目的，以“养”为手段进行人的全生命周期的维护，保证人的生命健康与高质量生存，达到并维持健康的生存生活状态，延伸健康生命的长度。也就是说，从孕幼到青少年再到中老年等各个年龄阶层的人群，都存在不同程度、不同类型的康养需求，从健康到亚健康再到病患甚至是需要临终关怀的群体，社会各个群体都有必要纳入康养的范围。因此，康养产业是“一种多行业融合的新产业，可以有医养、食养、动养等等，既有结合自然生态的森林、温泉康养；也有集合现代手段和生物高科技技术的康复；甚至也有促进心理情智健康的琴棋书画等相关产业”①。这也是本报告对康养产业的定义、内涵的主要依据。

二、贵州康养产业的发展优势、成就及主要措施

（一）贵州发展康养产业的优势

1. 自然资源适宜康养产业发展

贵州位于东经 103°37′~109°32′，北纬 24°37′~29°13′之间，地处云

① 以上内容根据贵州省康养产业商会会长、贵州宏宇药业有限公司董事长柴立教授在 2020 年 6 月 29 日贵州省康养产业商会成立大会主旨演讲内容《聚焦健康贵州，聚力康养产业发展》整理而来。

贵高原东部，总面积约为176000平方千米，占全国总面积的1.83%。海拔137~2900m，平均海拔1100m。贵州省温暖湿润，属于亚热带季风气候，降水充沛，雨热同季，冬暖夏凉，多阴雨，少日照。这样的气候环境，适合植物营养体（叶、茎、根）生长繁育，具备发展山地畜牧业的优越气候条件。尤其是地处北纬25°的黔南桂北，更是中国香料的重要原产地。

地势西高东低，被乌蒙山和武陵山环绕，地形地貌复杂，可概括为高原山地、丘陵和盆地三种基本类型。贵州地处世界最大的喀斯特山区，是全国唯一无平原支撑的喀斯特山地省，是世界岩溶地貌最典型的地区之一。贵州省大部分地区年均气温为14℃~16℃。尤其是具有“中国凉都”之称的六盘水、“爽爽的贵阳”、多次入列中国避暑小城市榜的开阳县等。贵州省境内河谷纵横，峰峦重叠，土壤多分布于石缝或岩溶裂隙。作为全国温泉资源最为富集的省份之一，贵州现有温泉旅游资源三百余处。丰富的山地资源和温泉资源，为贵州打造“山地温泉康养”目的地提供了基础。

2. 民族文化资源禀赋为康养产业发展赋能

贵州少数民族文化资源丰富，据第七次全国人口普查数据，在贵州省常住人口中，各少数民族人口为14050266人，占全省总人口的36.44%。[①] 其中世居贵州的少数民族就有苗族、侗族、水族、土家族、彝族、布依族、蒙古族、满族等17个。

这些少数民族世代居住于此，充分利用当地资源，发展了丰富的少数民族医药文化，目前，仅被列入国家级非物质文化遗产代表性项目名录的，就有“瑶族医药（药浴疗法）、苗医药（骨伤蛇伤疗法）、苗医药（九节茶药制作工艺）、苗医药（骨髓骨伤药膏）、侗医药（过路黄药制作工艺）、布依族医药（益肝草制作技艺）”等六个项目。

在食材的选择与香料的处理方面，贵州各少数民族更是颇具心得。“人放天养”“以鱼净水”的稻花鱼养殖模式，以牛羊胆汁胃液混合药草

① 《贵州省第七次全国人口普查公报（第一号）》，贵州省宏观经济数据库，http://hgk.guizhou.gov.cn/publish/articles/c8/2021/05/a680/a680.html? locationhref = http%3A%2F%2Fhgk.guizhou.gov.cn%2Fpublish%2Fchannels%2Fc8%2Fc8_1psSuffix&pagesize=15&curpage=1&curainum=6。

草而成的牛羊瘪的取材及制作都是贵州少数民族在长期生产生活实践中摸索的康养实践；富含氨基酸的野生菌菇，具有清热解毒功效的折耳根，乃至于许多就地取材具有药用价值的香料也时常出现在贵州人的餐桌上。

3. 大数据发源地为康养产业发展提供技术支撑

享有“中国数谷”美誉的贵安新区国家级大数据综合试验区落户贵州，成为全国乃至全球大数据发展的重要策源地和创新试验田，伴随着大数据中心的集聚，为贵州带来数字经济、大数据、AR/VR、数据分析等产业链，数字经济活力得到激发。

随着将大数据产业作为主导产业和核心竞争力进行培育，贵州已基本形成完备的数据产业链，在催生数据融合康养新业态方面有着先天优势。

发挥大数据在工业转型升级中的引领与支撑作用，如在疫情下催生、推动线上消费、无接触配送、智能化服务等新模式；运用大数据与康养相关实体经济进行深度融合，如深化云计算、量子通信、人工智能等新一代信息技术在实体经济中的创新融合，运用大数据手段推进康养全产业链、全生命周期及企业研发、生产、销售、服务等各环节的优化重组，持续提升传统产业，不断培育壮大新业态，促进康养相关实体经济向数字化、网络化、智能化转型，由投资驱动、资源驱动向数据驱动、知识驱动转变，推动经济发展质量变革、效率变革、动力变革；利用大数据产业为康养相关农业“赋能”，推动康养相关农业现代化运作，如推广农业物联网应用，推动农业数据关联、整合，实现农业生产实时监测及智能决策等。为增强贵州康养农产品市场竞争力，助推“黔货”出山，为贵州培育农村电商主体，为提升因交通不便运输的贵州康养农产品流通效率，从大数据、区块链、物联网等技术上给予支持。

（二）贵州康养产业发展成就及主要措施

党的十八届五中全会把建设“健康中国”提升为国家战略后，我国对康养产业高度重视，连续三年对森林康养做出部署安排，提出森林康养发展方向与发展重点。党的十九大提出实施“健康中国”战略，国务院印发《关于实施健康中国行动意见》和《健康中国行动（2019—2030

年)》，对普及健康生活、优化健康服务、建设健康环境、坚持预防为主，提高全民健康水平进行了部署。我国将人民健康放在优先发展的战略位置，全面推进健康中国建设，康养产业成为政府和市场投资机构青睐的朝阳产业。据第七次全国人口普查数据显示，目前我国人口年龄结构“两升一降”，0~14 岁少儿人口和 60 岁及以上人口占比分别提高 1.35%和 5.44%，15~59 岁劳动年龄人口占比下降 6.79%①。贵州 60 岁以上老年人口占总人口的 15.38%②，约 593 万人，正加速步入老龄化社会。随着经济社会的发展和物质生活水平的提高，大众的健康水平已经得到很大改善，平均寿命普遍延长，但老龄化现象日益严重，越来越多的人面临“三高”、失眠、精神紧张等健康问题，逐渐重视健康养生，追求高质量的健康生活。

我国古人早有“上工治未病”，贵州世居少数民族就有“歌养心，饭养身”朴素理论。贵州已经具备了天地物产的优势，人之活动也顺其自然推动康养产业在贵州生机勃勃的发展。近年来，贵州省正积极推进康养产业，产业发展取得长足进步。

1. 加速建立健全贵州森林康养试点基地建设工作

森林康养是以森林生态环境为基础，以促进大众健康为目的，利用森林生态资源、景观资源、食药资源和文化资源，并与医学、养生学有机融合，开展保健养生、康复疗养、健康养老的服务活动。发展森林康养产业，是科学合理利用林草资源、践行“绿水青山就是金山银山”理念的有效途径，是满足人民美好生活需要的战略选择。近年来，中国森林康养产业发展迅速，森林康养基地发展模式呈现多样化的趋势。贵州省委、省政府积极结合资源条件，建立森林康养中心和康养基地，在“十三五”期间贵州养老服务设施基本实现城乡全覆盖，“十四五”时期贵州将紧紧围绕打造全国养老示范基地和国际一流康养目的地这一目标，扎实推进健康贵州行动，推动贵州生物医药、大健康产业跨越发展，实现养老设施城乡全

① 国家统计局：《中国统计》2021 年第 5 期，http://www.stats.gov.cn/tjzs/tjsj/tjcb/zgtj/202108/t20210813_1820663.html。

② 当代先锋网：《贵州 60 岁及以上人口占总人口 15.38%》，http://www.ddcpc.cn/news/202105/t20210511_5308473.shtml。

覆盖。截至 2020 年，贵州省完成林业投资 320.13 亿元，森林面积达到 1.62 亿亩，森林覆盖率达到 61.51%，森林蓄积量 6.09 亿立方米①，并建成了一批森林康养试点基地。

森林康养试点基地设置了苛刻的条件：陆地森林覆盖率在 65%以上；具备空气负离子含量平均值每立方厘米大于 1500 个、空气细菌含量平均值每立方厘米小于 500 个等要素的优质森林资源；周边生态环境良好，至少包括地文、水文、生物、天象、人文五类森林风景资源中的三类资源等。自 2015 年开始，中国林业产业联合会组织申报森林康养基地试点评选，至 2020 年底共公布了六批试点名单（见表 1），贵州六批共计 50 家单位上榜。

表 1　我国 2016—2020 年森林康养基地试点建设单位数量

公布时间	批次	森林康养试点建设单位数量（家）	贵州森林康养试点建设单位数量（家）
2016 年 9 月 1 日	第 1 批	36	4
2017 年 6 月 5 日	第 2 批	99	7
2017 年 11 月 20 日	第 3 批	98	13
2018 年 10 月 11 日	第 4 批	141	16
2019 年 10 月 12 日	第 5 批	226	9
2020 年 11 月 3 日	第 6 批	224	1

资料来源：中国林业产业联合会：《2016—2020 年公布的森林康养基地试点建设单位数量的统计数据》，2015 年开始，中国林业产业联合会组织申报森林康养基地试点评选，到 2020 年底共公布了六批试点名单。

经过几年的试点建设和运营，2020 年 3 月 16 日国家林业和草原发改司、民政部养老服务司、国家卫生健康委老龄健康司、国家中医药局国际合作司四部门通过评审，公布了第一批 96 家国家森林康养基地名单，贵州共 5 家基地获“国家森林康养基地（第一批）”称号（见表 2）。这次评

① 贵州省人民政府：《2020 年贵州林业年鉴》，http://www.guizhou.gov.cn/dcgz/stgz/lynj/202109/t20210914_70399295.html。

定是认真贯彻四部门《关于促进森林康养产业发展的意见》（林改发〔2019〕20号）的具体举措，是大力推进森林康养产业发展的有力措施，也是从国家层面对森林康养产业发展前景的支持。

表2　贵州省第一批国家森林康养基地名单

基地	建设主体
六盘水娘娘山森林康养基地	六盘水娘娘山国家湿地公园管理处
桃源河景区森林康养基地	贵阳旅文旅游产业发展股份有限公司
开阳县水东乡舍森林康养基地	贵州水东乡舍旅游发展有限公司
翠芽27度森林康养基地	贵州月出江南景区运营管理有限公司
麻江县蓝梦谷蓝莓森林康养基地	麻江县农业文化旅游管理委员会

资料来源：中华人民共和国民政部：《关于国家森林康养基地（第一批）名单的公示》，http://www.mca.gov.cn/article/xw/tzgg/202003/20200300025698.shtml。

贵州省委、省政府十分重视森林康养产业发展，立足保护与开发并举，将森林康养写入《关于推动绿色发展建设生态文明的意见》《关于加快发展新经济培育新动能的意见》《关于深入推进农村产业革命坚决夺取脱贫攻坚战全面胜利的意见》；持续安排财政专项资金，支持森林康养产业发展，促进林业经济转型升级，打造贵州绿色发展新名片。2017至2018年，贵州省林业局投入3000万元财政资金支持森林康养试点，全力推动森林康养产业发展，并大力开展招商引资。2021年，贵州省林业局投入森林康养资金2777万元，扶持11家森林康养（试点）基地建设。印发《贵州省2021年森林康养（试点）基地提升建设方案》，指导12家（试点）基地提升建设。截至2021年10月，贵州省有国家森林康养基地5个、省级森林康养试点基地63个（见表3），开展了温泉疗养、养生养老、休闲度假、体验等类型的康养服务，接待了康养人员约500万人次，从事康养服务人员20万余人，有力地助推了脱贫攻坚。

表 3　贵州省省级森林康养试点基地名单

批次	获批年份	贵州省省级森林康养试点基地
第一批（12 家）	2017 年	梵净东麓森林康养基地
		习水西部森林康养基地
		赤水市天鹅堡森林康养中心
		百里杜鹃国家森林公园森林康养基地
		贵州景阳森林康养中心
		开阳椿悦南江森林康养中心
		从江县加榜百里梯田森林康养中心
		黎平侗乡森林康养基地
		独山紫林山森林康养基地
		安顺西秀九龙山森林康养基地
		北盘江森林康养中心
		野玉海森林康养基地
第二批（20 家）	2018 年	贵州都匀青云湖森林康养基地
		贵州七星关拱拢坪森林康养基地
		贵州台江苗疆森林康养基地
		贵州赤水天岛湖森林康养基地
		贵州凤岗林仙康森林康养基地
		贵州雷山苗岭森林康养基地
		贵州桐梓枕泉翠谷森林康养基地
		贵州安顺龙宫森林康养基地
		贵州剑河国际山地森林温泉康养谷
		贵州江口净云森林康养基地
		贵州赫章水塘林场森林康养基地
		贵州六盘水凉都高原比女街森林康养基地
		贵州平塘京舟森林康养基地
		贵州施秉都市森林康养基地
		贵州印江云上居森林康养基地
		贵州荔波兰鼎山森林康养基地
		贵州乌当善美合森林康养基地
		贵州安顺九龙山森林民宿康养中心
		贵州白云初垦庄园森林康养基地
		贵州安龙石斛谷森林康养基地

续表

批次	获批年份	贵州省省级森林康养试点基地
第三批（20家）	2019年	贵州息烽南山温泉森林康养试点基地 贵州凤冈茶寿山森林康养试点基地 贵州息烽温泉森林康养试点基地 贵阳花溪青钱柳森林康养试点基地 贵州盘州妥乐古银杏试点基地 贵阳南明区永乐湖森林康养试点基地 播州区龙岩湖森林康养试点基地 贵安新区松柏山森林康养试点基地 汇川光勋“百果园”森林康养试点基地 黔西月亮湾绿色森林康养试点基地 兴义市万峰林森林康养试点基地 开阳南龙森林康养试点基地 安顺西秀区金土悠然田园森林康养试点基地 龙里贾托山醉蝶谷森林康养试点基地 惠水白鸟河数字小镇森林康养试点基地 正安桃花源森林康养试点基地 毕节市周驿茶场森林康养试点基地 紫云月亮湾森林康养试点基地 石阡百年楠木森林康养试点基地 榕江茅人河森林康养试点基地
第四批（11家）	2020年	清镇市红枫湖畔森林康养试点基地 凤冈九龙景区森林康养试点基地 凤冈县魅力黔茶森林康养试点基地 赤水黔北四季花香森林康养试点基地 盘州大洞竹海森林康养试点基地 平坝飞虎山观光园旅游景区森林康养试点基地 大方油杉河大峡谷国家森林公园森林康养试点基地 大方县仙客来生态园森林康养试点基地 石阡仙人街森林温泉康养试点基地 贵州龙里生态园森林康养试点基地 镇远高过河森林康养试点基地

资料来源：根据网站相关资料整理。

2. 秉承先进经营理念积极搭建政产学研交流平台

贵州省以市场为导向，结合林业产业特色，积极搭建政产学研交流平台，扩大融资空间，引进先进经营理念，创造良好融资环境，促进森林康养、温泉康养、气候康养、森林旅游等康养及相关产业多元新业态壮大发展。

一是明确发展方向。贵州省根据《贵州省国民经济和社会发展第十四个五年规划和二〇三五年远景目标纲要》和相关专项规划，重点建设“一圈一城三区”；推进以贵阳为核心的黔中综合健康养生圈、都匀市绿色康养之城、贵州侗乡大健康产业示范区建设，支持遵义市创建全国体育旅游示范区、省级中医药康养服务综合示范区建设的康养产业布局，引领康养产业发展。此外，还根据各地资源合理规划，突出特色化和差异化，努力打造在国内、国际具有一定影响力的康养品牌，旨在建成一批集休闲、避暑、生态体验等为一体的旅居养老产业示范基地和集聚区；一批温泉疗养、民族医药治疗保健、中医食疗、健康管理等特色健康养老产业示范园区；一批智能化老年用品和康复辅助器具制造产业示范基地，进一步做大全省康养产业，推进新型城镇化与康养产业载体同步建设。

表 4　贵州省各区域康养产业发展方向

地区	康养产业发展方向
贵阳市、安顺市	以黔中城市群为依托，黄果树瀑布景区为核心，打造黔中国际康养中心，发展养生养老产业
遵义市	以遵义市为中心，打造红色文化旅游、森林康养和体育旅游品牌
黔西南州	以黔西南州为中心向外辐射，打造山地户外运动基地和水上运动基地
铜仁地区	主要打造温泉康养品牌
六盘水市	打造避暑旅游、气候康养品牌
黔南州、黔东南州	打造民族文化旅游、民族医药康养和绿色康养品牌

资料来源：根据网站相关资料整理。

二是制定建设标准。贵州省自 2018 年起，积极抓康养基地建设标准，制定发布了《贵州省森林康养基地建设技术规范》《贵州省森林康养基地规划技术规程》，印发了《贵州省省级森林康养基地管理办法》《贵州省省级森林康养基地评定办法》，由省林业局、省民政厅、省卫生健康委、省中医药管理局四家联合印发了《推进森林康养产业发展的意见》，研究制定关于森林康养基地的地方标准和办法，在康养产业的标准建设和管理监督上走在了全国的前列。2021年7月由贵州省林业局对外合作中心、中国林业产业联合会森林康养分会共同提出、制订的《森林康养小镇标准》已开始实施，与《森林康养人家标准》一道，被列入2021年生态文明贵阳国际论坛重要成果。这不仅反映了我国森林康养事业日渐发展成熟，取得了国家有关部门和社会各界的认可，也体现了中国森林康养已经开始向世界健康治理方面发出“中国声音”，提出“中国方案”。此外，还建立了联动协调机制，健康管理服务产业部门也参与到贵州康养产业建设中。省卫生健康委、省工业和信息化厅组织贵州省人民医院等30余家单位向国家申请5G+医疗健康应用试点项目，贵州省共14家医疗卫生机构和企业项目入围，其中包含医疗卫生机构11家，包括5G+急诊救治、5G+远程诊断、5G+中医诊疗、5G+医院管理和5G+健康管理等；省妇联支持“黔灵女”家政88个公益连锁店发展，全省建成“黔灵女”家政小屋30个，进一步提升大健康产业经营和带动就业能力。

三是成立贵州省康养产业商会。大健康产业是贵州省服务业创新发展十大工程之一。贵州积极推动大健康与大数据、大生态、大旅游高位嫁接、跨界融合、创新发展，发展家政服务、医学救援等配套、关联服务产业，加速形成全产业融合、全区域发展、全方位开放的大健康产业链。2020年6月29日，贵州省康养产业商会在贵阳成立，为贵州省康养产业融合发展搭建了新的平台，开启了贵州康养产业企业抱团融合发展的模式，为康养产业营造良好的外部环境。贵州省康养产业商会聚集一切与之相关的资源，以商业的模式融合互补共同发展，商会现阶段登记注册的会员企业共有100余家，会员单位业务囊括“休闲养生、温泉养生、滋补养生、康体养生”四大类，涵盖贵阳市、遵义市、毕节市、黔西南州、黔东南州、黔南州、安顺市、六盘水市、铜仁市等地康养代表企业，对进一步整合优势资源、促进行业健康发展有着积极重要意义。贵州省康养产业商会的成立成为政府与企业间的桥梁，发挥着纽带作用，把好政策有效传递到企业，将企业合理诉求传递到党委政府，有效地整合政策、资源和资

金，实现全产业链上企业的共生繁荣，助推贵州大健康产业发展，同时也为贵州省脱贫攻坚、乡村振兴、经济社会发展贡献力量。

四是宣传拓宽市场。贵州省通过举办森林康养培训、国际论坛等手段，大力宣传森林康养知识和发展产业的重要性，同时，将森林康养编入省第十二届三次全会《关键词解读》一书中，系统培养森林康养专业人才。2021 年，生态文明贵阳国际论坛“森林康养 · 中国之道”主题论坛在贵阳召开，论坛邀请了政界、学界、金融界、企业界专家，围绕森林康养的发展、林业产业转型升级、森林康养助推健康中国和乡村振兴战略的实施等核心议题开展对话交流，贵州省林业厅与中国农业发展银行签订合作协议，将投入高达 600 亿元人民币规模的政策性贷款用于支持贵州生态保护、生态建设、生态旅游、森林康养产业等项目，对贵州康养产业的发展有了资金保障，深化了“政产学研”合作，明确了贵州森林康养发展的方向路径，创建了“大生态+森林康养”绿色经济发展新模式。在国家大力推动东西部协作，强化与发达省份合作的基础背景下，贵州省已建成成渝地区联动错位发展中高端避暑旅游和休闲度假产品体系、与云南合作共同打造乌蒙山区生态旅游产业、与广西合作打造中国南方喀斯特原生态旅游区、与湖南合作打造“梵净山+凤凰古城”旅游专线等，实现一体联动、抱团发展，不断做强做大康养产业。

五是加强基础研究。贵州省充分发挥康养产业关联性强、覆盖领域广的特征，加快健康产业与大数据、大生态、大旅游融合发展，进一步整合全省优势资源，形成“康养+农业”“康养+旅游”“康养+中药”“康养+运动”“康养+食品”“互联网+康养”等多元化、多层次、全产业链条的康养产业，落实有关项目，如省发展改革委、省财政厅、省卫生健康委、省大数据局专题研究“利用人工智能助力基层医疗卫生服务能力提升”建设项目，有序推进 5G+医疗健康应用试点和人工智能助力基层医疗卫生服务能力提升；贵州中医学院、贵州省扎佐林场医院合作，开展“森林康养环境对慢性阻塞性肺病影响”研究等，促进产业联动，形成共生共享效应，实现跨行业、跨产业集群化发展。同时以市场为导向，大力开展招商引资，引进省外企业和贵州省产投集团、贵州省水投集团等 61 家国企、民企投资发展森林康养产业。延长产业链条，促进康养产业高质量发展。

2021 年，贵州建设起全国第一所以“康养”命名的贵阳康养职业大学，在康养产业研究和实践发展领域影响力逐步增强。贵州省利用“政产学研”结合，集结各界智慧、整合各界资源，引入绿色资本、绿色企业、绿色模式，正推动贵州森林康养产业向创新、协调、绿色、开放、共享的可持续发展之路迈进。

3. 凝聚产业集群，推动融合发展，实现经济结构优化

贵州省充分发挥森林资源独特优势，大力拓展森林多重功能，推进森林康养全域发展，2017 年，《国家生态文明试验区（贵州）实施方案》印发，贵州省获批首批国家生态文明试验区。贵州省坚持“生态优先，绿色发展”之路，依托丰富的森林资源、优质的生态环境、便捷的交通优势、药食同源植物多样及厚重的民俗生态康养文化，大力发展森林康养，将森林康养与旅游度假、养生保健、疗养康复、养老休闲、绿色生活方式纳入相融共生的大健康新兴产业，构建“两江”上游重要生态安全屏障，积极探索创新生态文明试验区建设。2020 年，贵州省人民政府印发了《贵州省服务业创新发展十大工程行动方案》，推进大健康产业与大数据、大生态、大旅游跨界融合并取得成效。

在医疗产业方面，森林康养将优质的森林资源与现代医学和中医等传统医学有机结合，开展森林康复、疗养、养生、休闲等一系列有益人类身心健康的活动。贵州省支持国药同济堂等 3 家中药配方颗粒试点企业进行配方颗粒研发生产，产值突破 8000 万元。截至 2021 年上半年，贵州省医药制造业规模以上工业总产值 158 亿元①，医药产业总产值累计增速 9.6%，累计增加值增速 8%，产销率 84.7%，同比增长 6.1%。生产中成药 2.64 万吨，同比增长 3.9%。此外，贵州省还计划向纳入贵州省级调度的 66 个医药制造类项目共投资 128.9 亿，目前已累计完成投资 26 亿元。贵州正积极发展森林康养医疗产业，加强森林康养基地与医疗单位的合作，把森林康养打造成森林旅游的精品和中高端业态。

在养生养老产业方面，贵州依托森林康养产业，将林业、旅游业、医疗卫生 3 个产业融合起来，以养生为主，通过设置适合不同消费群体的康

① 贵州省统计局：《上半年全省十大工业产业规模以上工业运行情况》，http://stjj.guizhou.gov.cn/tjsj_35719/tjxx_35728/202107/t20210716_69034802.html。

养设施，借助游戏、运动、休闲、养生、度假、疗养等活动，以满足不同消费群体的需要，达到预防疾病、缓解压力和康复病体的目的。近年来，贵州省健康养生养老产业有序推进，省民政厅牵头“改造提升50个标准化养老院、新增1万张护理型床位”项目，在2021年新增评选出2个健康养老产业示范县、10个健康养老小镇、5个养老产业集聚区；到2022年，贵州将建成30个健康养老小镇、15个养老产业集聚区。同时，贵州省借助大数据和云计算等现代信息技术，指导康养产业基地的智慧化、信息化建设，结合森林康养基地环境监测，加快完善贵州康养基地的智慧体验。

在体育产业方面，贵州省各康养基地积极开发森林自然疗养、亚健康理疗、养生养老，发展“运动+医疗+养生”模式，鼓励传统运动养生与医疗机构联合，提供面向城镇居民、亚健康人群的森林运动健康服务。2021年1月至6月，在贵州省疫情防控形势持续稳定的背景下，体育产业经济运行情况正加快恢复，全省体育专业规模以上企业营业收入21142.4万元，较2020年增加5534.8万元，同比增长35.46%。贵州省支持森林康养基地与生态体育深度融合，建设森林感观登山步道等设施，进一步开发打造森林浴、森林修行、森林骑行、森林瑜伽、森林太极、森林户外拓展等森林运动项目品牌。

在文化旅游产业方面，贵州在“十三五”期间发展势头良好，除2020年受新冠肺炎疫情影响而下滑外，其他年份都保持较为迅猛的增长势头（见表5）。2021年，贵州省更是将132个康养文旅项目纳入全省旅游产业化重点项目库按月调度，涉及总投资1814.08亿元；梳理111个康养文旅项目纳入全省文化旅游产业投资基金项目储备库，涉及总投资744.97亿元；并充分利用2021年旅游发展专项资金对兴义市则戎康养小镇、兴义特提斯温泉、黔东南州国家中医药健康旅游示范区、红花岗区海龙温泉康养旅游项目进行支持。

表5　贵州省“十三五”期间旅游产业发展基本数据

指标	2016年	2017年	2018年	2019年	2020年
旅游人数总计（万人次）	53148.42	74417.43	96858.12	113526.6	61781.49
国内旅游者（万人次）	53038.22	74290.64	96712	113479.42	61777.13

续表

指标	2016 年	2017 年	2018 年	2019 年	2020 年
入境旅游者（人次）	1101925	1267877	1465539	471800	116355
入境旅游者-外国人（人次）	518277	648563	795744	235005	50707
旅游总收入（亿元）	5027.54	7116.81	9471.03	12318.86	5785.09

资料来源：贵州省宏观经济数据库，http://hgk.guizhou.gov.cn/index.vhtml#。

在食药产业方面，贵州省 2021 年中药材累计种植面积 703.2 万亩、产量 35.48 万吨、产值 47.55 亿元，分别同比增长 10.3%、70.18%、78.26%，全省 29 个林下及木本中药材总面积 464.79 万亩、产量 23.02 万吨、产值 39.42 亿元，分别占全省总面积的 66.10%、64.89%、82.92%。招商引资共签约项目数 144 个，总投资 90.90 亿元，已到位资金 32.76 亿元，完成全年招商引资任务的 43.68%。省级 5 个重点单品产业集群项目已谋划子项目 30 个，预计总投资 55.17 亿元。贵州省中药材（大健康）电子商务交易云平台入驻企业数 556 家，上架产品 2635 个，较上线时增加 1518 个品种，接入物流单位 18 家；供应链系统已达成议价交易 3 笔，完成天麻、吉祥草、黄檗三个品种交易 13 吨，成交合同交易近 5000 万元。

贵州省以森林资源禀赋为基础、以配套支持为保障，设计依托产业融合、产业结构升级的森林康养产业发展路径，注重以构建森林康养产品体系为核心，着力实现森林康养与健康休闲业、养老业、旅游业融合发展，通过政府及金融机构的政策支持、康养基地基础设施的完善、森林康养课程及活动的合理设置、专业康养人才的培养等保障措施促进康养产业持续健康发展。

4. 走“乡村旅游+森林康养”发展之路助力乡村振兴

森林康养是社会发展到一定阶段对森林资源利用的产物，是人类对森林资源认识与利用不断深化的结果，是林业产业发展的新业态、新模式、新引擎。发展森林康养产业对实施健康中国战略、乡村振兴战略，具有重要的意义。贵州生态环境良好、生物多样性资源丰富、中药材资源多样、民族医药文化底蕴深厚，通过认真贯彻落实国家林草局、民政部、卫健委、中医药管理局四部委联合印发的《关于促进森林康养产业发展的意见》（林改发〔2019〕20 号）和贵州省林业局、省民政厅、省卫生健康委、省中医药管理局四家联合印发《推进森林康养产业发展的意见》（黔林发〔2019〕208 号）精神，省政府连续三年安排财政专项资金，充分发挥贵州省独特的生态优势，大力发展森林康养绿色新兴产业，支持森林康养产业发展，促进了林业经济的转型升级，实施“乡村旅游+森林康养”发展理念，带动山区经济发展，实现山区农民增收，并有效助推贵州民族地区乡村振兴战略的实施。

一是加快发展森林康养文化产业。贵州省山川秀丽、气候宜人、资源富集、民族众多，平均海拔 1100 米，冬无严寒夏无酷暑，典型的夏凉气候，是理想的避暑胜地；具有丰富多彩的民俗文化，世界自然遗产数量全国最多，中国传统村落保护名录居全国第二，历史文化、民族文化、红色文化、阳明文化、屯堡文化、山地文化、“三线”文化、国酒文化等资源灿若星河，交相辉映。2021 年，贵州省成立“贵州省森林康养研究院”“贵州省森林康养医学工程研究中心”“贵州省林业产业联合会森林康养创新联盟”三个平台，将通过传承和挖掘具有地域特征、民族特色的森林文化、历史文化，依托贵州独有的文化特色，注入乡土情结和地标特色元素，开发森林康养与文学、音乐、传统文化等结合的康养产品，同时引进先进经营理念，探索运用连锁式、托管式、共享式、职业经理制等现代经营管理模式，全面助力贵州森林康养基地提升运营能力、管理水平和服务品质。现阶段，贵州省交通条件优越，率先在西部实现县县通高速，高速铁路四通八达，通航机场市州全覆盖，正深度融入“一带一路”、长江经济带和粤港澳大湾区建设，为畅通农民增收致富路打好了坚实的基础。

二是大力发展森林康养民族医药产业。贵州省中药材资源丰富，民族医药文化底蕴深厚，是全国道地中药材重要产区。据全国中药资源普查，贵州 33 个县（区）药用植物资源 5304 种①，排名全国第四。贵州充分发挥生态资源优势和现有产业基础，把中药民族药产业列为贵州特色优势产业“五张名片”之一，强化中药材产业基础地位，不断推动林下经济发展取得新成效、迈上新台阶，促进群众增收巩固提升脱贫成果，持续稳定脱

① 贵州省中医药管理局：《中药产业助力贵州脱贫攻坚》，http://atcm.guizhou.gov.cn/xwzx/zyyw/202005/t20200527_60622016.html。

贫、实现乡村振兴有效衔接。林下中药材产业是黔东南州特色林下经济产业。黔东南州林下中药材种植面积累计达到 58. 94 万亩，其中现存 47. 95 万亩，采收 10. 99 万亩，出土产量 42624. 98 吨，产值达 7. 23 亿元；其中，钩藤 16. 70 万亩、太子参 6. 96 万亩、天麻 7. 30 万亩、草珊瑚 5. 38 万亩、黄精 4. 56 万亩、石斛 2. 68 万亩、茯苓 2. 31 万亩、魔芋 2. 06 万亩、天冬 1. 67 万亩、白及 1. 44 万亩、淫羊藿 1. 55 万亩、丹参 1. 07 万亩[①]。现已初步形成以丹寨、麻江为主的林下天冬产业带，以雷山、黎平、镇远为主的林下天麻产业带，以锦屏、从江、黎平等县为中心的林下仿野生石斛产业带，以剑河、锦屏、黎平为主的林下钩藤产业带，以岑巩、天柱、台江为主的林下黄精产业带，以施秉、黄平为主的林下太子参产业带，以榕江为主的林下草珊瑚产业带。

三是大力发展林下经济。贵州植被丰厚，全年空气质量优良天数达 99%以上，地质结构稳定、无破坏性地震影响。全省林下经济适用林地面积 146. 86 万公顷，产值 400 亿元，同比增长 21. 2%。发展林下经济的企业、专业合作社等实施实体达 1. 7 万个，带动 285 万农村人口增收。林下种植使用林地面积 21. 2 万公顷，其中食用菌 0. 84 万公顷、中药材 6. 72 万公顷、其他 13. 61 万公顷；林下养殖使用林地面积 22. 38 万公顷，养殖林下鸡 2560 万羽、蜂 61. 9 万箱、家畜 64. 9 万头；林产品采集加工面积 46. 44 万公顷，其中野生菌 7533 吨、松脂 5907 吨、竹笋 25 万吨；森林景观利用面积 56. 83 万公顷。2020 年，生态旅游、森林康养（含休闲服务）实现旅游综合产值约 1875 亿元。贵州省正加快培育一批市场竞争力强、特色鲜明的森林食品品牌，打造森林康养全产业链，增长森林生态产品附加值。

四是加快发展特色林业产业。贵州依托优良的土壤、水质、空气等要素，大力发展十二个农业特色优势产业，全面推进绿色生态有机农产品生产和供给，已经形成丰富充足的绿色农产品供应链。2020 年，全省特色林业产业（竹、油茶、花椒、皂角）新造和改培 13. 19 万公顷，其中新造面积 7. 02 万公顷，改培面积 6. 16 万公顷，特色林业产值达 160 亿元。竹基

① 贵州省林业局：《黔东南林下中药材产业高质量快速发展》，http://lyj. guizhou. gov. cn/xwzx/szdt/202102/t20210208_66714752. html。

地面积31.66万公顷，其中方竹面积全国第一，竹笋省内加工10万吨，加工率达40%；竹材省内加工率达80%以上。油茶基地面积20.8万公顷，产油茶籽8万吨，省内加工油茶籽4.4万吨，加工率达55%，同比提高17个百分点。花椒基地面积7.93万公顷，产鲜花椒5.38万吨，鲜花椒初加工率达100%。皂角基地面积4.6万公顷，其中面积最大的织金县达2万公顷，是全国最大的皂角精加工集散地。皂荚原料省内加工率达100%。

贵州省正处于供给侧结构性改革、转变经济发展方式、优化经济结构、转换发展动能的关键时期。在交通、水利等基础设施建设已趋于饱和的前提下，“十四五”期间亟待为新一轮经济高质量增长注入新动能，打造新引擎。下一步，贵州省将结合森林小镇建设和美丽乡村建设，争取引进国内优质医疗和康养资源，积极建设集诊、治、住、养为一体的森林康养医疗康复基地，把森林康养产业培育成乡村振兴战略的支柱产业，加快推进贵州康养产业建设。

5. 践行绿色发展理念以实现人与自然和谐共生

森林康养既是林业产业，也是卫生健康产业，既有传统产业的形式，也有新兴产业的内容，是多产业融合的混合产业。近年来，贵州省认真贯彻落实习近平总书记“绿水青山就是金山银山”的发展理念，努力推进森林资源与健康相关资源的深度融合，大力发展森林康养产业，森林康养态势渐入佳境。

一是推广森林康养发展理念。贵州省充分发挥得天独厚的资源禀赋，以康养产业高质量发展为抓手，加快推动经济社会绿色转型升级，走绿色崛起之路，在生态文明建设上做出新成绩。在现有各类基地中，森林疗养、温泉疗养、中医疗养、饮食疗养、文化疗养、运动疗养各有特色，互为补充。森林康养日益成为践行现代林业发展理念，开创百姓富、生态美的多彩贵州新未来路上的重要生态产业。据贵州省林业局公告，2020年贵州省森林生态系统服务功能价值达到8783亿元/年，与2012年的4275亿元相比，增加了1.05倍。

二是不断优化森林康养环境。贵州省积极提升森林资源质量和效益，牢牢守好发展和生态两条底线，注重“生态休闲、养生养老、田园生活”等主题，通过森林抚育、林相改造和景观提升等手段，有针对性地营造、补植具有康养功能的树种、花卉等植物，不断丰富森林植被的种类、色彩、层次和季相，着力打造生态优良、林相优美、景致宜人、功效明显的森林康养环境。

三是大力培育发展各类市场主体。贵州省借助得天独厚的自然生态优势和养生文化优势，在“大生态”战略背景下，通过政策引导、项目扶持、金融支持、科技支撑等措施，大力发展森林康养产业。吸纳理念先进、实力雄厚的大企业、大集团投资贵州森林康养产业。引导各类森林康养经营主体规范、有序、健康发展，培育一批具有较高知名度和市场竞争力的森林康养示范基地与知名品牌。

2021 年，贵州省深入贯彻习近平总书记视察重要讲话精神和省委十二届八次、九次全会精神，围绕“四新”主攻“四化”，认真落实省政府《贵州省服务业创新发展十大工程行动方案》及大健康创新发展安排部署，强化统筹协调，扎实推进大健康产业与大数据、大生态、大旅游跨界融合并取得成效。贵州省将进一步完善森林康养产业发展规划、优化森林康养环境、强化医疗设施建设、丰富森林康养产品，构建各具特色的森林康养基地，倡导健康生活理念，依托贵州大数据优势，以森林康养产业发展为切入点，以互联网基础设施为前提，与旅游、医疗、养生、养老、康复、保健、教育、文化、体育等深度融合，将贵州打造成国内外知名的森林康养胜地和全国森林康养产业大省，满足人民群众不断增长的健康需求。

三、制约贵州康养产业可持续发展的因素分析

从整体生态环境质量情况看，贵州具备发展康养产业优越的资源条件及良好现实基础。康养产业作为一个多产业高度融合的新兴产业，近年来得到贵州省委、省政府的重视——在规划建设、发展用地、税费减免、资金投入等多方面做出了重要部署。目前，“森林康养”“红色康养”“山地康养”“中医药+康养”等多种依附贵州当地资源形成的康养模式已基本建立，“十三五”期间，贵州养老服务设施已基本实现城乡全覆盖，但离将贵州打造成为国内一流康养度假目的地的目标

还有一定距离。

（一）政策红利迭出，立体保障体系不健全

贵州的康养产业，在国家和地方政府连续多年的顶层政策设计的保驾护航下落地，从产业重要性、产业发展方向、建设资金等多方面予以支持，并通过各类型企业投入实体运行。近年来，贵州通过《关于加快发展养老服务业的实施意见》《关于支持健康养生产业发展若干政策措施的意见》《关于加快推进医疗卫生与养老服务相结合的实施意见》《贵州省"十三五"老龄事业发展规划》《贵州省进一步扩大旅游文化体育健康养老教育培训等领域消费的实施方案》《贵州省人民政府关于全面放开养老服务市场提升养老服务质量的实施意见》《健康贵州行动实施方案》《贵州省深化养老服务改革发展若干措施》等一系列政策方案的提出与落实，从养老、医疗卫生等多领域保障了贵州多产业融合，发展健康新产业、新业态、新模式的康养产业；从 2015 年的"健康养生产业"到"大健康产业"，到如今"健康贵州行动"的提出，也充分体现了贵州对于康养产业认识的深入以及对健康需求全民化的倡导。

康养产业相关政策较早出现在养老和医疗领域，多年来在养老及医疗领域出台各种优惠补贴、土地政策及鼓励政策，逐渐形成了较为完善的政策体系。但康养产业作为一个多业态相互配合、补充的产业，其中涉及面非常广泛，还涉及文体、旅游、绿色农业等众多业态和领域，而相关领域的相关政策文件呈碎片化，操作上有断层。同时，康养产业还具有产业性与公益性、经济性与社会性等多重特性，这就需要政府进行全面统筹布局，合理规划。具体来说，贵州目前的康养产业发展格局及商业模式还未成熟，仍需加强康养产业政策落实力度，建立立体、完善的配套实施机制，通过优惠政策对企业发展康养产业起到激励和牵引作用。从宏观上进行策略性引导、目标性规划，营造良好的政策环境，打造良好市场发展环境，引导康养新业态发展。健全政府、康养协调合作机制，将各地康养产业发展指标纳入各级政府的绩效考核目标及民生实事项目中，做到康养工作"全省上下一盘棋"。从微观上进行优惠性扶持和倾斜，如完善康养产业综合土地供应政策，康养产业项目服务配套设施建设的支持政策等的同

时，完善康养专项融资对接机制，引导当地主要金融保险机构组建起养老服务产业发展基金，实现康养融资专项对接长效机制。

（二）产业结构不完善，基础设施建设不足

康养产业对资源、基础设施的要求较高、前期投入大、建设周期长，一般说来，基础设施的配备情况很大程度决定了康养产业发展的宽度和深度。按贵州现行康养产业体系来说，中医药产业、医疗保健产业、健康养老等发展康养产业的核心性、基础性产业在贵州还有很大的发展空间；康养教育、康养文化、智慧康养、康养保健等对贵州康养产业高质量发展起着支柱性、服务性作用的产业发展还不充分；康养食品、康养设备制造、康养地产、康养旅游等衍生性康养产业发展仍在起步阶段，且产业链整合不够，上下游产业间没有紧密和有效衔接。

标准排名城市研究院曾联合中国健康养老产业联盟，结合国家统计局、各地方政府统计公报、《中国城市统计年鉴》等数据，建立了由5个一级指标、16个二级指标、32个三级指标组成的评价体系，评选出“中国康养城市排行榜50强”。其中，5个一级指标为生态环境、医疗水平、民生幸福、产业融合、康养政策。生态环境指数占评价体系35%，包含空气质量、绿化覆盖、适宜温度、水资源量；医疗水平指数占评价体系15%，包含医院数量、医护人员、医疗床位；产业融合指数占评价体系15%，包含教育事业、旅游产业、科技创新；民生幸福指数占评价体系20%，包含消费居住、社会保障、交通便捷；康养政策指数占评价体系15%，包含基础建设、城市维护、康养规划。利用该评价体系对全国两百余个样本城市进行评估，经大数据处理发布了2018、2019、2020年“中国康养城市排行榜”。2018年贵州省贵阳市、遵义市、铜仁市、安顺市、六盘水市5个城市被列入“2018年中国康养城市排行榜50强”，排名分别为第8位、第24位、第40位、第43位、第49位（见图3），而排名前三的城市分别是深圳市、上海市、海口市。2019年贵州省贵阳市、遵义市、六盘水市进入“2019年中国康养城市排行榜50强”，排名分别为第4位、第32位、第50位，较2018年数据，铜仁市、安顺市掉出了排行榜。2020年依然是贵阳市、遵义市、六盘水市进入“2020年中国康养城市排行榜50

强”。综上可以看出，贵州城市的指标弱项主要体现在医疗水平、产业融合及康养政策三个方面，凸显出贵州康养产业虽发展迅猛但结构不健全、基础设施不完善等问题。

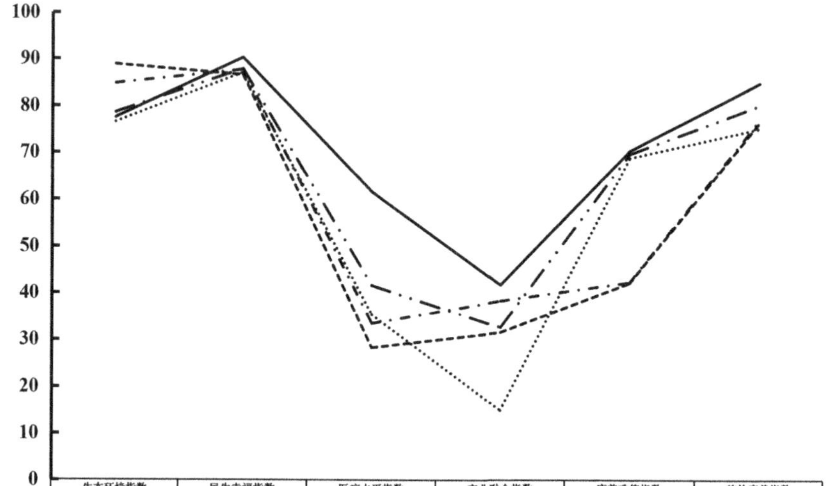

	生态环境指数	民生幸福指数	医疗水平指数	产业融合指数	康养政策指数	整体康养指数
贵阳	77.53	90.25	61.55	41.74	70.38	84.87
遵义	78.61	87.87	41.59	32.64	69.69	80.13
铜仁	84.78	87.69	33.49	38.31	42.26	77.01
安顺	88.84	86.58	28.29	31.57	42.1	76.49
六盘水	76.56	87.07	35.35	14.95	68.85	75.21

贵阳 遵义 铜仁 安顺 六盘水

图3　2018年贵州省“中国康养城市排行榜”上榜城市

贵州现有康养产业，其规划布局大多因地制宜，依势而建，在现有产业资源的基础上加以改造转型升级，一方面，由于资金、场地有限等原因限制，部分基础设施设备存在陈旧老化或者配套不合理，缺乏多元化娱乐项目等现象比较常见；另一方面，随着人们生活水平不断提高，越来越多地追求高质量消费体验，现有服务和设备不足以满足消费者的消费需求和体验感受。另外，在拓展康养业态多元化发展过程中，存在发展动力不足的问题，比如文化内涵挖掘不够深入、产业定位不明确、产业结构不合理、配套设施不完善等诸多情况，导致康养产业业态多元化不明显，产业形式单一。

在医疗、医药等传统康养领域，贵州企业或服务机构仍存在数量少、规模小、生产设备或仪器器械更新慢、科技力量较为薄弱、标准体系不健全等问题，截至 2021 年 9 月，贵州省仅具备 1 家省级公立康复医院，还没有成立针对老年病、慢性病及康养服务的专门医疗机构。在医药产业方面，制药公司也存在产品单一、更新慢，创新研发不足等问题。康养产业发展重在产业融合，在“健康中国”战略实施推动下，贵州迎来康养产业开发的机遇，充分利用好康养产业关联性强、覆盖领域广的特征，可实现整合康养资源，催生新业态、建立起完备健全的“核心+支柱+衍生”康养产业新体系。

（三）尚未形成具有地方特色的康养品牌

康养产业的形成和发展对于地区资源禀赋的依赖较高，而贵州省是一个康养产业资源丰富的省份，其中包括了良好的生态资源、宜居的气候资源、独特的水土资源、多彩的民族文化资源、珍贵的中药材资源等，这些资源都是发展各类康养产业的良好基础。

在全省范围内还没有形成具有地方特色的康养体系，康养产业集聚效应不明显。在推动各类康养产业有序、规范、快速有效地向前发展的过程中，适合省内康养产业发展的康养模式尚未总结出来，地方康养产业发展同质化现象普遍存在，难以培育出一批具有产业特色的龙头企业，建立康养产业示范基地存在一定的难度。

缺乏具有前瞻性和创新性的顶层设计，未充分依托当地特色资源，开发具有核心内容的地方康养项目或品牌，很难避免同质化康养项目及产品的竞争。

（四）康养产业人才资源供给有限

康养产业是一个新型现代多业态融合的服务产业，康养从业人员和技术人员包括了具有医学背景的康复医师、治疗师、护理人员、健康管理师、营养师、心理咨询师、社区综合康养人员等多领域人才。而截至 2021 年 9 月底，贵州省仅有一所以“康养”进行命名的本科层次的职业学校，培养和储备康养产业相关高层次技术技能人才。除此之外，仅依托贵州省医药类高校如贵州医科大学、贵州中医药大学等高校拥有的运动康复、食品卫生与营养学、护理学、中药资源与开发等相关康养专业人才培养，其他专门培训康养产业人才的机构少之又少，且专业性不够强。

综合来看，康养产业的发展存在省内人才供给不足，省外人才引进成本太高等现实问题，难以满足当下的产业发展需要，行业服务人员匮乏，如掌握本专业知识和技术技能，融“预防、保健、诊断、治疗、康复、健康教育”六位一体的临床医学人才不足；能从事物理治疗、作业治疗、言语治疗等工作的康复技师职业岗位人才严重不足；兼具老年护理知识、技能和经验的专业人员不足；康复医疗和养老人才数量无法与庞大的康复养老机构服务需求人数相匹配等。总之，康养专业人才的不足直接制约了康养服务的覆盖范围和服务质量。另一方面，科技型人才支撑不足。康养产业技术基础相对薄弱，缺乏高新技术与关键共性技术研究投入；企业与高校或科研院所之间的产学研合作不够紧密，科技成果孵化转化率相对较低；缺乏产业项目规划、营销、服务等产业人才和各类科技人才，育人育才的环境系统性、科学性较低。

（五）关注医疗和健康领域，忽视心理和精神层面诉求

《“健康中国 2030”规划纲要》中将“促进心理健康”① 视为普及健康生活的重要环节，人一生中，除了不能很好地展现自己心理活动的婴儿期外，其余阶段都可能会遇到不同的心理问题。随着人们对“健康”概念理解的深入，现代人追求的健康不仅包括疾病防治和身体物理机能方面的健康，还包括心理健康和思想健康。因此，康养除了对人的身体机能的养护外，还理应包含对心理层面的健康关注和养护，以及从思想、信仰、价值观等精神层面的养护。

然而，在贵州康养产业发展模式中，多以老年人康复疗养为主，康养产业的目标群体也多为老年人群和亚健康人群，忽视了康养产业应以全生命周期为服务对象，忽视了康养产业所涵盖的诸多业态。康养的服务应该是基于基本生活服务、医疗服务与精神服务的全面性需求的，但在运行上来说，目前三类服务的提供存在较为明显的失衡，对于精神慰藉类的服务相对忽视。作为关切老百姓福祉的新兴服务行业，康养产业理应将其发展

---

① 中共中央国务院：《“健康中国 2030”规划纲要》，中华人民共和国中央人民政府网，http://www.gov.cn/zhengce/2016-10/25/content_5124174.htm。

重心从医疗为主转移到综合性康养发展上来。

（六）管理体制、投融资机制不健全

目前来说，贵州康养产业的相关制度体系建设缺乏系统性综合引导及区域性特色规范。虽然各级政府已在康养部分领域出台了系列政策、规划及行业标准，但仍缺乏综合性政策、规划，系统性、综合性政策规划的缺失导致了各部门政策制度及监管体系衔接的有效性难以确定，康养产业发展仍存在多头管理与管理缺位的现象。宏观层面的统筹规划和引导的缺位又直接导致了区域产业发展逐渐趋同——将发展聚焦于发展起步低、投资见效快、有可借鉴经验的领域，这样就易导致区域内康养目标客源趋同及同质竞争问题，区域康养产业很难实现协同发展及形成产业链。

康养产业的公益性、投资金额较大、回报周期较长等特点决定了康养产业的投融资源于政策性资金和多投融资渠道的结合。而目前贵州的康养产业缺乏相关具体金融支持政策、财税实施和监管政策，金融信用体系不健全及对风险防控体系的缺乏，难以调动市场对于康养产业的投融资兴趣。这就决定了贵州目前康养产业处于过于依赖国家政策性投入的发展模式，致使贵州康养产业自身发展内生动力不足，给后续联动的各个环节发展带来阻力——尚处于成长期的贵州康养产业缺乏规范产业发展的金融体系和经营管理体系，致使许多康养项目前期开发费用较高，盈利能力较低，对外融资的综合实力得不到有效提升，无法满足产业高质量运营的多元化融资需求。

（七）精细化发展标准尚未建立

近年来，随着康养市场的逐渐增大，大健康、养生旅游、基因测序、生命医学、中医养生等众多康养产业相关概念开始受到市场和资本关注，国企、房企、险企等复合型企业开始进入康养产业。追求养生保健的中青年人群、寻求医疗康复的疾病人群、祈求美容美体的美体健身人群也加入康养产业市场，成为老年团体后新一代的消费群体。而康养产业作为一个多业态高融合性产业，其精细化发展标准体系还未建立。

首先，是相关产业的精细化发展标准尚未建立。贵州省康养产业尚未

建立起一套完善的发展制度和精细化发展标准，还未进入到以标准化建设为引领、以统计监测为支撑的规范化发展阶段；无法确立一条以制度支撑标准、以标准引领产业的高质量发展规范路径。

其次，是各行业标准未精细化或公开化。致使部分企业利用公众对科学的信仰、而对相关康养知识的认知能力有限这一特点，常常滥用专家资源、科学资源或国家资源，利用自媒体、电话营销、微信营销、直播营销等较为隐蔽的私域流量领域对虚假、伪劣康养产品进行宣传，难以被正常监管，致使虚假宣传行为横行。

四、贵州康养产业发展对策建议

康养产业发展关乎着人民群众高品质生活的提升，同时也是带动面广、经济效益和社会效益都很显著的新业态和新经济增长点。贵州省生态环境良好、森林覆盖率高、空气质量优良、地理环境独特、交通出行便利、中药材分布广泛、文化资源厚重、旅游资源丰富，发展康养产业具有得天独厚的优势。目前，贵州省康养产业还处于起步阶段，需要加快制定出台《贵州省康养产业促进条例》，针对贵州省康养产业发展存在的问题，进一步强化政府责任、拓宽产业融合途径，用法治方式引领推动康养产业发展。除此之外，还需要从以下几个方面进行考虑。

（一）规范经营体系，建立健全管理机制

从政府主导层面上说，首先应统筹市场各行业协调发展，制定出台对促进相关产业发展具有针对性的产业政策，如《贵州省康养产业促进条例》，以大力支持发展康养产业衍生经济；其次，要加强对产业市场的监管和制约，规范产业市场发展秩序，逐步建立健全管理机制；再次，要建立企业评估考核机制，对康养产业产品、服务质量、基础设施等要素定期进行量化评估，提高产业准入标准，确保康养产业安全、合理、规范化发展。

从社会发展层面上看，鼓励社会企业抱团发展。康养产业作为一个多业态相互配合、补充的产业，各行业产业在社会经济发展这个大环境里

面，竞争与发展并存。在良性竞争和发展的基础上，可通过成立社会组织的形式搭建合作平台，共同商讨制定相关的规章制度，建立行业市场经营体系，整合各方资源，统筹力量，增强产业市场竞争力。贵州已有这样的合作平台——2020 年 6 月 29 日成立的贵州省康养产业商会，应利用好这一平台，在聚集相关行业、企业基础上，共商发展模式，共探产业精细化发展标准与相关诉求，做好政府与产业间的桥梁和纽带。

（二）完善基础设施，提升康养服务质量

贵州省拥有发展康养产业的丰富资源优势，在大力发展康养产业的过程中，需要不断完善基础配套设施，努力提升康养服务质量，实现效益最大化。

在交通出行方面，为了更好地适应康养产业的发展需要，还需要在现有的高速公路、高速铁路等基础上加快建设其他出行设施，以提供更多的交通工具选择，比如规划更多的高铁路线、建设飞机场、提升公路快速通行能力、更换服务设备等。

在康养服务方面，康养服务的提供需要一些康养机构和康养服务场所来共同实现，康养机构和康养服务场所的建设是任何一个地区在发展康养产业的时候都必不可少的，包括有康养中心、康养基地、住宿、医疗、餐饮等多方面的康养服务。贵州省具备了良好的康养资源，需要建立高质量、高标准的配套服务，努力提升康养产业的服务水平，极力打造具有贵州特色的康养服务产业。结合各地康养模式的功能区划，以行业规范作为提档升级建设的标准，完善基础设施和服务设施，提升康养服务场所的可进入性、舒适性；根据各康养场所功能的需要，增设用水用电设施、实现或加快山区或网络盲区的通信网络全覆盖、推动大数据、物联网、车联网等现代化信息技术在健康旅游产业的应用，开发智能出游、智慧康养等健康旅游人工智能系统。

在康养内容方面，立足市场需求，注重康养项目的开发、产品的设计及销售，提供更加全面的康养服务套餐选择，尽可能满足个性化服务需求。总之，发展康养产业，需要不断完善各种相关基础设施，提供优质的、多元化的康养服务，增强人们的康养消费意愿。在增强产业的辨识度

和产业竞争力的基础上，加大对现有一些相对成熟的服务业态扶持力度和促成合作方式，使之为区域内联动康养服务水平提升贡献力量。

（三）立足地域特色，打造产业示范引领

贵州省拥有发展康养产业得天独厚的资源优势，不仅民族文化丰富多彩，而且“冬无严寒，夏无酷暑”，全省森林覆盖率达到61.51%，生态环境优越，气候宜人，有着中国“绿色走廊”的称号，是康养旅居的绝佳胜地。

康养产业作为一个新兴的生态产业和朝阳产业，它的发展需要良好的生态环境作为支撑，贵州省作为首批全国生态文明实验区，有足够的优势条件保障发展资源引领型康养产业。近年来，贵州省充分利用省内资源优势，立足地域特色，加快建设养生度假景区、康复疗养基地、温泉特色小镇、生态文化小镇等康养业态项目。目前，贵州省以“打造成为全国养老基地和国内一流度假康养目的地”为目标，着力培育森林康养、温泉康养、运动康养、田园康养、民族中医药康养等特色产业品牌，加快规划建设智慧康养小镇，未来应注重产业示范引领作用，辐射带动相关产业发展。

一是大力发展森林康养产业。在目前贵州森林康养基地建设、管理的工作基础上，继续总结经验，推进新基地的申报、建设，继续吸纳具备先进理念的企业、集团投资贵州森林康养产业，引进国内优质医疗和康养资源，建设集诊、治、住、养为一体的森林康养医疗康复建设；依托优良的森林资源，发展特色林业产业，继续推进绿色生态有机农产品生产和供给，延长绿色农产品供应链和销售链，培育一批具有较高知名度和市场竞争力的本土品牌，在加快推进贵州康养产业建设的同时，将森林康养产业培育成贵州乡村振兴战略的支柱产业。

二是大力发展温泉康养产业。温泉康养是一个具有创新型、融合型、共享型、低碳型的新兴绿色产业，贵州省民族民间温泉养生、疗养生息的传统已有上千年的历史，贵州也是我国拥有丰富温泉地热储量较多的省份之一，目前已经探明的温泉有200多处，其中已经开发推出的有息烽温泉、石阡温泉、剑河温泉、六盘水廻龙溪温泉、遵义枫香温泉、绥阳水晶温泉

等。息烽温泉作为我国著名八大温泉之一，近年来，依托得天独厚的自然生态和天然温泉康养文化优势，通过对传统温泉经营模式进行提质升级改造，极力将息烽温泉打造成为国内一流康养目的地的示范点。贵州应该以省内温泉资源作为纽带，扩大辐射范围，积极开发温泉康养产品，培育温泉康养产业精品，打造贵州温泉康养品牌，以加快实现贵州成为“中国温泉省”的建设目标。具体说来，应全面提升温泉康养基地专业服务能力，各地应立足温泉资源基础、区位条件、知名度和发展优势，构建产品丰富、标准完善、管理有序、融合发展的温泉康养服务体系；依托温泉生态标志产品建设工程，培育一批特色鲜明的优质温泉康养品牌，打造以修身养性、调试机能、延缓衰老为目的的全链条式“康、养、护”服务体系。

三是大力发展运动康养产业。充分利用贵州省独特的山地地貌特征和优势，继续坚持山地旅游的战略定位，因地制宜发展全域旅游，打造国际一流山地旅游目的地、国内一流度假康养目的地，培育“山地公园省·多彩贵州风”旅游品牌，多形式发展运动康养产业。首先，推进山地康体运动产业发展。重点发展山地骑行、溯溪漂流、路跑越野、极限运动、洞穴探险、户外攀岩、冰雪运动、汽车露营等特色户外运动产业；打造具有贵州特色的户外运动系列赛事活动和产业集聚区；拓展“体医结合”理念，深度开发运动疗养、康复等特色运动康养项目；其次，发展民族文化特色运动康养产业。充分挖掘各世居少数民族特色运动项目，推进民族传统体育项目与文化旅游、康养等多业态融合，如斗牛、武术、赛马、抢花炮、龙舟、射弩、陀螺等传统体育项目，开展优秀民族体育项目展演、非遗进校园、进社区、进康养小镇等活动。再次，打造运动康养系列品牌。加强与国内、外体育组织合作，持续推进特色体育赛事活动的建设，如山地户外运动赛事、山地旅游暨户外运动大会等，继续利用好“多彩贵州”“全景贵州”“山地英雄会”“奔跑贵州”“探秘贵州”“悦动贵州”等贵州品牌赛事。不断提升贵州运动康养相关的体育赛事影响力及自主知识产权。

四是大力发展民族中医药康养产业。贵州省是一个少数民族聚居较多的省份，各民族依山傍水而居，民族生态环境保存较好，贵州也是全国中药材的四大产区之一，民族医药历史悠久，一些民族传统医药的治疗方法应用在当今中医临床医学中，其效果非常明显，例如苗药、侗药、彝药、壮药等。未来，贵州应继续利用生态资源优势，首先，加强中药材集约化种植，发挥各区域实际，合理地规划中药材集约化种植；进一步推进大宗中药材标准化建设，从种子资源、药材种植、采收加工、药材规格、等级划分等方面制定地方标准；开展道地药材认定，制定发布贵州道地药材目录及标准体系；健全完善涵盖中药材信息编码等溯源要素，推动中药材追溯体系的建设等。其次，推进中药民族药产业深度发展。推进中药民族药材的深加工产业，打造民族药材产业“大品种、大产业”发展新格局；推动第三方民族药材电子商务交易平台建设，实现线上、线下交易一体化，促进民族药材流通体系的标准、现代化发展；加强对民族医药名牌产品和知名企业的扶持，引导、推动民族药独家配方的技术升级、品牌培育和市场开拓，扩大民族药业的品牌知名度和影响力；围绕供应链、销售链和物流链，完善民族药产业配套体系建设。鼓励民族中医药养生保健服务和民族中医药健康养老服务产业发展，培养民族中医药特色健康服务产业。

五是将民族医养智慧融入康养小镇或旅游线路。充分挖掘区域内健康旅游文化内涵，立足贵州民族康养、森林康养等相关资源，深度挖掘各民族蕴含的丰富康养传统和习俗，依托传统村落相关资源，推动传统村落“旅游+康养”的贵州民族医养文化旅游模式，进一步开发、加强少数民族特色村寨和传统村落保护利用和旅游景区化提升的同时，加强对特色民族康养文旅小镇的建设；推进民族康养内容融入非遗展示馆、体验基地和旅游线路，快速培育一批具有民族特色的康养产业集群、健康旅游基地、体育健身基地建设。

六是继续探索发展康养衍生与融合产业。加强贵州地道养生食材及香料的种植及加工，如艾纳香、折耳根、木姜子、茴香菖蒲等，支持具有保健、食补作用的“黔菜”品牌的打造及推广，以轻食为特色的“丝娃娃”，有助消化功能的民族菜色的“牛羊瘪”“红酸汤”等；利用贵州生态资源、山地资源、气候资源等地理环境优势打造养生产业、健康体育、温泉养生、药物调理（药浴、药膳、药蒸等）；充分利用贵州大数据发源地的优势，发展医疗健康大数据产业，构建公共医学知识库、健康医疗大数据共享开放等公共服务平台，培育与孵化健康医疗大数据新业态、新模式；以医疗美容、健身服务业及相关制造业为依托，发展医美康养、健身健体、养生、健康服务等健康服务产业，推动文创旅游业融合，延长康养产业链，构建医疗、美容、健身、养生服务与文旅融合新模式。

（四）培养专业人才，建设康养人才队伍

康养产业现在还是一个新型的朝阳产业，而且康养产业所涉及行业领域较广，所以需要注重对康养产业专业人才的培养，建设多类型的康养人才队伍，才能够支撑康养产业的发展。

贵州省康养产业人才的培养可以从以下几个方面着手。首先，联合培养、协同发展。立足贵州省内当下教育环境，鼓励康养服务企业机构加强与高校或科研院所的合作，利用高校教育资源，联合培养专业性人才，为康养服务企业机构输送人才。资金雄厚的康养企业，也可以出资筹建康养研究院或者康养职业技术学院，为贵州省培养一批高层次的康养专业技能人才和壮大专业人才队伍。借鉴国内外康养发展经验，共建创新研发、产业合作、人才共享的跨区域交流平台。其次，加大人才引进力度和培养力度。贵州省康养产业的发展整体来看还处于起步阶段，需要加强对领军型高端人才的引进，加强对本地专家型、学者型、领军型人才的培养力度，建立康养人才专家数据库，增强康养人才队伍实力。增设康养人才岗位编制，吸引优秀人才到基层就业，提升从业人员薪酬待遇，健全从业人员的有序流动机制、继续教育机制、技能鉴定及职称评定制度。再次，是组建科研团队，由于康养产业涉及多行业，可以通过以开发项目为载体，从不同行业领域选取专业人才组建科研团队，为康养产业发展提供智力和技术支持。

（五）引导社会参与，拓宽产业融资渠道

康养是实现健康中国战略的重要支撑和发展乡村振兴的重要路径，近年来，贵州省通过不断强化贯彻落实相关政策，规范市场准入机制，但康养产业的发展涉及广泛，发展资金需求大，政府资金投入有限，需要多元化拓宽康养产业融资渠道，大力培育壮大市场主体，鼓励社会资本投资康养产业，积极引导社会资本投入，保障康养产业可持续发展。

首先，要建立健全融资服务体系。立足省内康养产业市场，整合省内金融资源，探索康养产业金融服务门类，形成多层次的康养金融支撑体系，努力打造康养产业金融生态系统。积极争取中央或地方资金支持，为康养项目发展做好储备工作；引导保险行业与康养产业创新发展、鼓励康养链条企业成立康养基金、研发康养特色产品、提供优质康养服务、回收资金等方式，为康养产业发展提供有效的金融供给；通过设立康养产业引导基金，利用市场机制推动金融机构和康养产业资本共同设立康养产业投资基金；积极与康养相关的知名私募股权投资机构合作，共同发起组建康养产业股权投资基金；开展政银企合作，推出符合康养产业的金融产品和服务；健全与完善康养产业融资协调机制，加大对康养产业各企业的贷款种类和范围。

其次，建立深化招商引资模式。要营造良好的招商引资环境——完善招商引资体系，加强专业招商队伍，优化专业招商措施；针对现有康养产业链中薄弱、空缺环节，进行强化招商引资，以期达到全产业链优质发展的目的；加大对外招商工作力度，鼓励以项目共建、产业链条合作、参股合资、平台运营等多种形式投入到贵州康养产业发展，推动贵州地区大健康产业协同创新、资源共享、优势互补、错位发展。

最后，应加大康养产业投入，满足社会康养需求。据第七次全国总人口普查统计，截至 2021 年，贵州省常住人口共有 3856.21 万人，其中 60 岁以上人口占总人口的 26.94%，老龄人口数量规模的与日俱增加剧了贵州省养老资源的消耗，而老年人越来越关心自身的身心健康情况，对康养的需求也越来越大。同时，随着城镇化水平的不断提升，大量的年轻人外出务工，导致农村地区的空巢老人越来越多，而解决这些老人老有所养、能够过上健康愉悦的生活问题，就成为一个很现实的难题，随着亚健康人群数量的激增以及现代健康理念的兴起，使得康养资源供不应求，贵州省康养产业应运而生。因此，加大对康养产业发展的投入，确保康养产业能够平稳发展，提供更多的康养服务，满足社会消费人群康养需求具有重要意义。康养产业覆盖领域较广，多种产业经济形式相互融合，能够满足不同消费人群的需求，使得康养产业的参与人群能够在休闲娱乐中获得观光、养生、度假等多功能的亲身体验，从而将有效的发展平台提供给相关产业领域，打造产业新业态，促进区域经济发展。此外，康养产业作为一个具有养生、养老功能的新兴产业，将老龄群体视为服务对象的同时，又迎合亚健康人群迫切的养生保健需求，有效缓解人口流动量大、覆盖人群范围广带来的康养资源紧张的压力，为留守老年人、亚健康人群提供了更多选择。

（六）促进产业互融，构建多元发展模式

康养产业是一个大健康产业，近年来，贵州省委、省政府高度重视康养产业的发展，贵州省现在大力发展康养产业符合新时代新常态的需要，有利于培育新的经济增长点、促进产业转型升级，加快全省经济快速发展，也有利于满足人民群众对健康的迫切需求，提升人的素质和生活水平，保障和改善民生。在政府出台相关政策的支持下，全省康养产业得以快速发展，促进了康养产业与健康养生相关的生态农业、医药制造业、旅游业等产业的有机融合发展，创新了康养产业多元化发展模式，例如森林康养产业、温泉康养产业、民族中医药康养产业、田园康养产业等新兴康养产业的崛起，这些产业也是目前与康养产业结合发展较为典型的代表。康养产业逐步发展成为康养现代服务业，这是一个深度融合的多功能服务型产业，产业发展特色化、产业运营整体化、产业开发多元化，例如“居家+社区+机构+医养结合”的服务模式，该模式以居家为基础、社区为依托、机构为补充、医养相结合的养老服务体系，立足市场实际需要，促进各产业要素的深度融合创新发展。

贵州省作为生态文明建设示范省，拥有良好的生态环境、丰富的自然资源、独特的民族民间文化，具备发展康养产业的绝对优势。国务院发布的《“健康中国2030”规划纲要》中指出，要积极促进健康与养老、旅游、互联网、健身休闲、食品融合，催生健康新产业、新业态、新模式。贵州省需要立足省内资源优势，做好规划布局，强化政府服务能力和政策贯彻落实，鼓励社会企业组建健康养生产业企业联盟以及行业协会，搭建政府与企业、企业与企业的交流与沟通平台，促进行业交流与资源共享，提高行业发展水平。康养产业是一个极其广泛的产业，与社会各行业之间都有所关联，立足贵州省资源优势，继续深化“康养+大数据”“康养+旅

游”“康养+民族中医药”等产业发展，不断拓展康养产业发展空间，积极推进产业深度融合发展，创新开创康养产业新业态，构建多元化“康养+N”产业发展新模式，逐步形成康养产业业态发展体系，为贵州康养产业发展提供新动力。

（七）加强产业市场引导，建立健全行业标准

贵州省着力打造富有特色的康养事业、康养产业，建设全国重要康养目的地，康养产业发展已经步入快车道，全省域大文旅、大康养格局也正在加快形成。对于目前贵州省康养产业市场发展缺乏有效监督；康养产业发展方面存在多头管理，服务分散，对产业促进不够；康养产业标准化需求与标准有效供给不足矛盾；区域之间标准化发展水准不均衡等问题，都需要统一的行业标准来进行解决。

在贵州的康养服务从数量需求阶段转变为质量需求阶段，贵州省要实现康养产业健康可持续发展，必须加快推进康养产业标准化建设，通过积极参与国际标准制定和开展国际合作，全方位加强对标准化经验的学习和落实，不仅对各行业规范和标准的制定加以完善和公布，更要开展康养服务质量评估和服务行为监管，健全市场规范，促进康养服务业标准化、规范化发展，而且在贵州省康养产业正处于初步发展阶段，逐步完善规范产业发展体制机制，加强对康养产业市场的正确引导，以制度支撑标准、以标准引领康养产业高质量发展规范路径，建立健全科学统一的行业发展标准，应该成为贵州省康养产业发展首先考虑的问题。

分报告

B.2 贵州山地中药材产业现代化发展路径探析*

贵州省兴黔生态农业研究院《贵州山地特色中药材大典》编委会课题组**

摘　要：本报告结合贵州省中药材产业发展政策及疫情期间中药材对抗击疫情做出的贡献，对贵州省发展中药材得天独厚的先天优势、品种等进行剖析，对贵州省中药材产业现代化发展进程进行介绍，对贵州省山地中药材资源基础和产业发展现状以及主要做法和取得的成果进行了阶段性总结，分析了贵州省中药材产业现代化发展存在的机遇、挑战、困难、问题，进行了适合贵州省中药材产业现代化发展的路径探析，结合产业现代化发展思路提出快速发展贵州省中药材产业现代化的对策建议。

关键词：贵州；山地中药材产业；现代化发展；路径

中药材是中医药发展的起源和基础。新中国成立以来，贵州省中医药事业和中药材产业发展取得了显著成就，为增进全省人民健康指数作出了重要贡献。2021 年 5 月 12 日，习近平总书记在考察中医药发展时指出：我们要发展中医药，注重用现代科学解读中医药学原理，走中西医结合的

---

* 有关数据来源：贵州省推进农村产业革命中药材产业专班；文中数据如无特别指出，则截止至 2020 年 1 月。

** 课题组成员：杨松，贵州省兴黔生态农业研究院院长、高级农艺师，农业农村部“农村双创”导师，贵州民族大学民族地区公共政策研究专家；丁海兵，贵州省兴黔生态农业研究院常务副院长、副研究员；张绪元，贵州省兴黔生态农业研究院专家委副主任、教授；刘红美，女，贵州省兴黔生态农业研究院专家委专家、贵州医科大学生物与工程学院博士、教授；王韬，贵州医科大学科创处副处长；龙庆德，贵州医科大学药学院教授；檀龙颜，贵州中医药大学博士、副教授。

道路。

2020年，面对突如其来的新冠肺炎疫情，传统中医药临危受命、匆忙上阵，在抗击新冠疫情的战斗中立下赫赫战功。以习近平同志为核心的党中央坚持把人民生命安全和身体健康放在第一位，统揽全局、果断决策，领导全国各族人民全面打赢了疫情防控的人民战争。同时“中药”成为热搜，人们开始重新认识中医药、关注中医药、应用中医药、称赞中医药。这也为中医药在国内外的发展和传播提供了难得的契机。

贵州是全国唯一没有平原支撑的省份，地形上“八山一水一分田”，历史上“天无三日晴、地无三里平、人无三两银”。由于特定的地理位置和复杂的地形地貌，使贵州的气候、生物、自然风光复杂多样，中药材资源丰富。中药材是贵州省当前脱贫攻坚的重要抓手和今后乡村振兴的承载，面积要增加、效益要扩大；同时，中药材还承载着保障人民用药安全、满足人民群众日益增长的健康需求之重任；可谓小草药、大产业、重使命，实现贵州中药材产业高质量发展势在必行。中药材产业必须走有效益、有质量、可持续的经济发展之路，既要“金山银山”，也要“绿水青山”的绿色发展之路。

贵州省委、省政府高度重视中医药事业和中药材产业的发展，将贵州山地特色中药材产业作为全省十二大主推产业之一全面融入乡村振兴战略。“十四五”开局，贵州中药材事业迎来了高质量发展的新阶段，随着第四次中药资源普查、《贵州中医药条例》颁布、中药材新品种认定、“定制药园”产业布局、“食药同源”试点的纵深推进，全省中药材正步入全面革新、高质量发展的新时期。

一、1996—2020年贵州省中药材现代化进程

我国中药现代化始于1996年《中药现代化科技产业行动计划》的启动。1998年《中药科技产业基地建设规划》，启动了中药现代化产业基地建设。作为全国四大中药材产地之一的贵州，迅速启动相关工作。1999年，贵州省成立了以省长为组长的中医药现代化科技产业协调领导小组和“中药现代化”办公室。2000年，完成了《贵州省中药现代化科技产业基

地建设可行性报告》《贵州省中药现代化科技产业基地建设实施方案》等文件。2001 年 5 月，科技部批准贵州省为国家中药现代化科技产业基地省，与此同时，贵州 154 种苗药上升为国家标准。

2002 年《中药现代化发展纲要（2002—2010 年）》、2005 年《中医药创新发展规划纲要（2006—2020 年）》、2006 年《中医药国际科技合作规划纲要（2006—2020 年）》、2009 年《关于扶持和促进中医药事业发展的若干意见》《中华人民共和国中医药法》《中药材保护和发展规划（2015—2020 年）》《中医药健康服务发展规划（2015—2020 年）》《中医药发展战略规划纲要（2016—2030 年）》《全国道地药材生产基地建设规划（2018—2025 年）》等重要法规和文件相继颁布，指引和推动贵州省中药现代化快速发展。

2021 年 5 月 17 日，贵州省农业农村厅、贵州省中医药管理局联合发布《贵州省 2021 年第一批中药材新品种认定公告》，将“贵芨 1 号”等 14 个贵州道地中药材品种纳入认定目录，进一步加强贵州道地中药材的品种保护的知识产权保护。2021 年 5 月 25 日，《贵州省中医药条例（草案）》再次提交省十三届人大常委会审议。将于 2021 年 7 月 1 日（建党 100 周年）正式实施，该《条例》对中药材产业的种植、加工生产和市场流通各环节进行了规定，推动形成产业链。鼓励中医药健康产品、养生保健服务和养老服务产业发展，推动中医药与文化、旅游、体育等产业融合发展。

2021 年 7 月，国家药监局综合司对贵州省作出《关于中药饮片生产企业采购产地加工（趁鲜切制）中药材有关问题的复函》（药监综药管函〔2021〕367 号），复函明确提出中药饮片生产企业可以采购具备健全质量管理体系的产地加工企业生产的鲜切药材用于中药饮片生产。

2021 年 10 月 16 日，省委、省政府出台《关于印发〈贵州省全面推进乡村振兴五年行动方案〉的通知》，将天麻、白及、黄精、淫羊藿等重点单品作为“十四五”时期重点发展产业，明确将选育推广道地性强、优质、抗病、高产新品种作为中药材产业主导发展方向。

2021 年 10 月 29 日，为加强中药配方颗粒的管理，引导产业健康发展，更好满足中医临床需求，省药品监督管理局、省卫生健康委员会、省中医药管理局、省医疗保障局联合印发《贵州省中药配方颗粒管理细则

(试行)》，贵州省中药配方颗粒管理得到进一步推进。

20 多年来，贵州中药现代化取得引人注目的成绩。同时，也暴露出一些突出问题。进入新时期，贵州省如何更好、更快地推进中药现代化，实现弯道超车，发挥优势和特色，使中药产业持续健康发展，将资源优势转化为经济优势。通过文献调研、实地调研、采访座谈等，对贵州省中药现代化进行总结，重点对其实践路径进行探析，以为省委省政府“十四五”规划等决策提供参考。

二、贵州省山地中药材资源基础和产业发展现状

（一）贵州拥有中药材产业现代化的资源优势

贵州得天独厚的自然地理条件，蕴藏有丰富的药材资源，素有“天然药物宝库”的美誉。截至 2021 年 6 月最新调查数据显示，贵州境内具有药用价值的植物资源种类有 7317 种，植物新物种 7 个。其中 290 种野生重点调查药用植物，为全国重点调查药用植物的 65%；市场调查重点药用植物 121 种，为全国重点市场调查药用植物的 76%；栽培药用植物 218 种；市场调查药用植物 1012 种；收集药用植物种质资源 891 种。

（二）领导重视，政策支持，推进力度大

贵州省委省政府高度重视中药材产业的发展，相继出台《贵州省中药材产业发展规划（2016—2020)》《贵州省中药材保护和发展实施方案(2016—2020)》《贵州省发展中药材产业助推脱贫攻坚三年行动方案(2017—2019)》《关于促进医药产业健康发展的实施意见》《贵州省定制药园建设规范（试行)》《2020 贵州省中医药工作要点》《贵州省中医药(民族医药）产业发展及脱贫攻坚 2020 年重点工作任务》《贵州省农村产业革命中药材产业发展 2020 年工作方案》《贵州省健康医药产业 2020 年工作计划》《全面推进“定制药园”推进工作方案》《关于成立贵州省农村产业革命中药材产业发展领导小组的通知》《关于印发〈贵州省农村产业革命中药材 7 个重点品种产业发展行动方案〉的通知》（黔中药材领发

〔2019〕3号）《关于做好2019年全省中药材种植大县培育工作的通知》（黔中药材办发〔2019〕2号）《关于印发〈贵州省农村产业革命中药材产业发展专项资金管理办法（试行）〉的通知》（黔财农〔2019〕147号）《关于建立贵州省中药材产业项目利益联结机制调度制度的通知》等政策文件，指导和推进贵州省中药产业发展工作。在深入推进农村产业革命的进程中，还把中药材产业作为全省重点发展的12个特色农业产业之一，出台《省委省政府领导领衔推进农村产业革命工作制度》，由一名副省长领衔，全力推进中药材产业"一年有突破、两年上台阶"。同时，邀请国内、贵州省内57名中药材相关领域专家组建成立了中药材产业发展专家组，内设1个专家顾问组和天麻、太子参、半夏、薏苡仁、钩藤、黄精、白及等7个专业专家组，集中力量推进中药材产业工作。2020年9月24日，《贵州省中医药条例（草案）》提交省十三届人大常委会第十九次会议审议。该《条例（草案）》对中药材产业的种植、加工生产和市场流通各环节进行了规定，推动形成产业链。鼓励中医药健康产品、养生保健服务和养老服务产业发展，推动中医药与文化、旅游、体育等产业融合发展。

（三）中药材产业发展取得重要成果

1. 种植面积不断扩大，产业集中度明显提升

按照省委、省政府关于纵深推进农村产业革命的决策部署，立足贵州省中药、民族药资源和生态优势，以市场为导向，优先发展道地药材，推动药食同源中药材及其产品发展，取得了明显成效。2018年全省中药材（不含石斛、刺梨，下同）总面积542.85万亩、总产量127.52万吨、总产值108.83亿元。截至2019年12月底，全省中药材（不含石斛、刺梨，下同）种植面积656.96万亩、产量193.11万吨，总产值160.80亿元。同比分别增长21.02%、51.44%、47.75%。2020年种植面积突破680万亩。截至2021年6月底，全省中药材累计种植面积703.2万亩、产量35.48万吨、产值47.55亿元，分别同比增长10.3%、70.18%、78.26%；全省林下中药材（含木本）种植面积达464.28万亩、产量19.86万吨、产值24.72亿元，分别占全省的66.02%、55.98%、51.99%；全省共建设100亩以上规模化标准化生产基地1814个、面积207.4万亩，1000亩以上规

模化基地330个、面积162万亩，10000亩规模化基地28个、面积91.4万亩；建设种子种苗繁育基地391个、可推广种植面积118万亩，产业集聚度进一步加强。

2. 中药材产业持续向好发展

2020年至2021年7月，全省围绕天麻、白及、淫羊藿、黄精、鹿等重点单品，从品种选育-繁育-种植养殖-初加工-深加工-销售等全产业链，以林下仿野生中药材为突破口，策划包装一批大项目，力争打造百亿级产业。成立了天麻、白及、淫羊藿、黄精、鹿产业项目编制小组，对重点单品开展了针对性的研究和调研。全省聚焦道地特色优势单品，围绕全产业链发展谋划项目222个、总投资237.18亿元，其中重点基金项目103个、基金需求50亿元。为推动谋划项目落地生根，举办了重点项目推进会，开展了农业现代化基金申报培训，主动对接了贵阳农商银行、兴业银行、省农担公司等金融机构，帮助项目实施主体搭建合作平台、协调项目用地和解决融资困难等。截至目前，动物鹿养殖及鹿产品加工项目、酱香型天麻酒生产及销售、梵净山多花黄精产品加工及扩建1.5万亩等7个省级重点项目、总投资67.49亿元，企业累计完成投资5.09亿元，其中上半年新增投资0.76亿元；各地已向县级农业现代化基金管理部门报送项目53个（申报截止时间2021年7月16日）。

3. "定制药园"认定工作稳步推进

中药材是特殊商品，少了是宝、多了是草。为避免药贱伤农事件的发生，要根据市场需求确定种植品种和种植规模，引导制药企业、中药采购商与种植大户、种植基地、种植农户开展"以销定产、以销促产、以销提产"工作，解决种植户药材销售难题，着力提高中药材产业经济效益，"定制药园"应运而生。

贵州省自2017年在全国中药材产业扶贫行动启动会上被国家确定为"定制药园"试点省以来，积极推动"定制药园"工作，先后出台《全面推进"定制药园"推进工作方案》《贵州省定制药园建设规范（试行）》等文件。并于2019年认定首批11家"定制药园"；2020年认定了37家，种植面积已达23万余亩。提倡中药生产企业采购"定制药园"种植的中药材，在公立中医医疗机构优先采购以"定制药园"中药材为主要原料生产的中药饮片和药品，支持建设“线上+线下”相结合销售平台，解决买卖双方信息不对称等销售难题，多方共同努力推动产销对接。推动采购企业从贵州省购买道地或大宗的中药材产品；同时也积极协助企业到贵州省贫困地区建立药材种植基地。到2025年，预计把贵州建设成为国内外排名前列的中药材原料供应基地。

4. 建设中药质量追溯系统，助力“黔药”品牌化

中药材是特殊的农产品，产品质量不仅事关药效和患者的生命安全，而且与“黔药”声誉和助农增收效益密切相连。2019年贵州省开展了质量追溯建设试点，下一步要继续扩大建设范围，建全生产档案记录制度，构建覆盖种植、加工、收购、储藏、运输、销售等各环节的质量追溯体系。加快推进省中医药溯源平台建设，实现来源可查、质量可追、责任可究，确保贵州道地药材安全、有效、稳定。加强市场监管，加大中药材质量监督抽检力度，强化中药材监督执法，严肃查处违法生产、经营中药材的行为，保护“黔药”品牌形象。2020年9月27日~28日，“贵州省2020年度中医药适宜技术暨中药材追溯体系和电商平台上线操作培训会”第一期开班，分别对“贵州省中药材质量追溯平台及电商云平台”“贵药供应链系统应用操作平台”“中药材（大健康）电商云”“贵广网络平台”等平台进行了相关培训。

5. 聚焦药材功能拓展，促进产业融合

贵州是药材资源大省，也是旅游大省。结合林下种植，农田景观，休闲农业，积极打造生态休闲园区，带动了中草药材第一、第二、第三产业融合发展。利用树林下的空间，种植中草药，到了盛花期，这些既有药用价值又具有观赏效果的药用植物就形成了层次分明，高地错落的中草药田新景观。不仅好看，而且还可以出售药材增收。

大力挖掘道地品种治病和保健养生功能，推进薏苡仁、黄精、天麻等药食两用中药材产业化发展，支持药膳、药食两用产品和养生保健产品开发，如黄精果脯、天麻脆片、白及面膜、薏仁米养生酒等食品、日用品和化妆品，迅速推广，抢占市场，提升产业附加值。推进种植基地乡村旅游、文化推广、生态建设、健康养生、药膳餐饮等产业纵深融合发展。开发具有贵州特色的中医药健康旅游产品和路线，建设中医药健康旅游示范

基地和综合体，打造“神农尝百草”旅游路线，推动中药材种植基地建设与乡村旅游、文化推广、生态建设、健康养老等产业深度融合，推动中药材产业链不断延伸发展，不断拓展产业辐射领域，实现中药材产业“促一接二连三”。

强化药食同源工作。印发《贵州省铁皮石斛、灵芝、天麻按照传统既是食品又是中药材的物质管理试点方案》，对试点企业、产品范围、备案标准等进行规定。目前已发布《铁皮石斛花》《铁皮石斛叶（干叶）》《铁皮石斛茎》食品安全地方标准，重点支持药膳、食药两用产品和养生保健产品开发，在黄精果脯、天麻脆片等食品、保健产品基础上，新开发出天麻西洋参枸杞子酒、天麻咀嚼片等产品。

（四）中药材产业在贵州省脱贫攻坚中的贡献

2018 年中药材种植带动 16.42 万户贫困户、52.61 万贫困人口增收，成为群众增收脱贫的重要产业。截至 2019 年底，贵州省中药材产业带动 13.11 万户贫困户、41.75 万贫困人口增收，中药材成为贫困地区群众增收脱贫的重要产业。2020 年前三季度省扶贫系统累计安排财政专项扶贫发展资金 31865 万元，实施中药材产业项目 393 个，涉及 58 个中药材品种，带动 57444 户，建档立卡贫困户 213015 人，人均增收 726.95 元。贵州省 204 家龙头企业通过“龙头企业+合作社+基地+农户”组织方式，提供用工岗位 13207 个；预计全年可带动总用工 7024.54 万人（次），提供 200 天以上稳定就业岗位 35.12 万个，全省 2368 家中药材生产经营主体可提供就业岗位 5.09 万个，占比 14.49%。全省中药材有 47 个品种种植规模万亩以上，21 个品种产值超亿元，石斛、天麻、白及、太子参种植面积位居全国第一，产业累计带动 24.7 万贫困人口增收。2020 年，全省的预期目标是带动建档立卡贫困人口 30 万人脱贫，药农人均年收入 4000 元以上。中药材已成为贫困地区群众增收脱贫的重要产业。“9+3”县（区）中药材累计已带动贫困户 4784 户、贫困人口 16137 人增收。

制药企业通过提供种苗、技术、定价回收、在贫困地区建立中药材种植基地、提升省内中药材的采购比例等形式，发力精准扶贫，打造贵州产业扶贫样板。截至目前，健康医药从业人员 3.15 万人，间接带动上下游产业的就业人员约 80 万人。积极推动医药企业提高省内中药材的采购比重，省内采购比重从不足 20%提升到 40%，采购量增加 20 万吨左右，带动 3 万人开展药材种养殖业，人均年增收 3000 元左右。

（五）道地中药材和大品种选择方面的发展情况

作为我国四大中药材产地之一，贵州特有种位列全国第 3 位。公认的道地药材有：何首乌、天麻、杜仲、珠子参、艾纳香、牛黄、石斛、厚朴、半夏、吴茱萸、黄檗、野党参、龙胆草、天冬、黄精、金（山）银花、桔梗、五倍子、朱砂、雄黄等 30 余种。其中天麻、钩藤、太子参、薏苡仁、半夏、黄精、白及、花椒、艾纳香、何首乌、党参、茯苓、头花蓼、金（山）银花、生姜 15 个品种已被认定为“黔药”优势品种。

2020 年，贵州省组建了天麻、太子参、半夏、薏苡仁、钩藤、黄精、白及等 7 个单品产业发展行动组，助推产业高质量发展。其中天麻林下仿野生种植规模和技术全国第一，总面积 15.5 万亩、产量 1.7 万吨、产值 7.2 亿元，同比增长 28.5%、97.6%、124.6%，大方、德江和雷山核心产区全国闻名。以国家地理标识产品“安龙白及”为基础，推广独创白及“马鞍型”驯化苗和优质高产栽培技术，全省总面积 8.6 万亩，同比增长 24.1%。薏苡仁总面积 55.8 万亩、产量 15.3 万吨、产值 12.0 亿元，同比增长 41.0%、46.6%、179.7%，兴仁市成为全国薏苡仁核心集散区。太子参种植面积 34.17 万亩、产量 10.23 万吨，占全国需求量的 40%，已初具全国定价权。贵州省中药材积极推进标准化种植。太子参、何首乌、头花蓼、淫羊藿、赤水金钗石斛等通过 GAP 认证。

在品种认证方面，目前已完成了 2021 年第一批中药材新品种认定，将贵芨 1 号、赫麻芋 1 号、贵芶 1 号等 14 个贵州道地中药材品种纳入认定目录。地标品牌方面，2020 年在农业农村部认定的新增农产品地标品牌中，将黔西南州的兴义山银花、兴义生姜，安顺市的板当薏仁米、镇宁小黄姜，黔东南州的黄平白及、凯里生姜等纳入认证范围，贵州中药材农产品地理标志登记品牌达到 56 个。

（六）稳步推进“药食同源”试点

在省中药材产业专班的统筹推动下，一是推进全省天麻、铁皮石斛、灵芝既是食品又是药品物质的试点工作，根据国家卫生健康委、国家市场监管总局《关于对党参等9种物质开展按照传统既是食品又是中药材的物质管理试点工作的通知》、市场监管总局办公厅《关于有关地方开展党参等物质按照食药物质管理试点方案的初步意见》要求，组织省卫健委等六个部门编制修改了《贵州省铁皮石斛、灵芝、天麻按照传统既是食品又是中药材的物质管理试点方案》，并报送国家卫生健康委和市场监管总局。二是推动制定食品安全地方标准，省卫健委明确专人推进铁皮石斛（花、叶、茎）、天麻（鲜品、干制品）食品安全地方标准，目前已发布《铁皮石斛叶（干叶）》《铁皮石斛花》食品安全地方标准，发布《铁皮石斛茎（干制品）》食品安全地方标准。立项开展天麻（鲜品、干制品）、金钗石斛花、灵芝食品安全地方标准制定，明确由省疾控中心牵头，目前已完成天麻食用历史记载资料和毒理试验资料收集整理，已召开天麻食用安全性专家评审会，完成天麻理化指标和营养成分检测、农药、常见真菌毒素及金属污染物等检测筛查工作。三是抓产品开发，重点推进天麻、石斛、黄精、薏苡仁、金（山）银花等开发利用，在黄精果脯、天麻脆片、薏仁米养生酒、灵芝茶、石斛水等食品、保健产品基础上，新开发出天麻、西洋参、枸杞子酒、天麻咀嚼片、灵芝孢子粉、黄精休闲豆干等产品。四是支持省中药材协会与国药同济堂联合开发以药食同源、保健食品单品为主的健康饮品茶饮机项目，目前已先期在贵州理工大学完成试点投放。

（七）中药材产业发展的人才结构

中药材现代化是一个复杂而又艰巨的系统工程，既有理论问题，又有实践问题；既有药学问题，又有医学问题和市场问题；还有农业科学、植物保护、加工工业产业化和可持续发展战略问题等。它需要中药栽培的标准化、现代化、中药炮制的标准化、中药制造的标准化等等上下游产业发展的协调配合才能完成，是内在的技术、管理、质量的整体协调提升，更是国际化的要求。基于此，产业人才包括源头的种植技术人才、机械加工与操作人才、药材经纪人人才、饮片炮制人才、制药与市场营销人才、高端科研人才等。

贵州省中药材产业发展工作专班人才结构分析。其中省级专班13人，市、县级中药材专班人员平均5~8人，各级专班中，从学历上来看，本科学历以上人员占比达50%以上；从职称上来看，中高级职称人员占比40%以上；从年龄结构上来看，40岁以下人数居多，占比60%以上。

贵州中医药大学、贵州医科大学、贵州大学、贵州民族大学、贵州农业职业学院均有相应的中药材、药学等专业人才培养专业。还有黔西南民族职业技术学院、黔东南民族职业技术学院、黔南民族医学高等专科学校、铜仁职业技术学院、遵义医药高等专科学校、贵阳护理职业学院、贵阳职业技术学院7所学校开设药学专业专科。年培养中药学本科人才800人左右。

贵州省内中药材专家方面，2019年4月8日，成立了中药材产业发展专家组，包含专家顾问组和专业专家组，其中专家顾问组由省内外57名专家组成，在领导小组领导下开展工作，为贵州中药材产业发展规划、政策支持提出咨询意见和建议，提供技术支持。专业专家组根据贵州省产业布局分为综合专家组、天麻专家组、太子参专家组、半夏专家组、薏苡仁专家组、钩藤专家组、黄精专家组、白及专家组，主要负责制定单品行动方案，指导推进产业发展，强化技术培训，可基本满足贵州省产业发展技术指导需求。

三、机遇与挑战

（一）贵州省中药材产业发展机遇

1. 宏观政策有利

随着对医疗水平和国民健康水平关注度的不断提高，中医药发展已经上升至国家战略高度。近年来，国家相继出台了《中医药发展战略规划纲要2016—2030年》《中医药发展“十三五”规划》等文件，颁布实施《中医药法》，贵州省先后出台了一系列支持中药材产业发展的政策文件，政策红利频繁释放，相关落地工作不断推进。

2. 资源优势明显

贵州是全国中药材四大主产区之一，据全国第四次中药资源普查，贵州境内具有药用价值的植物资源种类有7317种，植物新物种7个。其中290种野生重点调查药用植物，为全国重点调查药用植物的65%。同时，“苗药”是我国六大民族药之一，90%以上的苗药集中在贵州。

3. 产业基础良好

全省已调查发现药用植物资源种类7317种，植物新物种7个、新纪录属2个、新分布9个，39个县通过省级验收，其中33个县已通过国家级验收；同时，全省有力开展资源收集保存，截至2021年6月，已收集药用植物种质资源8963份；针对杜鹃兰、骨碎朴等珍贵、濒危药用野生植物资源开展繁育技术研究，根据实际情况采取原生环境保护、野生抚育等，抢救性保护珍稀濒危种质资源。2021年，省农业农村厅会同省中医药局制定《贵州省中药材品种认定条件》，成立专家委员会，已认定石斛、太子参、白及等新品种23个；立项支持天麻资源系统调查、野生抚育和“两菌一种”联合攻关，支持江口县淫羊藿良种繁育基地建设；支持建设种子种苗繁育基地，完成2019—2020年省级财政支持的中药材种子（苗）繁育基地建设项目验收工作，下达省级财政资金4750万元，建设示范基地61个，大方县被认定为国家级天麻区域性良种繁育基地县，全省共建设种子种苗繁育基地391个、可供种植面积118万亩。石斛仿野生种植面积、铁皮石斛种植面积和金钗石斛种植面积、产量、产值均位居全国第一。

4. 市场前景可观

随着中药材预防和治疗作用越来越被人们所认可，国内外中药市场需求旺盛，中药材、中药饮片和提取物市场呈现良好的发展态势。据预测，未来10年，国际植物药市场的增长速度将会保持在10%以上，中药材在食品、药品、保健品和化妆品等方面的用途不断扩展，以天然资源为原料的绿色食品成为消费时尚，为中药材产业发展提供了广阔空间。而中药材的野生资源随着需求的增长，正在急剧枯竭，中药材转到家种是必然趋势。

（二）贵州省委十二届七次全会对发展中药材产业提出的指导意见

贵州省委十二届七次全会对紧扣“八要素”、落实“五个三”、加快实现“六个转变”，纵深推进农村产业革命作出了周密部署。中药材产业是贵州重点发展的12个特色农业产业之一。对照“八要素”全产业链要补短板强弱项，加快传统中药材向现代中药材“六个转变”。要拓展省内、东部、黔货出山进军队三大市场，千方百计把绿色、优质中药材卖出去、卖出好价钱。“五个三”中强调要壮大流通型龙头企业、农村经纪人队伍、农村电商三个销售主力，深化产销智慧对接，提高中药材流通效益。要促进三次产业融合发展，进一步优化中药材品种结构，大力发展绿色中药材加工，推动中药材与文化、旅游、教育、体育、卫健、商务等深度融合。要强化资金支持、科技服务、农业设施三个保障，为中药材产业发展提供有力支撑。要深挖消费潜力。用脱贫攻坚、全面小康的优异成绩践行初心使命、诠释绝对忠诚。

（三）中药材产业发展面临的挑战

1. 兄弟省区群雄并起，市场空间面临挑战

近年来，云南、广西、西藏等兄弟省区中药材产业快速发展。全国药用生物资源云南6559种，占比全国51.2%；全国常规种植中药材品种云南145种，占比48%；截至2020年7月，云南已建成60个云药之乡、30余种道地药材、4个优质道地中药材十佳规范化种植（养殖）基地、16种药食同源的中药材物质、23种可用于保健食品的中药，市场不断扩大，云药影响力持续加强。广西是我国药材主要产地之一，现知中药资源总数居全国第一。2019年6月，广西印发《健康医疗产业发展专项行动计划（2019—2021年）》，通过不断释放政策红利，广西中医药产业全国排名第12位左右。广西现共有上规模医药生产企业150多家，其中中药生产企业110家。同时近年来西藏自治区中药材产业发展也比较迅猛，藏药品牌市场影响力不断增加。随着贵州省与兄弟省区重要药材产业的快速发展，形成了群雄并起之势，贵州省中药材产业发展的市场空间面临着巨大挑战。

2. 标准化、规模化、品牌化建设滞后

截至2021年6月，贵州省支持重点单品开展种子种苗、地方特色食品标准制定工作，贵州中医药大学已初步完成天麻、黄精、金钗石斛、半夏、钩藤等5个世界中医药联合会中药材流通标准制定，持续鼓励行业协会、企业创新制定中药材种植养殖团体标准、企业标准，推动中药材生产质量管理规范的实施工作。另一方面是继续做好地方中药材民族药材标准

和中药民族药饮片标准的制修订。2021 年，《贵州省中药材民族药材标准》第一册已印刷出版，共收载 65 个品种；《贵州省中药材民族药材标准》第二册及《贵州省中药民族药饮片标准》第一册已组织专家完成审核工作。在良种认定方面，仅大方县中药材种植基地荣获国家区域性良种繁育基地认定。主产药材种质资源调查收集保存、鉴定评价、良种筛选培育等体系建设还不完整，拣、选、洗、烘、晒、机械化运用加工等标准化生产体系不够健全，叫得响、上规模、市场占有率高的品种比较有限，品种标准化、规模化、品牌化建设相对滞后，亟须加快研究解决贵州省中药材产业在“三化”建设方面的短板，为实现产业发展现代化奠定基础。

四、面临的发展形势及存在的困难和问题

（一）产业结构呈“中间大、两头小”趋势

2021 年，贵州省中药材种植面积已超 700 万亩，2021 年种植面积、产量和产值分别比 2020 年同期增长了 10.3%、70.18%和 78.26%。但育苗育种端还未形成产业化发展趋势，品种方面主要依靠大学、科研机构等技术转化或企业因需发展。市场端在中药材与省内中医药、制药、康养食品、生态旅游、大健康产业等融合度不够，缺少具有国内影响力的中药材交易市场，能够形成规模化、品牌化效应的中药材全产业链引领企业偏少。通过调研发现，本地中医院对本地中药材采用量不大，精深加工类龙头企业不多，全产业链融会贯通程度明显不够。产业整体形成了“中间大、两头小”的现实情况，亟待加以重视。

（二）全省中药材品种资源多，知名品牌少

从品牌化发展角度来看，贵州省中药材产业仍处于品种种类多，知名品牌少的现状。在新品种认证方面，目前仅 23 个品种被纳入认定，中药材地标品牌仅 56 个，占可产业化驯化发展品种的比例很小。除传统“贵州三宝”、大方天麻、施秉太子参、安龙白及、兴仁薏仁米、赫章半夏、贵州淫羊藿及部分传统苗药品种等少数中药材品牌在国内市场具有一定知名

度和影响力外，其他品种均未形成规模化效益，产量有限。同时，贵州省针对中药材产业发展举办的市场类活动偏少，出版的图书、典籍等在全国形成影响力的也不多，新媒体、省内主流媒体等针对中药材产业发展的宣传力度也稍显不够。

（三）“药食同源”类品种亟待得到政策突破

众所周知，国内人参、虫草等药用价值较高的中药材均已列入国家“药食同源”名录。2020年，贵州省率先将天麻、铁皮石斛、灵芝、杜仲叶、党参纳入药食同源试点品种向国家部委提出申请，同年6月，国家卫生健康委批复同意了贵州省对铁皮石斛、天麻、灵芝开展食药物质试点的风险监测方案。但截至2021年底，国家市场监管总局对各省上报试点工作方案请示均未作出批复，天麻、灵芝、石斛、党参等目前只能作为药品或保健品原料使用，市场价格受采购药企限制且需求量较小。企业在市场开拓中，产品开发和利用方面如稍有不慎就极易产生法律风险。通过几百年以来的实践证明，贵州省为量不少的中药材完全具备“食药同源”和作为食用佐料添加的条件，但因市场监管部门法规限制，具备“食药同源”类品牌就存在“入食限制”，极易产生产大于求的现象。

（四）产业人才紧缺

中药材产业包括中药材种植、中药材加工、中药材销售等环节，需求的人才包括中药种植田间管理人员、中药采收管理人员、药材经纪人、中药材饮片加工人员、中药鉴别人才、中药材电商人才等等，人才严重不足，大大限制贵州省中药材产业的持续健康发展。

近年来，随着人们保健意识的增强，人们对中药的需求显著增大，中药材生产与市场需求的矛盾越来越大。但是贵州省中药材还处于较为初级的阶段，大多以散户、大户以及合作社的药农为主要的管理者。人才短缺最为明显。只有具备几年的经验积累和专业基本技能的人才，才能筛选出最佳种植品种和有的放矢地进行市场营销。当前，贵州省药材种植合作模式太松散，人员素质高低不齐，缺少专业技术指导，中药材种植加工规范制度难以落实，种植过程难以追溯，产品质量难以保证。

（五）企业科研创新能力弱

据贵州省工信厅统计，截至2020年底，全省有155家制药企业，绝大多数是中小型企业，规模以上企业89家，其中产值上亿元的仅占企业总数的29.7%，前十位企业产值占全省规模以上医药工业比重为49.1%，进入全国100强的制药企业只有贵州益佰，还没有一家在全国有较强竞争力的大型医药集团，形成“大的没有做强、小的没有做活”局面，“小、散、弱”问题突出。

此外，贵州省医药产业链不完整，化学药、生物药发展滞后，高端医疗器械缺乏，龙头企业带动力不强，园区要素保障和聚集功能发展不健全，对医药企业吸引力不足。

产业集聚度低，上下游融合差，没有形成产业链条的优势。领军型的龙头企业过少，企业整体竞争力不强。没有形成集群效应，跨区域发展的利益调配机制尚未形成。全国医药工业百强企业数量较少。注册产品数量少，品种规模小。

（六）市场占有率低

从2019—2020年市场数据来看，省内药企及中医院对药材的采购率仅为40%左右。贵州省中药材产品加工技术创新薄弱，因而在国内国际市场占有率不高、竞争力不强。中药材加工高新技术的引进迫在眉睫，同时中药材加工技术的标准化研究也应着力推进。

五、发展建议

在国家政策扶持、社会资本参与、中药技术支持以及中药材需求扩大四大要素驱动下，中药材产业迎来新的发展良机，倒逼中药材行业快速健康发展。为促进贵州省山地中药材产业的现代化发展进程，提出以下建议：

（一）推进产业发展的现代化

1. 提升中药材产业化水平

一是进一步摸清家底，实施对贵州省道地药材野生资源的保护，积极开展优良品系选育，保障野生资源的永续利用。二是合理配备中药材专业或懂中药材的专业人员，加强对中药材产业发展的指导和培训。政府做好规划，引导药材种植道地化与种源良种化。三是开展新品种引进试验示范和绿色高效栽培技术等基础性研究，抓好新技术、新品种的储备，实现种植的生态化和标准化，确保道地药材的优质生产。

2. 做强“品种研发”前端产业

建议省委、省政府凝聚力量，以政府主导、科研跟进、市场参与模式，以国有资本为主体组建贵州省中药材品种研发总公司，一方面根据贵州省气候条件和产业发展需要，研发和培育“黔字号”中药材优质品牌，为各地发展产业提供技术支撑，推动全省每个市州最少建立一个贵州道地中药材优质品种研发基地，将贵州省重点品种、重点技术列入知识产权保护体系，建立中药材产业发展高端专家库，产出优质药。另一方面是积极开拓中药材销售市场，结合“强省会”行动，以贵阳为中心打造具有国内一流影响力的中药材交易中心，建立收储、分解、质量检测能力在全国靠前的中药材仓储基地，积极推进“黔药”品牌全产业链发展体系，提升“黔药”品牌市场竞争力和影响力。

3. 做优重点品种链条式发展中端

建议加强中药材产业配套和资金投入，建立一品一策领导专班制度，构建“黔药”百亿级重点品牌培育发展体系。围绕天麻、白及、淫羊藿、黄精、鹿等重点单品，从品种选育—繁育—种养殖—初加工—深加工—销售等全产业链上下足功夫，大力发展林下仿野生中药材种植，把握“黔药”定价主动权，收紧“黔药”收储和销售调控权，聚焦“药效”“药价”为中心打开本省中医院、制药企业采购通道，力争打造百亿级优强产业。

4. 做强中药材衍生链条后端产业

大力支持中药材与省内中医药制药企业、康养食品产业、生态旅游产业、大健康产业等深度融合，打造“多彩贵州·康养圣地”品牌，遴选符合“药食同源”特征、单品种植10万亩以上的中药材产品推介为“黔药十大品牌”，谋划开展“黔药”品牌全球传播活动，贵州电视台等主流媒体牵头开展“黔药故事”系列活动，编撰出版《黔药》文献典籍，深入展现黔药资源、历史文化等，持续提升“黔药”知名度和影响力，将“黔药”打造成为社会广泛知晓认可的区域性公共品牌。

5. 大力培育中药材产加销一体化龙头企业

通过政府引导，企业加强自身建设，采用联合、兼并、参股、控股、收购等多种形式，整合现有资源，培育发展成为具有较强投融资能力、扩张能力和区域竞争力的大型企业集团，同时要千方百计积极引进一批大型药企，要研究制定扶持龙头企业的优惠政策，加大对龙头企业的扶持，加快推动龙头企业的发展，使其真正成为引领贵州省医药发展的龙头，带动贵州省医药产业的发展。同时引导山地多样化机械应用，鼓励支持引入和开发适宜山地工作的小型机械，降低投入成本。

（二）不断优化营商环境

深入贯彻落实党中央和省委关于优化营商环境改革相关决策部署，以深化“放管服”改革为抓手，坚持问题导向、目标导向，精准制定改革措施，打造服务和效率高于周边、成本和负担低于周边的营商环境“贵州高地”。贵州多措并举将全力打造法治化、国际化、便利化的一流营商环境，厚植经济可持续高质量发展的“土壤”，为高质量发展提供内生动力。

用好 1 亿元产业发展资金。把资金用到刀刃上，投向重点品种、重点基地和重点环节，积极撬动社会资本投入，加强资金管理，注重绩效考核，切实把资金使用效益放到最大。

（三）构建人才体系建设现代化

人才是产业持续发展的基础。近年来，贵州省在中药人才培养上扎实投入，初见成效。以贵州省册亨县为例，2014 年，该县的中医类本科农村订单定向毕业生仅为 1 人，培养经费 3 万元；2019 年，该县中医类本科农村订单定向医学生已增至 5 名，培养经费每人 3.85 万元。

建议通过集中培训等形式提升全产业链技术人员能力。一是加强对干部的培训，让干部懂行；二是加强对技术人员的培训，熟悉和掌握中药产业标准化生产，形成一支专业过硬的技术队伍，具体实施中，负责组织和技术指导；三是大力培训农民，使其掌握中药材种植的基本知识，栽培管理技术要点，培训一支种植中药材的农民骨干和带头人队伍，提高农民的种植技术水平，确保中药材种植质量。

下一步，建议充分发挥中医药标准委员会专家组、涉药科研院所的作用，支持专家团队到“定制药园”开展中药材生产技术培训，采取集中培训、实地调研、技术实操等多种形式加强“定制药园”中药材种植、田间管理、产地初加工、仓储流通、生产制药、中医药应用等全产业链各个环节的技术人员能力培养提升。指导高校中药材产业实训基地开展“定制药园”示范建设培训，积极支持中药材相关专业建设。积极鼓励科研院校与龙头企业、专业合作社等新型农业经营主体共建科技转化平台，加快科研成果转化落地。加强专业人才培育、选调，深入推进科技特派员制度，完善技术培训服务机制，组织专家组对中药材重点发展品种进行全程指导，确保懂中药材的专业技术人员投身中药材产业发展。

（四）科技支撑体系建设现代化

1. 强化技术攻关和技能提升

源头上，加强中药材优质种苗快繁技术、连作障碍、病虫害防治技术等共性技术攻关，解决中药材产业化发展过程中的关键问题，加快发布钩藤、桔梗等24个品种中药材绿色生产技术规程，组织专家、技术员开展技术指导和培训。

2. 推进创新平台建设

加快国家级工程研究中心建设。科技创新是引领贵州中药产业“核裂变”的关键，是传统苗药品牌升级的“催化剂”。国家级苗药工程技术研究中心的成立标志着贵州中药民族药领域国家级研发平台的“零突破”。建议依托全省企业、高校、科研院所，在中药民族药产业领域共建国家级苗药工程技术研究中心、省级以上重点实验室、工程（技术）研究中心、企业技术中心。

3. 加强贵州省道地药材饮片生产

中药饮片是所有健康产品的原料和临床用药。市场需求大，大中药产业收益预计将达到20000亿元。贵州省要力争在贵州省道地药材原材料主产地建立大型、特大型中医药饮片企业，生产专属的品种品牌，对中医药种植、生产、加工、深加工全程进行质量监控，打造企业品牌，提高药材附加值，做大做响“黔药”品牌。

鼓励科技创新，加快推动中药配方颗粒、经典名方类中药及直接口服饮片等新型特色饮片开发，加快推进健兴、神奇等39个项目建设。培育发展生物制药，发展胎盘多肽注射液、人凝血酶原复合物、乙型肝炎人免疫球蛋白等生物制品。

（五）品牌创新体系建设现代化

1. 加强品种保护，引导和带动品牌建设

加强大品种和道地中药材品种保护，建立中药材种源保护体系，在重点区域划定中药材种源保护区。加大对国家地理标志产品、名优品牌、知名商标的保护和支持力度，加大宣传推广力度，扩大覆盖面和影响面以及知名度；充分调动企业进行品牌经营的积极性，积极推动社会各界关注、支持和参与品牌建设。

中药企业要聚焦主业发展，做大规模，做足苗药品牌特色，坚持创新研发，实现企业高质量发展。

2. 加大对品牌建设的资金支持

创新担保模式，印发《贵州省中药材产业融资担保服务方案（试行)》，针对天麻、石斛、太子参、半夏等重点单品，在全省遴选重点县、重点区域开展金融创新工作。建议设立“中药材产业品牌发展专项资金”，支持企业开展品牌宣传推介，开展技术创新和工艺改进，提升产品质量，努力创响一批品质好、叫得响、占有率高的“黔药”“苗药”知名品牌。

3. 加快培育现代化中药材市场体系

加快“定制药园”建设步伐，以国务院关于支持贵州作为内陆开放试验区（可以先行先试）的契机，加快构建中药材在“保健品、苗医苗药、药食两用、康养”方面的市场开发与运用；深入研究省内市场渠道开拓，形成省内外中药材双项销售、内外循环的良好态势。充分运用互联网、物联网、区块链和人工智能等新技术，打造现代化中药材电子交易市场，通过建立质量追溯系统，做到“来源可知，去向可追，质量可查，责任可究”，确保中药材质量全程可控，实现中药材生产、产地加工和流通设施

现代化。

4. 积极拓展中药材国际市场

推进“一带一路”建设，拓展中药材国际市场，缓解国内供需矛盾。2019 年，贵州省中药材全年出口 2803 万元，新开辟了德国市场，2020 年全省中药材出口贸易再上新台阶。要加快贵州省中药资源“走出去”步伐，外来药用资源“引进来”。建议大力支持中药材提取物行业发展，将植物提取科研成果进行生产技术和经济效益的转换，鼓励植物提取企业进入国际市场，强化中药产业持续创新能力，形成中药材产业新利润增长点。积极推进中医药产业对内对外开放，形成“国内大循环，国际国内双循环”的良性互动。

B.3 黔西南州康养产业高质量发展研究

戴 云 袁晓莉*

摘 要：坚持“创新、协调、绿色、开放、共享”的新发展理念，是习近平新时代中国特色社会主义经济思想的重要内容。贵州省黔西南州在获“黔西南·中国四季康养之都”称号后，如何以新发展理念来推动黔西南康养产业的高质量发展成为非常值得关注和研究的课题。本文以新发展理念、康养理论、产业融合发展理论为基础，以黔西南州康养产业为研究对象，通过对黔西南州康养产业发展的现状进行调研分析，发现还存在不足，如市场覆盖范围狭窄、产品开发不足、品牌知晓度不够、康养人才欠缺等问题，并针对问题提出了相应的对策，为黔西南州康养产业高质量发展提供一定的参考。

关键词：康养产业；高质量发展；黔西南州

一、黔西南州康养产业高质量发展的现状

（一）康养政策引领发展方向

康养产业作为社会经济发展新的增长极会纳入全州“十四五”国民经

* 戴云，布依族，中国管理科学院商学院客座教授、企业管理创新研究所高级研究员，研究方向：经济政策研究，工作单位：黔西南州工商联。袁晓莉，女，贵州遵义人，讲师，硕士，研究方向：旅游文化产业研究，单位：贵州人民武装学院。

济和社会发展规划。包含“公共卫生体系建设规划”和“大健康产业发展规划”：以建设健康黔西南为目标，围绕全方位干预健康影响因素、维护全生命周期健康，打造滇黔桂三省结合部区域卫生健康中心。解决发展不平衡不充分的问题，就要从新发展理念中找到破题之策。坚持“创新、协调、绿色、开放、共享”的新发展理念，是“十四五”经济社会发展必须遵循的原则，构建新发展格局，实现更高质量的发展。①

（二）严控生态环境，奠定发展基础

黔西南州属于低纬度高海拔山区，亚热带季风湿润气候区。2019 年全州完成人工造林 10728 公顷，完成封山育林 15317 公顷，森林覆盖率 58.71%。全州水、气、土、声、重金属、核辐射各项指标均达到预定目标，生态环境指数为“良”。纳入“水十条”考核的 16 个地表水考核断面水质优良率保持 100%。地级和县城集中式饮用水水源地水质达标率 100%。全州各县级城市环境空气质量等级为二级；AQI 优良率为 99.4%，高于国家考核标准 4.2 个百分点，高于省考核标准 2.9 个百分点。持续开展“守护多彩贵州·严打环境犯罪”执法专项行动，共查办环境违法案件 123 件，罚款金额 1300 余万元。自然基础优良和生态环境的严格管控为康养产业的发展提供了良好的环境保障。

（三）加强医养结合，提供医养保障

州内已建成省级医养结合示范单位 5 个，省级基层医疗机构医养结合服务试点 12 个，智慧健康养老服务试点 4 个，安宁疗护试点 1 个。2019 年末全州拥有医疗卫生机构 2158 个，其中，卫生机构床位数 18540 张，卫生机构人员 25317 人，卫生技术人员 19401 人。全州现有三级综合医院 2 家，均设立有老年病科，设立比例 100%；二级以上综合医院 12 家，已有 9 家设立老年病科，设立比例 75%。全州共有 145 家公立医疗机构为老年人提供就医便利和优先服务。全州共有 63 家基层医疗卫生机构与辖区内养老机构签订医养合作协议，为养老机构开通预约就诊绿色通道，确保入住

① 卢青：《新发展理念与“十四五”经济社会全面发展》，载《理论视野》2021 年第 1 期。

老年人能够得到及时有效的医疗救治。全州现共组建家庭医生服务团队1142个，2020年末65岁以上老年人健康管理率达到70%以上。

（四）传承民族医药，发挥特色优势

黔西南州境内少数民族人口占43.55%，是一个多民族聚居的自治州。许多民族医生充分利用本地的药用物种资源，在治疗常见病、多发病以及疑难杂症方面具有许多独特疗效。2015年12月在黔西南州中医院成立了“黔西南州民族医药健康产业发展研究中心”。2019年7月贵州省首个布依族医药传承工作室在兴义正式成立。2021年1月正式施行了《黔西南布依族苗族自治州民族医药保护与发展条例》，加快完善保护和发展民族医药机制体制。目前，全州民族特色医药获国家市场监督管理总局公告保护的地理标识产品共5个，贵州苗药药业、天地药业、吉仁堂等16家中药生产企业通过国家质量管理体系认证，获得国家批准文号的膏贴、片剂、颗粒、胶囊、液剂和药械等产品共167个。

（五）积极培育大健康产业示范基地

2015年以来，通过州、县两级共同努力，已成功申报1个贵州省大健康产业示范区（兴义市）和贵州德良方药业、兴仁草喜堂、安龙白及万亩产业园、安龙石斛谷森林康养基地等10个贵州省大健康产业示范基地。谋划养老服务项目20余个，规划项目资金120多亿元；实施了州市共建养老产业示范园、兴义市纳具和园康养小镇、安龙养生谷、兴仁德政园等一批中高端养老服务项目。

（六）打造健身工程和户外运动基地

2019年完成60个村级“农体工程”、8个乡镇级“农体工程”、25套“路径工程”、21个村级综合服务中心建设、100公里健身绿道建设。按照体育赛事基地化、基地产业化的模式，投资40亿元，打造了十大户外运动基地：万峰林热气球赛事基地、万峰湖野钓基地、白龙山国际山地越野跑基地、二十四道拐汽车拉力赛基地、普安江西坡山地自行车赛事基地、安龙笃山攀岩基地、贞丰三岔河房车露营基地、兴仁放马坪风筝赛事基地、

义龙棒垒球推广基地、红水河垂钓基地。依托十大赛事基地，采取市场化运作方式，连续成功举办5届十大户外运动赛事活动。其中黔西南国际山地旅游暨户外运动大会已经是国务院批准的中国目前唯一一个以“山地旅游、户外运动”为主题的国家级、国际性会议。

二、黔西南州康养产业高质量发展的问题分析

（一）产品开发不足市场覆盖有限

康养是指生命的全过程都能注重生存的质量，自我保重，自我保健，延年益寿，能够过一种愉快、健康和有意义的生活的状态。生命的全过程就包含了从出生到老。现在人民生活水平不断提高，生小孩追求优生优育，从怀孕前就开始重视母亲的身体健康，小孩出生以后的健康成长过程是每个家庭做父母的最忧心的事情。儿童的眼睛、牙齿发病率比较高、较多中青年处于亚健康状态等问题已经是一个很普遍的现象，但是从黔西南州康养产业发展来看主要还是针对医疗和养老需求。说明我们的康养产品开发不足市场覆盖范围还比较狭窄，认识上还没有从“治病”向“防病”大健康理念转变，没有考虑到健康消费需求人群的全龄化结构已经形成，涉及健康人群和亚健康人群，包括慢性病人群、中老人群、妇孕婴幼人群和青少年人群。

（二）产业资源优势没有充分发挥

黔西南州有丰富的自然资源、文化资源和产业优势，但没有充分发挥资源优势和产业优势来助力康养产业。早在2018年兴义就是“首届中国十大养生城市”之一，拥有良好的养生资源环境可惜没有优质的大众康养品牌，没有进入大众市场。布依族人民在黔西南州生活了上千年，经过长期的经验积累，在治疗常见病、多发病以及疑难杂症方面具有许多独特疗效，但一直到2021年才出台了保护和发展的条例，要真正能把民族医药重新利用并发展起来，在养生保健、治未病和大健康产业发展等方面发挥特色作用还有大量工作需要做。另外州内十大重点特色产业，茶叶、蔬菜、

食用菌、精品果业、生态畜禽、中药材、生态渔业等与康养结合的项目也少。

（三）康养产业融合效益不突显

黔西南州康养与其他产业的融合目前主要体现在体育运动和旅游产品方面，荣获国家体育总局授予“全国运动休闲特色小镇”（贞丰三岔河生态体育公园）、“国家山地户外运动示范公园”和“2017年中国体育旅游十佳精品景区”（安龙笃山攀岩公园），“国家体育旅游示范基地创建单位”（兴义万峰林生态体育公园），“国际山地旅游暨户外运动大会”获评贵州省唯一的“国家体育旅游精品赛事”。并且在韩国、新加坡、新西兰、马来西亚、澳门地区、香港地区等16个境内外重点客源地，设立宣传推介营销中心。入境游客和收入从2014年的3.09万人次、1653.3万美元，发展到2019年的13万人次、5993.42万美元。还有以“薏仁为媒、生态为魂、康养为核”的“薏品田园生态旅游小镇”，把薏仁米融入了三产之中，形成了面积4.5平方公里的“一带一主轴多核泛亚薏仁生态产业园、易地搬迁扶贫安置区、乡村旅游体验园”三个功能板块。2020年带动全州30万薏农平均增收1440元，使全州薏农共计增收约4.32亿元。康养产业在其他方面带来的经济现象还不明显。

（四）康养品牌知晓度还不够

黔西南森林覆盖率达58.5%，负氧离子含量十分丰富，全年空气指数优良天数率100%，无雾霾的困扰，水质状态良好，城市环境优良，四季生态宜居，人均寿命79岁，有百岁老人456名，80岁以上的老人有70163名，是颐养天年的理想之地。黔西南州绿色的生态、清新的空气、优良的水质、幽静的环境，是全国少有的能促进心肺功能和心血管自我修复的康养胜地。在2019国际山地旅游暨户外运动大会开幕式上，中国气象学会向黔西南州颁发“中国四季康养之都”品牌。但是康养之都的形象还没有深入人心，还没有形成产业集聚，公众知晓程度比较低，不能有针对性地吸引康养需求者，围绕“中国四季康养之都”品牌的产品打造和形象策划的力度尚不够。

（五）康养产业人才培养不足

从2015年黔西南州开始将社会力量兴办的养老机构管理人员、护理人员及其他各类提供养老服务组织的从业人员纳入政府培训教育规划，在培训名额、培训经费等方面给予支持，对取得相应职业资格证书的养老护理员给予培训补贴。鼓励职业院校建立养老护理员培训基地，开展职业技能培训，以提高养老服务从业人员的持证上岗率。加快培育社会养老服务志愿者队伍，建立志愿者注册制度，形成专业人才引领志愿者的联运工作机制。围绕养老服务技能及消防、食品安全等开展专项培训，共培训养老机构护理人员254人次、管理人员75人。截至2019年年底，黔西南州获得国家职业技能鉴定的养老护理员共36人。但是康养并不等于养老，只重视老年人这个群体的人才培养是远远不足以满足现有的康养市场需求。

三、黔西南州康养产业高质量发展的对策

（一）积极开发康养产品为发展拓宽市场

关注母婴市场。根据统计，中国母婴行业市场规模不断增长，增速呈现上升趋势，说明妇孕婴幼群体对于康养设施及产品的需求非常大，快速涌现出更多母婴健康供给产品，如早教课程、产前检测、孕妇产后恢复、小儿保健等一系列围绕妇孕婴幼群体的康养产品。①

关注青少年市场。青少年是民族的未来，为了青少年身心健康发展，可以提供心理健康、健身赛事、康复医疗、游学养心等康养产品与服务。丰富青少年的精神生活，养心的同时也养身。

关注亚健康市场。根据中国健康协会调查发现，中国一线城市中，亚健康人群已超过城市总人口的70%，社会对于解决亚健康问题的需求尤为迫切，且将呈现井喷式增长。大多数人是以养生的方式去对抗亚健康的状态，人们开始更加注重生活环境的舒缓和清净，注重生活方式的健康，也更加关注心理上的调节与疗养。

① 何莽：《中国康养产业发展报告（2018）》，北京：社会科学文献出版社，2009年。

关注老年人市场。就现阶段老年群体实际康养需求来看，老年康养包含营养膳食、养老、老年保健、老年旅居等各种相关及周边产业，其内容丰富、需求极大，有越来越多的人选择旅游养老，通过旅游娱乐的方式来度过老年生活。

（二）借助产业资源优势为发展夯实基础

充分利用黔西南州特殊而良好的自然生态、地质、气候、植物等资源优势、布依族民族文化优势、特色产业优势，助力发展健康养生，构建以“医、养、健、管”为支撑、覆盖全生命周期的大健康医药产业服务体系。充分利用“十大养生城市”之名，保护好自然优势条件，打造相应的康养品牌，有针对性地向细分市场群体推广。布依族民族医药和治疗方法是康养一大特色，要善于加以继承和发扬光大。积极推动石斛、百合、天麻、灵芝、杜仲、葛根等食药材的种植，提升优良种源供应能力，延伸食药材产业链向食品、保健品、化妆品、添加剂、生物农药及饲料等领域延伸和拓展。利用现有的农业产业优势，蔬菜、茶叶、食用菌、精品果业、生态畜禽、生态渔业等打造生态康养食品。

（三）康养小镇产业融合为发展提升效益

随着全民健康意识的提升，养生旅游度假快速发展起来，具有康养功能的旅游度假目的地产品受到开发商青睐。其中最主要的表现形式就是康养小镇，康养小镇项目的规划建设要考虑文旅产品与大健康产业相关的融合业态，以健康为主线串联各类康养文旅功能项目。康养小镇还可发展“康养+教育培训”产业融合模式，借助自身环境优势条件，发展机构培训产业，与商业院校和培训公司等建立合作关系，引进优秀师资和热门课程进行授课，为培训人员搭建学习交流平台及商务社交场所。康养小镇内做教育培训，多由企业为员工出资购买培训课程，在旅游度假的同时达到进修的目的。以大健康产业为引擎，构建集产学研为一体的发展架构。在产业链条上，纵向延伸健康科研、健康生产、健康学习三大产业子类；横向上，将健康、教育、旅游、养老、文化、体育六大服务产业融合，形成现代服务业集群，深度融合发展助力乡村振兴。

（四）提升康养品牌知晓度为发展扩大宣传

黔西南州具有丰富的康养资源和知名度较高的旅游品牌，一是可以借助每年的国际山地旅游大会系列文化活动和美丽乡村万峰林峰会，向外界展示黔西南州浓郁的康养文化，引起境外人士对“四季康养之都”的关注。二是可以借助大数据优势，拓宽城市形象和康养品牌的宣传渠道。深化本地市民及省内外游客对“四季康养之都”的认识。三是可以通过产业的深度融合和集聚优势，吸引更多的康养市场消费群体，为黔西南州社会经济发展提供新的增长极的同时也扩大宣传。

（五）重视康养人才的培养为发展提供保障

首先应增强对于康养企业研发投入的政策激励，促使企业在康养项目方面有更多的创新，有更多的科技融合，培养更多的康养项目开发人才。其次，对于高校院所，应该设置康养方面的相关专业，并设置合理的教学培养课程体系，培养康养专业人才。同时加强对于康养产业相关课题和创新创业方面的鼓励和资助，构建“产—学—研—用”一体化创新共同体，提高科研成果转化率。最后，政府除了重视培训养老护理人员和建设社会养老服务志愿者队伍以外，还应重视培训健康管理师、康复治疗师、营养师、心理咨询师、高级导游、户外运动教练等多方面的康养职业人士和志愿者，同时还要关注康养职业人士和志愿者素质的培养。

B.4 贵州省酒用绿色高粱产业发展现状、问题及解决对策

樊 娟 陈 敏*

摘 要： 近年来，随着中国贵州茅台酒产业市场的不断壮大扩增，白酒产业尤其是酱香型茅台白酒产业已经成为贵州极具特色发展优势的绿色产业。高粱是酱香型白酒的一种主要酿酒原料，在贵州省内各高粱产区被广泛种植。但由于大量种植酒用高粱而引发的标准化种植程度低、病虫害危害、品种单一发展及栽培技术不完善等问题突出。因此，本文探究了贵州酒用绿色高粱产业发展的现状及问题，并就问题从技术应用水平、病虫害防治、良种培育以及完善生态农业技术方面提出相应的对策，以期为贵州省酒用绿色高粱产业发展提供参考，对贵州省生态高粱产业发展具有重要意义。

关键词： 高粱；白酒市场；生态产业发展；酿酒原料；对策

高粱［*Sorghum bicolor*（L.）Moench］因其具有较好的抗逆性、耐贫瘠特性及耐高温特性而被广泛栽培①。作为全球第五大禾谷类旱地作物，高粱在酿酒、饲用、食用以及能源等方面均有突出的应用价值，是我国重要的绿色能源作物之一②。目前，我国高粱种植区域主要以吉林、辽宁、黑

---

* 樊娟，女，硕士，贵阳人文科技学院教师，研究方向为植物保护及农业资源与环境；陈敏，女，硕士，贵阳人文科技学院教师，研究方向为农村社会工作。

① 李欣欣、黄萍、庄义庆、杜浩、杜道林：《能源作物甜高粱抗逆性的研究进展》，载《江苏农业学报》2016年第32期，第1429—1433页。

② 谢光辉、郭兴强、王鑫、丁荣娥、胡林、程序：《能源作物资源现状与发展前景》，载《资源科学》2007年第5期，第74—80页。

龙江及蒙古构成北方产区，贵州、四川、重庆为西南产区，北方和西南两大产区为高粱种植优势地域，而华北、西北地区高粱产区则为补充区域①。糯高粱是优质白酒的主要酿酒原料，近年来，由于贵州茅台酒、习酒等名牌白酒市场持续走高，导致酒用高粱的种植面积不断扩大，贵州绿色生态高粱产业不断发展。但由于急速扩大的种植面积及快速发展的高粱产业而引发的病虫害危害、品种单一退化及技术不完善等问题，均会制约贵州酒用高粱产业的持续稳定发展，且违背了贵州高粱产业绿色生产、生态发展的方针。因此，需结合贵州酒用绿色高粱产业的发展现状和存在的问题，针对性提出对策，以为贵州酒用高粱产业的绿色生产、生态发展作出参考依据，对扩大贵州白酒市场具有重要意义。

一、贵州酒用绿色高粱产业现状

（一）贵州高粱种植现状

据统计，2012—2018 年，贵州省高粱年均种植面积为 48.06 千公顷，其中以 2018 年种植面积最广，达到 61.5 千公顷，且同比增长率为最高。此外，2015—2018 年贵州省高粱产量逐步提高，至 2018 年时已达 17.5 万吨。据全省农技推广系统数据显示，至 2019 年，贵州省高粱种植面积为 103.65 千公顷，同比 2018 年种植面积增长 68.5%，预计产量达 39 万吨。

目前，贵州省高粱产区主要集中在仁怀、习水、道真、盘州、晴隆等地，其中仁怀、习水主要种植酿酒用高粱，而道真、盘州及晴隆主要种植食用高粱，贵州省其余高粱产区零散分布，且种植面小。随着贵州白酒工业的快速发展，白酒对高粱的需求量不断扩大。

贵州省农业农村厅近日发布的《贵州省酒用高粱原料种植规划（2020—2022 年）》公告提出，至 2022 年，在全省范围内，贵州总体酒用高粱认证种植基地面积累计需求量达 400 万亩（其中有机高粱认证种植面积 100 万亩），总产量 100 万吨。因此，对贵州省酒用高粱产业的现状分

① 邹剑秋、王艳秋、柯福来：《高粱产业发展现状及前景展望》，载《山西农业大学学报》（自然科学版）2020 年第 3 期，第 2—8 页。

析、问题探究及对策思考尤为重要。

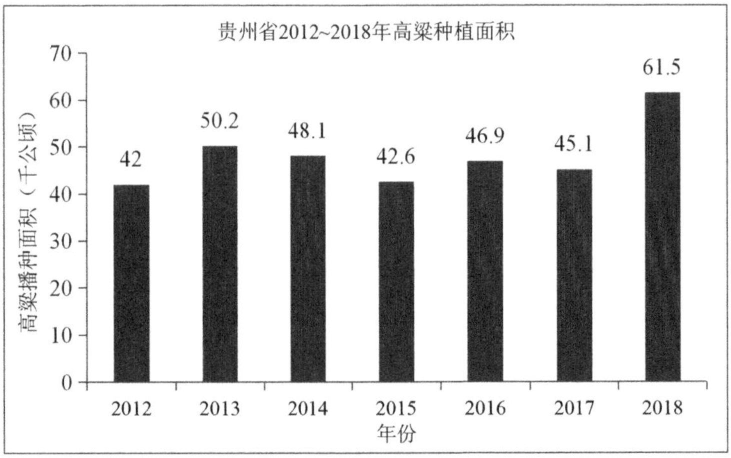

图 1　贵州省 2012~2018 年度中高粱种植基地面积统计图

（以上数据资料来源为国家统计局）

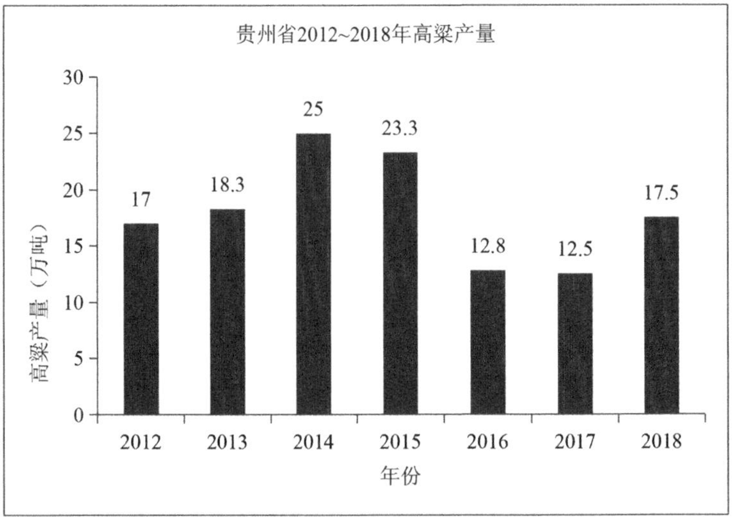

图 2　贵州省 2012~2018 年度中高粱产量统计图

（以上数据资料来源为国家统计局）

二、贵州酒用绿色高粱产业存在的问题

（一）标准化种植程度和技术应用水平低

目前高粱种植管理水平较低，造成一些巨额投资的基地失管，品质缺乏一致性。虽然新区域的种植和生产管理水平较高，但还需要进一步规范和完善，一些新的植保科学技术尚未引进大田试验、示范和应用。高粱种植过密，品种单一，病虫害防治不到位，管理不及时，商品率低下；长期不清理种植基地，存在越冬病虫源，致使翌年病虫害发生率高。因此，该基地生产的部分高粱产值不高，长势不好。同时，农药使用不规范，施肥量小，容易导致药害、穗粒率低。另外，农户对高粱栽培技术不是很熟悉，导致高粱农业生产能力受限。大部分高粱在开始种植时缺乏统一布局和标准的种植管理技术，整体规划的意识不强，现代科技普及率不高。

（二）病虫害严重导致高粱品质差，达不到有机的要求

目前，贵州省酒用高粱正处于需求增长阶段，各种植区大面积推广种植，但由于突发式大面积种植高粱带来的病虫害问题较为严重，已严重影响高粱的品质及产量。此外，以茅台酒为例，所用原料为酿酒型有机高粱，但目前大片种植的高粱无法达到有机生产的要求，对高端白酒市场的供应仍然产力不足。

贵州省栽种的酒用高粱主要有几大病害：高粱纹枯病、高粱紫斑病以及高粱丝黑穗病。高粱丝黑穗病在仁怀和习水重点产区都有发生。高粱丝黑穗菌株的穗会成为一个类似黑色的小灰包，外面周围分布有一层类似白色的薄膜，病菌成熟后整个这层灰色包就可能会迅速破裂，散出大量的高粱丝黑粉（即孢子粉），穗丝染黑后遗留在植株上，该病发生严重时可致高粱颗粒无收，严重危害高粱产业①。高粱纹枯病主要发生在叶鞘上，叶鞘受害后，叶片迅速干枯，影响整株高粱的光合作用，因此造成穗枯，籽

① 周开芳、陈敏、郑明强：《茅台酒用有机高粱主要病虫害发生及防治对策》，载《贵州农业科学》2008 年第 4 期，第 90—91 页。

粒干瘪，对高粱的产量具有严重影响①。高粱紫斑病则主要危害叶片，病斑为紫红色，下部叶先提前开裂，在发病后逐渐由下向上扩展，导致患病的叶片从下向上提前干枯而死，高粱籽粒灌浆不足，干瘪，影响高粱品质②。全省酒用高粱主要受蛴螬、黏虫危害，蛴螬以近地表处幼苗和根部为食，致使高粱从幼苗受害，无法完成整个生育期，提前死亡。黏虫主要发生在高粱苗期，具有间歇性、爆发性、暴食性，啃食高粱茎秆，严重时还会导致各种高粱的叶片及其他的茎秆全部破坏，可被食光，造成“光秆”现象，严重危害高粱产量质量③。

（三）品种单一，单产徘徊，酿造白酒难以创新

目前，红缨子是贵州省白酒推广使用的主要高粱品种。红缨子是一种中国茅台酒的专用酿酒高粱原材料，在2008年通过贵州省审核认定，是全国首个通过有机认证的高粱种子，因此，全省酿酒用高粱以红缨子为主④。但由于长期大规模的种植单一品种，加之育苗移栽及生产投入的增大，品种无法有效更新，导致品种退化，品质下降。单一种植带来的产量低也为酿酒产业带来新的挑战。此外，高粱品种的研发能力不足，针对酿酒高粱的研究机构和人员较少，因此，新型优质酿酒高粱品种研发还有增长的空间。

（四）栽培技术不完善，影响高粱产质

虽然目前市场对酿酒高粱的需求量持续上升是向好的前景，但配套的栽培技术并不完善，高粱产质并不能随着需求量的上升而上升，反而由于种植栽培过程中的技术缺失，使高粱产质下降，酿造出的白酒也会受到影响。目前，针对高粱栽培过程中主要存在以下几方面的问题：一

① 何自强：《酒用高粱病虫害防治探究》，载《农家参谋》2020年第15期，第48页。

② 苟开礼、李士敏：《不同育苗方式对高粱红缨子产量及其紫斑病发生的影响》，载《农技服务》2019年第36期，第28—29、第31页。

③ 姜培跃：《仁怀市高粱主要病虫害综合防治措施》，载《植物医生》2016年第29期，第57—58页。

④ 王金萍：《酿酒高粱品种“红缨子”在河北的种植策略》，载《河北科技报》2019年12月3日，第4版。

是仍以育苗移栽为主要栽培方式，育苗移栽的人工成本高、存活率难以提升、费种，酿酒高粱产业的成本便随之增加；二是病虫害防治手段亟须更新。

酿酒有机高粱的土壤病虫害管理防控主要以加强农业防治管理为主，做好栽培管理，辅以一些生物杀菌剂及杀虫剂，但病虫害危害较为严重的地区，仅仅使用一些农业虫害防治管理措施或再辅以一些生物杀菌剂防治并不能有效防治严重的病虫害，若使用化学药剂又不符合酿酒高粱有机种植的要求。因此，针对有机种植过程中的病虫害问题还需要进行探索。

（五）种植区分散，无法形成系统产业链

贵州省作为唯一一个完全没有平原支撑的省份，在农业产业化发展的进程中根据自身环境优势以及资源优势等发展出符合自身条件的产业化农业，但由于贵州特殊的地理环境，导致贵州想要发展像平原地区一样的连片成亩的农业示范基地非常困难，所以一般建立的农业产业化示范园区或基地具有规模小的特点。正是因为贵州的酿酒高粱基地不成片，所以管理起来很困难，不规范，层次也较低，带动起来较困难，且辐射的范围相对中东部地区范围小，无法形成全省系统的产业链，仅在仁怀市内具有一个规范的酿酒高粱基地。

三、贵州酒用绿色高粱产业发展对策

（一）提高技术应用水平，建设标准示范基地

加强农业科技人才培养，引进专业技术人才。当前贵州省高级技术技能人才队伍还远不能完全满足贵州高粱农业产业改革发展的实际需要，一方面需要大力开展农村基层农业服务人员相关的专项技术培训，另一方面也要通过人才引进，壮大现有的农村农业基层技术人才队伍，加强技术力量，为各基地、农户、合作社的衔接配备技术人才。其次是邀请高粱专家团队定期进行巡回指导、技术服务和培训；高校与公司合作建立实习基地，开展对高粱种植的土壤改良、选育品种、药肥试验、病虫害防治等专

业服务工作。

统筹产业发展，以规划和政策为主，进一步加强贵州高粱产业协调发展，统筹科学的政策规划。通过深入调研，修订完善贵州高粱产业中长期发展规划，同时兼顾集中发展区域和农户两方面。适当控制种植规模，管理好现有区域，建立相对连片集中的标准示范基地，集中展示。根据不同地区的不同海拔、地域、土壤、气候等实际条件，要科学规划布局，按照规定和计划，逐步推进贵州高粱产业融合发展，避免盲目发展，造成资源严重浪费和产能过剩，鼓励和支持农户按照生产技术要求生产，量力而行，并充分发挥高粱产业辐射带动作用，让更多的农户可以依靠高粱实现脱贫致富。

（二）创新病虫害防治手段，确保有机生产高品质酿酒高粱

目前，贵州省内的优质白酒市场逐步扩大，酒用高粱的需求量不断扩增，为了贵州酒用高粱产业的稳步提升及白酒市场的发展，确保有机生产高品质的酿酒高粱十分重要。高粱病虫害的防治手段主要以化学防治为主，但在有机生产过程中禁用化学农药，所以，防治的手段需要创新。此外，由于在病虫害防治过程中使用的药剂较为单一，不仅病害和害虫产生抗药性，而且为了进一步防治病虫害，在抗病除虫中加大药剂使用量，造成环境污染，对人畜也存在安全隐患。

农业防治：在农业生产过程中，使用农业防治可从源头有效避免病虫害的大爆发。王燕飞①曾指出，在有机高粱生产过程中，播种具有优良抗性的品种、播前选种、对种子进行消毒杀菌、适时适当施用水肥等手段均能有效防治病虫害的发生。因此，在酿酒高粱的有机生产过程中，应注意播种优良品种、在播种前对种子进行消毒杀菌以及进行科学的水肥管理。

生物防治：穆元相等②人指出，施用虫菊·苦参碱对有机高粱蚜虫的

① 王燕飞：《浅谈有机高粱种植中病虫害的防治方法》，载《新农业》2021年第4期，第31页。

② 穆元相、钟康、王德明、陈颖、司元进：《施用不同浓度1.8%虫菊·苦参碱对有机高粱蚜虫的防治效果》，载《农业科技通讯》2020年第4期，第76—78页。

防效均达到八成以上。赵应等①人也指出，使用印楝素稀释防治有机高粱蚜虫也具有近 80%防效。此外，王小勤等②还指出，使用印楝油和苦参碱稀释液还可以有效防治有机高粱地下害虫。因此，针对有机高粱的主要虫害——蚜虫和害虫，可首先采用苦参碱、印楝素及印楝油进行防治，虫害严重时可采用复配剂进行防治。针对高粱纹枯病、紫斑病及黑穗病要做好提前预防，可适时喷施波尔多液进行防治③。

物理防治：针对性对有机高粱病虫害进行物理防治。蚜虫可用黄板进行捕杀，地下害虫可适当撒生石灰或采用糖浆捕杀，在成虫羽化期，以 2kg 醋、1kg 红糖、2kg 水加 3911 少量，搅拌均匀制成相应的糖醋液，随后放入大田合适的位置，诱虫食入死亡④。若发现有纹枯、紫斑或丝黑穗的病株要及时拔除。

（三）提升科研水平，选育优良品种

随着近年来高粱种植面积的扩大，病虫害增多，品质下降，各种新病害也开始出现，已难以适应发展的需要。应在高粱资源开发利用与育种进行品种的选育和优化、不断更新产业化发展的植保防控配套技术、开发相关的 PCR 检测技术，筛选出绿色、高效和成本低的农药。各地要成立相关技术攻关组，提高专业技术培训，加强新技术、新品种的应用水平，做好相关技术指导和咨询工作。

高粱育种要创新方法与先进技术相结合。目前，育种多采用分子育种，借助分子生物技术，对传统的育种方法进行创新，在分子水平上进行育种。利用分子育种技术，不仅可以加快育种进程，缩短育种时间，还能丰富杂交种群遗传背景，提高优良基因的出现频率，促进高产、优良、抗

---

① 赵应、姜培跃：《4 种生物农药对高粱蚜虫的田间防控研究》，载《植物医生》2019 年第 32 期，第 20—22 页。

② 王小勤、林君、刘洋、张志东、张庆良、陈安静、尹大宽、刘雪梅、周艳、黄源：《酿酒有机高粱苗期地下害虫防治试验研究》，载《酿酒科技》2019 年第 5 期，第 29—33、第 37 页。

③ 穆元相、王德明、司元进、王福琪：《习水县有机高粱高产种植技术》，载《耕作与栽培》2014 年第 6 期，第 61—62 页。

④ 刘国辉：《古蔺县酱酒专用高粱有机栽培技术》，载《南方农业》2016 年第 10 期，总第 36 期，第 3—4 页。

病新品种的选育[①]。景海春等[②]人指出，随着测序技术的发展，高粱基因组数据也在大量增加，为此，科研人员整合了国内外48个高粱品种的全基因组重测序数据，建立了首个高粱全基因组结构变异数据库。在酒用高粱需求不断扩增的市场背景下，加速提升科研院所、高校及科研人员的科研水平，对选育优良的酒用高粱品种，打造优秀的白酒高粱品牌至关重要。

（四）培育重点龙头企业，建立新型营销模式

要充分利用龙头企业，带动地方优良品种、实施机械化大规模的种植、进行品牌经营，进一步实施优化市场和产业布局。龙头企业还将引入现代化的经营管理模式，构建现代营销体系，拓展市场，完善仓储、电子交易、包装等配套设施，大力发展“产销对接”和高粱产业链，实现社会效益和经济效益的双丰收。经营主体是农业产业发展的重要推手，也是山区农业产业发展的薄弱环节。应结合当地的实际情况，培育一批具有特色的高粱产品企业，并将其打造成为当地龙头企业，促进当地高粱产业的发展。其次，积极推广“企业+合作社+农户”的经营模式，建立种植基地，由企业或合作社统一提供种子、农药化肥、技术指导，并制定统一收购价格，将部分农产品的市场风险转移到合作社和企业，提高农户的市场抗风险能力，确保种植户的切身利益[③]。

（五）建立酒用高粱产业化发展机制，创造良好的产业发展环境

党的十九大报告提出要构建现代农业产业体系、生产体系和经营体系，健全农业支持保障体系，发展多种形式的规模经营，培育新型农业经营主体，完善农业社会化服务体系，实现小农与现代农业发展的有机衔接。加快建设农村交通、邮电、通信设施，改善农村信息落后的发展状态，在加快农村通信设施建设的同时，出台相关市场政策，创造良好的市

① 高士杰、刘晓辉、李继洪：《中国杂交高粱育种研究进展》，载《中国农业信息》2009年第1期，第19—23页；曹宁、高旭、丁延庆、程斌、周棱波、张立异：《贵州酒用高粱育种现状、问题及对策》，载《农技服务》2018年第4期，第99—100页。

② 景海春、刘智全、张丽敏、吴小园：《饲草甜高粱分子育种与产业化》，载《科学通报》，2018年第17期，第1664—1676页。

③ 胡玲、李华、高英、司玉群：《黔西市高粱产业发展的优势、问题及对策》，载《农技服务》，2021年第7期，第135—136、第139页。

场环境，发展酒用高粱特色产业，引导龙头产业积极帮扶。此外，加大财政投入，加强高粱投资科研项目，特别是在高粱品种引进、高粱产量培植技术研发与示范、特别酿造高粱选育加工、新型食用高粱品种选育等方面，管理高粱产出资金，提议将高粱归入全省粮食产业技术系统，提升业界和同行对高粱的关注力度，完善资金链条，增加资金投入，以实现酒用高粱产业化更好更快发展，带动白酒市场持续稳固提升。

结 语

贵州具有优越的生态环境、丰富的高粱种质资源和显著的交通区位优势，为贵州酒用高粱产业的绿色生态发展奠定了良好的基础。同时，对白酒高粱原料的需求不断增加，为贵州白酒高粱生态产业提供了更好的市场前景。但由于品种单一退化，单产下降，品质降低，配套栽培技术落后，远远不能满足白酒企业对原料的需求。同时，深加工的研发还不足以充分发挥绿色酒用高粱的其他应用价值。

科学技术是生产力的第一位，科技创新是农业产业高速发展的内生动力。贵州发展绿色酒用高粱产业，需要通过加强科技支撑解决上述制约其高质量发展的主要问题。从技术需求导向看，21 世纪以来，为适应高粱酿酒业快速发展的需要，我国科技人员加大了酿酒高粱品种选育力度①。吕芃等②认为，植株质量差、品种相对单一、缺乏技术创新和育种管理不到位是我国糯高粱育种的主要问题，需要科学选择育种材料，创造优质育种条件、创新育种技术，提高植株性能、实施育种技术，提高育种质量。贵州拥有优良的地方酒用高粱种质资源优势，但根据白酒行业对高粱原料的要求，需要加快选育优质高产、多抗、符合酱香型白酒酿造标准的糯高粱品种③。为此，应加强地方种质资源收集、鉴定、利用、保护和创新，推

① 卢庆善、邹剑秋、朱凯、张志鹏：《试论我国高粱产业发展——五论高粱产业发展的科技支撑》，载《杂粮作物》2010 第 30 期，第 55—58 页。

② 吕芃、王金萍、杜瑞恒、籍贵苏、李颖：《糯高粱育种的现状、问题及措施探究》，载《南方农业》2020 年第 14 期，第 216—219 页。

③ 李慧明、李霞、平俊爱、杜志宏、张福耀：《我国高粱机械化发展前景及配套栽培技术研究》，载《现代农业科技》2015 年第 14 期，第 45—46、第 48 页。

进品种分选、提纯复壮，强化良种繁育配套技术研究集成与应用，培育一批具有特色突出的、有自主知识产权的突破性绿色新品种。在栽培技术上，应加强高粱双减技术和高效配套种植技术研究，推进产业节本增效，绿色、生态发展。同时，为提高产量，更好满足市场需求，需要进一步提高高粱生产机械化率。一方面应为适应机械化生产采取相应的农艺措施，另一方面，选择相应生产机具应综合考虑配套机械的数量、作业方式、工作效率、生产质量、作业时限和成本等，并应结合栽培技术要求因地制宜地配套动力机械及田间作业机械。另外，加强糯高粱酿造工艺、高粱秸秆等附属物利用技术研究，以促进酒用绿色高粱产业链的延伸，增加产业效益。总之，需要面向高粱生态全产业链大力开展相关技术研究，并做好相应的标准化和规范化建设。除加强技术攻关外，强化贵州酒用高粱产业的科技支撑也需要在模式和机制上推进相关工作，包括应夯实研发平台建设、加强人才队伍建设、强化质量控制技术体系建设、加大示范基地建设等，使科技在产业发展中的引领示范作用得以充分发挥。王艺璇等①认为，要充分发挥科技对农业产业的支撑作用，需要加大相关人力资源开发和技术资金支持、创新科技推广模式、深化农村科技体制改革、推进科技政策扶持，同时把坚持科技创新与推广应用并重。在这个过程中，科研院所应结合自身的技术和人才优势，充分发挥它们在支持产业发展的重要职能和作用。对此，袁立新等②根据辽宁省农业科学院的经验提出，通过实施科技推广项目、科技共建、科技扶贫、科企合作等为载体，构建多层次科技服务体系，促进科技元素与农业产业、新型农业经营主体的融合。

加快发展农业科技支撑体系的快速建设，推进农业科技生态产业化、农业科技成果转化应用、科技与经济融合，是我国农业转型升级的关键。作为种植大省，贵州要结合自身优势，进一步加强多领域、多层次的科技支撑，提高绿色农业提质增效，发展特色生态山地农业，助力乡村振兴。

---

① 王艺璇、王文昌、何云峰：《科技对特色农业产业的支撑作用探析》，载《南方农业》2019 年第 13 期，第 54—57 页。

② 袁立新、史书强：《发挥农业科研单位服务优势 加强乡村振兴科技支撑——以辽宁省农业科学院为例》，载《农业科技管理》2020 年第 39 期，第 56—58 页。

B.5 贵州省刺梨产业发展现状及对策研究*

梁　越　罗雪菲　滕建芳**

摘　要： 近年来，贵州省刺梨产业飞速发展，为推动贵州省经济高质量发展与农业可持续发展起到了至关重要的作用。刺梨以其独特的食用价值和药用价值，以及其对我国脱贫攻坚进程的巨大贡献，备受社会和农业领域以及医药学领域的关注，贵州省政府同时提出将刺梨产业发展成为具有地方特色的农业经济。在刺梨产业发展的同时，诸多问题亟待解决，其中缺乏刺梨种植技术、产地配套设施不完善，刺梨的衍生品产业开发不足等问题显得尤为突出，对此，文章进行深入研究分析并提出相应的对策建议，以期能够促进刺梨产业进一步蓬勃发展。

关键词： 刺梨产业；产业发展；现存问题；对策建议

近年来，随着农业科研水平的提高，刺梨的天然营养与功效逐渐被挖掘，刺梨富含多种维生素和氨基酸，被认定为开发健康产品的一种优质原料。因此，发展刺梨产业成为推动食品健康产业发展的重要进程之一，刺梨产业发展倍受社会与各医疗健康领域学者的关注。从刺梨研究成果来看，贵州刺梨研究的发展经历了近几十年众多学者的努力和积淀，其中主

* 本文系贵州省教育厅高校人文社会科学研究项目“产业集群视角下贵州刺梨公共品牌评价研究”（项目批准号：2021ZC034）研究成果。

** 梁越，贵阳人文科技学院讲师，硕士，研究方向为市场营销；罗雪菲，女，侗族，贵阳人文科技学院讲师，硕士，研究方向为产品开发与品牌管理；滕建芳，女，土家族，贵阳人文科技学院教师，硕士，研究方向为农业经济和市场营销。

要针对贵州刺梨产业发展、现存问题以及现行产业政策和营销途径所进行的研究，均取得了突破性的成果与建设性的建议，对本文的指导意义主要在刺梨产业加工产销模式的思考，现行的系统如何进行完善是本文主要讨论的方面之一。与此同时根据《贵州省国民经济和社会发展第十四个五年规划和2035年远景目标纲要》中指出，要加快做大做强刺梨等十二个农业特色优势产业，要培育壮大“贵州刺梨”等具有地方特色的优质产品品牌，提高标准化、规模化、品牌化水平；除此之外，贵州省人民政府也给予刺梨产业较大的支持，贵州省财政厅在2018年至2020年每年安排刺梨产业相关的农业专项基金给予支持，新建刺梨种植基地，加速推进刺梨产业等相关果制品、刺梨饮料以及刺梨粉等精深加工产业链，打造具有贵州地方特色的刺梨产业集群。

同时刺梨产业对于贵州的脱贫攻坚任务也起着至关重要的作用，以刺梨产业为主的乡村振兴计划为农民提供了就业机会，集群化、系统化的种植体系，以及在政府引导下的贵州劳动力技能再培训等措施，在提高农村地区居民人均可支配收入的同时，提升了人民的生活质量。截至目前，贵州刺梨种植面积达200万亩，实现产值16.2亿元，直接受益的农户超过30万户。2020年，5吨价值近100万元的刺梨工业原汁搭乘中欧班列出口法国，实现“维C之王”刺梨出海“零的突破”。由此可见，刺梨产业已成为贵州省经济中至关重要的一环，结合地域特征和区位优势发展刺梨产业，打造刺梨产业衍生的产业链也成为刺梨产业未来发展的核心目标之一。基于此，本文将针对刺梨产业发展现状、刺梨资源的开发利用程度以及目前尚存的问题进行研究，制定相应行之有效的刺梨产业发展对策，实现刺梨产业的高质量发展。

一、贵州刺梨产业发展现状

（一）贵州省刺梨种植已成一定规模

根据贵州省统计局在2020年7月发布的统计报告指出，截至2020年1季度，贵州省刺梨种植面积超过133千公顷，较上年同期增长12.1%；其中采摘面积约60千公顷，较上年同期增长88.0%。全省刺梨种植主要分布在六盘水、黔南、毕节、安顺等市州，其中六盘水市占比在44%以上。

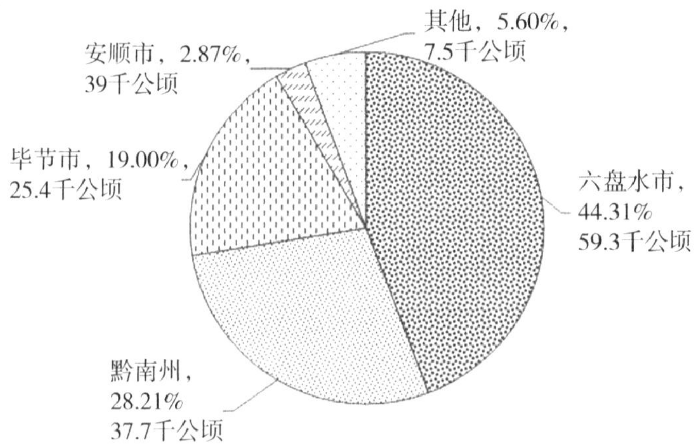

2020 年贵州省刺梨种植情况分布图

（资料来源：贵州省统计局官网。）

而其中各县（市，区）中，种植面积分别排名前十的为盘州、水城、贵定、龙里、七星关、黔西、六枝、平塘、大方、都匀，在贵州省的刺梨种植面积角度来看这10个县的刺梨种植面积总和占全省总种植面积的80%以上。

根据六盘水市林业局在2021年10月发布的数据显示，截至2021年10月六盘水市已经如期完成了2021年刺梨产业“千斤园”建设，平均亩产502公斤，其中最高亩产达1461公斤，比上年增长52.2%。目前，六盘水市的刺梨种植面积已达到117.56万亩，已成为全省乃至全国刺梨种植面积最大的市州。

（二）贵州省刺梨产业链已初步形成

贵州省刺梨产业总体发展呈现种植规模效益持续向好、加工能力不断提升、品牌影响不断增强、市场开拓不断扩大的良好态势。① 近年来，贵

① 《搭上“顺风车”增收有保障——走进水城县年产12万吨刺梨鲜果精深加工厂》，六盘水市人民政府网，http://www.gzlps.gov.cn/rdzt/lyczxncjjdskdcygm/201904/t20190417_61926463.html。

州刺梨种植面积从155万亩增加至200万亩，鲜果产量达10万吨以上，生产经营企业从35家增加至70余家，规模以上企业从8家增加至19家，加工产品销售年均增长80%以上。贵州刺梨从种植到进入千家万户，已基本形成了一套较为完整的产业链。

2020年贵州聚欧贸易有限责任公司的5吨价值近100万元的刺梨工业原汁搭乘中欧班列出口法国，实现“维C之王”刺梨出海“零的突破”，据悉这是贵州省投资促进局所牵头的重点外资项目。拿贵州刺梨产业中比较具有代表性的六盘水市举例来看，在2018年水城县就已经建成拥有可年产12万吨刺梨鲜果，配套6条国际先进灌装生产线，年产8400万升鲜果饮料的产业加工链。根据2019年数据，水城县刺梨产值突破1000万元；2020年水城县的刺梨采收超过5000吨，产值将实现突破3000万元，刺梨产业在水城县已见成效。

现贵州刺梨品牌已有天刺力、刺梨王、刺柠吉等几十个品牌，而在2020年6月8日，贵州省政府正式向消费者推出“贵州刺梨”公共品牌概念，奠定了贵州刺梨产业以公共品牌驱动特色产业发展的模式。作为比较具有代表性的盘州市宏财公司，在关于刺梨产品加工方面，据宏财集团官网数据显示，宏财集团规划建设50万吨级盘州刺梨产研中心，该项目总投入15.77亿元，分两期建设，一期占地161.2亩，总投5.57亿元，设计年产能20万吨，一期自2017年6月启动建设以来，已建成投产，建设综合办公楼、科研大楼、员工宿舍、品牌展示中心、生产车间、冷库、仓库和配套生产用房等，并实现榨汁、饮料、口服液、果脯、原汁、精粉、含片等7条生产线的安装投产，饮料、原汁、口服液、果脯、精粉、罐头等产品已上市销售；二期总投10.2亿元，设计年产能30万吨，规划建设刺梨酿制酒、发酵酒、啤酒、果酒、有机肥、刺梨护肤品、原料药等生产线。

（三）刺梨产业对贵州各地扶贫作用明显

汪三贵①认为帮助贫困户脱贫不能完全依靠外界扶持、社会兜底，让贫困户成为产业经营的主体，或者为他们提供就业，为贫困户提供创收的

① 《汪三贵：产业扶贫是稳定脱贫的关键》，金融界上市公司研究院，https://baijiahao.baidu.com/s?id=1617287370480354281&wfr=spider&for=pc。

产业扶贫才是实现真正可持续脱贫的关键所在。因此在贵州全省大力推广调减玉米种植的契机下，将部分低产低效土地改为刺梨种植。而据贵州省统计局的初步统计数据显示，在2019年贵州全省刺梨鲜果销售收入2.6亿元，刺梨种植流转土地收入4250万元，农民参与刺梨种植务工收入9645万元，实现一共收入4.03亿元，带动农户6.5万户、21.7万人增收致富，户均增收6138元，人均收入增收1854元，贵州省刺梨产品销售增长30.4%。

二、贵州刺梨产业发展现存的问题

鉴于上述刺梨产业目前的发展现状，同时考虑到刺梨产业能在一定程度促进贵州省经济增长，实现乡村振兴与脱贫攻坚的使命，因此，健康有效地大力发展刺梨产业成为下一阶段的目标。虽然刺梨产业在贵州政府牵引以及基层积极配合下，已经有了较好的产业基础并且小有规模，但其产业可持续发展和高质量发展仍存在一定的问题。

（一）缺乏刺梨种植技术、产地配套设施不完善

首先是刺梨的种植方式不规范，由于缺乏技术人员的指导，农户种植刺梨的方式较粗放、简单，直接导致刺梨的产量降低，产品质量参差，影响产出的经济价值。其二是刺梨产地分散，缺少集中化管理，造成刺梨的标准化较差，没有统一的产品标准。同时由于刺梨生产中散户的比重较大，无法形成有效的集群式种植导致生产效率的低效性，同时由于人工治理的过程中无法实现完全系统化，导致各地区由于人为因素、地域差异性等因素形成刺梨产量与质量的差距。三是刺梨的种类单一，未能有效开展规划种植，也并未采取类似于茶叶与其他农产品种植的多维种植，制约了刺梨产业的多样性发展。四是刺梨产地配套设施不达标，种植刺梨的山地较偏远且道路崎岖，没有集中规范的运输点，造成刺梨的运输不便，加剧刺梨在运输中的损耗，导致刺梨的运输成本提高，使其市场竞争力降低。

（二）刺梨的衍生品产业开发不足

刺梨作为保健品价值与药用价值突出的优质水果，其深加工制品却主

要集中为普通食品，而刺梨的口感相较于香梨等水果略显酸涩，因此在顾客体验的第一感觉上会与其他甜度较高、含水量较高的水果存在较大差异，因此刺梨鲜果直销量并不乐观。而保健食品和中成药制品的种类相对较少，刺梨便可避开其口感劣势，发挥其高营养、富含维C的特征，目前亟须开发新的刺梨加工制品，弥补刺梨衍生品产业不足的缺陷。[①] 刺梨的市场需求远低于其生产量，究其根本是由于刺梨作为政府主导的脱贫产业，在一定程度上发展较为受限，在市场的竞争力远低于其他同类型的产品，产品的低端同质化严重，导致刺梨在市场中始终难以找到自己的位置。

（三）刺梨衍生产品的销售与宣传有待加强

刺梨的深加工产品占食品和保健品市场的额度较低，没有形成较大的市场影响力，缺乏品牌效应。除贵州省外，较多数人缺少对刺梨的认识，由于认知的局限性导致人们不会主动选择购买和食用刺梨产品。同时某些刺梨产品在其保健功效宣传上有些夸大，由于刺梨的保健效果对于某些疾病的辅助治疗效果缺乏科学验证，很容易遭受消费者的质疑和否定，对刺梨产品的市场口碑有极大影响。除此之外，缺乏贵州当地有地方特色的刺梨品牌，导致刺梨在全国的知名度较低，因此刺梨的衍生产品销售亟须改变，在由龙头企业牵引，小微企业协同发展模式的推动下，打造贵州省刺梨品牌，进一步让刺梨衍生品推广至全国各地。

（四）刺梨产业与旅游产业融合度较低

刺梨作为一种植被，可以与林业、花卉相结合开发贵州山地的特色旅游产业，但由于目前刺梨产地较偏远，设施匮乏，交通不便，缺乏发展旅游业的必要条件，故目前刺梨带动的旅游产业发展疲软。现阶段，由于互联网+产业的方式已经深入各行各业，餐饮旅游等产业融合的进一步深化，刺梨产业也必须与其他产业进行深度融合，而体验式的旅游产业与刺梨产业相结合，能够进一步迸发出刺梨产业内部的潜能，在给消费者带来深入

---

① 陈仪坤、张超、徐雷：《贵州省刺梨资源开发利用及对策》，载《现代营销》2020年第10期，第49—50页。

式体验的同时，也能够达到宣传和推广的作用，但如何在考虑到崎岖地形以及周边配套设施不齐全的状态下，提出创意旅游方案也成为刺梨产业与旅游业融合的最大瓶颈。

三、贵州刺梨产业发展对策与建议

（一）深化产业链发展，打造“党建+龙头企业+合作社+农户”的模式

根据调查发现贵州刺梨的产品主要是刺梨的相关衍生品，这就意味着发展贵州刺梨产业不单单需要抓住刺梨生产这一过程，而要求对刺梨的产业链进行深化改革，打造“党建+龙头企业+合作社+农户”的模式。该模式的发展即是要求产业链的全体共同发展，需要同时兼顾刺梨从原材料的生产到深加工到产品的全过程。刺梨原材料质量的把控问题需要同时抓住市场监管和种植标准两大要素。一方面需要相关部门加大市场监管力度，杜绝低劣产品出现在市场的可能；另一方面需要通过龙头企业与合作社协助农户规范刺梨的生产过程，通过定期为农户开展培训、指派技术人员实地指导的方式提高农户的生产种植技术水平。

刺梨产品的加工过程除了质量的把控外更需要新型产品的研发。目前刺梨产品种类较少，导致其丰富的营养价值和药用价值并未被充分利用。这就要求加大对于刺梨产品的研发投入，一方面通过政策补贴等方式鼓励贵州刺梨龙头企业加大对新产品的研发，另一方面，通过人才引进的方式吸引外来人才加入刺梨产品的开发中来。新产品的研发方向主要是在保证产品口感质量的基础上充分发挥刺梨的优势并迎合市场需求。

（二）打造品牌文化产业，扩大产品影响

根据中共中央国务院印发的《乡村振兴战略规划（2018—2022年）》提出的以培育提升农业品牌作为重要目标，刺梨的现代化发展的核心就是打造自己的品牌文化。打造起刺梨产业的品牌文化需要在刺梨产品质量和宣传两方面下功夫，前者主要在“党建+龙头企业+合作社+农户”模式下得到有力保障，后者则需要抓住贵州刺梨丰富的营养价值与贵州悠久的刺

梨食用史做文章，打造出属于贵州刺梨清新独特的宣传广告，在公众范围内树立起刺梨营养价值丰富的印象并持续扩大影响。例如 2020 年 4 月 28 日在钟南山院士的“直播带货”下，刺柠吉 1 小时的观看人次超过 258 万人，直播成交额达 103 万元，名人效应明显带动刺梨产品销售的后续增长。2019 年 7 月，贵州刺梨央视精准扶贫公益广告首登央视。11 月起，“贵州刺梨 · 维 C 之王”商业广告首次在央视重点优势时段播出，一直播放至 2020 年 5 月。据数据显示，2019 年“贵州刺梨 · 维 C 之王”商业广告触达 19.6 亿人次。今年 7 月，贵州水果央视精准扶贫公益广告中，贵州刺梨与麻江蓝莓、水城猕猴桃、罗甸火龙果、沿河空心李同时亮相，水果界“五朵金花”美名远扬。通过央视商业广告、精准扶贫广告对贵州刺梨进行高频次宣传，让贵州刺梨精准覆盖政商人群，有效融到全国市场，品牌知名度和影响力得到极大提升。

（三）打造脱贫攻坚的标志产业，寻找定向合作伙伴

刺梨产业作为贵州省用于扶贫攻坚的特色农业产业需要发挥好其扶贫产业的特色，抓住扶贫特色做文章，结合国家相关扶贫政策打造出脱贫攻坚的标志产业。可以借鉴四川省美姑县的扶贫模式，通过政府机关牵头，组织国有企业与刺梨原产地结对子进行定点帮扶。合作企业可以采用“以购代捐”的形式定时定向购买原产地产品，保障刺梨产品得以有效销售。目前为响应广东省和广州市帮扶贵州发展的号召，广药集团结合自身产业优势及品牌影响力，以“造血式”帮扶模式助力贵州经济发展。目前广药集团与贵州省政府在贵阳正式签署战略合作协议，并发布了广药集团帮扶贵州刺梨产业的首批新品刺柠吉系列产品，以发挥龙头企业带动作用，助力贵州打造百亿时尚刺梨产业。

（四）高效结合贵州省旅游资源

在将贵州省刺梨产业发展与旅游资源结合的过程中，关键在于“讲好刺梨故事”。刺梨故事应当从刺梨价值出发，结合当地旅游特色，用“优势产业”带动“发展中产业”，树立消费者精神绑定概念，例如当人们谈论起西藏，脑中往往会出现“朝圣，净土，牦牛，冬虫夏草”等相关概

念，结合贵州省政府打造的“贵州刺梨”公共品牌，将“贵州”与“喀斯特，少数民族，山珍众多”等相关概念用新时代广告的方式输送给消费者，例如“苗姑娘和刺梨果的故事”这样的方式在未来的旅游产业中进行宣传推广，举全省之力挖掘大山中的好故事，美故事，举全省之力为中国乃至世界创造一个关于贵州刺梨的美好“传说”，以贵州省旅游龙头景区，例如黄果树瀑布、凯里千户苗寨或铜仁梵净山等全国知名景区作为牵头景区，率先开展线下景区旅游的同时宣传好刺梨故事，将刺梨概念与景区融合推广，同时借鉴已经较为成熟的“农家乐”旅游模式，拓宽刺梨销售渠道，打造刺梨文化。

（五）引进电子商务模式，拓宽销售途径

贵州省的刺梨资源拥有极大的开发空间，但由于其地理因素的局限性导致资源开发的滞后性，除此之外，刺梨产品的销售途径应通过互联网与国际物流渠道相结合，拓宽其销售渠道，打造以绿色食品为标签的刺梨产业生态链。

随着互联网的普及使用，开拓线上销售平台是当代销售的必经之途。生产刺梨产品的公司需要紧跟销售潮流，采用线上线下相结合的方式展开销售。一方面利用各大平台优势推出线上新零售模式与直播带货模式，利用流量网红等群体做好线上宣传提高产品热度；一方面加速开辟线下体验店方便顾客体验实物效果并扩大产品影响力。同时，销售公司需要建立起完善的售后保障系统，优化客户服务，提高品牌口碑。此外，还应该积极招募各地区产品代理商，扩大产品销售范围，拓宽销售途径，使刺梨产业能够真正意义上的走向全国。

理论探讨

B.6 关于进一步推进旅居养老带动贵州省康养产业发展的对策建议

李 波*

摘 要： 康养产业是《“健康中国2030”规划纲要》中的重要组成部分，是实施积极应对人口老龄化国家战略的重要途径，也是养老服务模式向多元化方向发展的生动体现。贵州发展旅居养老在气候、生态及区位环境等方面都具有得天独厚的优势和条件。发展康养产业有利于培育新的经济增长点，有助于乡村振兴，有助于促进当地农民实现就地就业等等。目前贵州省康养产业尚处于起步发展阶段，不同程度的面临和存在一些困难和问题。本文在深入调研的基础上，针对存在的困难和问题，找出导致问题产生的主要原因，通过认真分析，提出相应的对策建议，为进一步以旅居养老促进贵州省康养产业发展，向政府及相关部门提供决策参考依据。

关键词： 旅居养老；康养产业；贵州省；对策建议

一、贵州省发展旅居养老的优势和条件

旅居养老是养老服务多元化需求的一种新型养老服务模式，是养老服务与旅游资源相结合的结果，是候鸟式养老和度假式养老的融合体①。同

---

* 李波，穿青人，贵州黔城通达投资管理有限公司董事长，民盟贵州省直经济支部盟员，研究方向为文化旅游康养。

① 石龙、庞庆泉：《健康旅居养老理念及模式选择》，载《合作经济与科技》2022年第6期，第151—153页。

时，也是在大健康产业趋势下发展康养产业的重要组成部分。将旅居养老嵌入康养产业，实现养老与旅游、康养等产业的深度融合，具有一定的现实性和可行性，是促进贵州省康养产业发展的有效途径。

发展旅居养老，贵州省具有得天独厚的优势和条件，一是气候优越，舒适宜居。环境空气质量优越、紫外线辐射少、负氧离子浓度高，是天然大氧吧。夏季是地球同纬度最凉爽的区域之一，优越舒适宜居的气候环境是贵州省发展养老服务业得天独厚的优势；二是生态环境良好、旅游资源丰富。贵州省森林覆盖率高、生物多样性丰富。民族历史悠久，民族文化源远流长、底蕴深厚、特色鲜明，是贵州省一块绚丽的瑰宝。随着大健康、大生态、大旅游等战略的深入实施和推进，具有多样性、活态性、全域性特征和组合优势旅游资源和生态资源，为贵州省发展旅居养老提供了优越条件；三是交通等基础设施完善。近年来，贵州省委、省政府强力推进交通基础设施重大工程建设，实现县县通高速、组组通公路。交通路网密度大幅提高，交通改善了贵州的相对位置和地理位置。实现市（州）支线机场全覆盖，形成了以贵阳为中心，覆盖全省、通达全国、内捷外畅的多样化立体交通运输网络，为养老服务业发展注入了“催化剂”。四是劳动力资源丰富。养老服务业是劳动密集型产业，产业链长。与一线城市等地相比，贵州省老龄化程度相对偏低，还享有人口红利，充分发挥贵州省劳动力资源优势，发展养老服务业，打造全国养老基地，有利于提高养老服务有效供给，满足省内外养老服务需求、提高老年人健康生活水平。有利于带动就业、促进群众增收。

得益于上述各方面的优势和条件，目前贵州省旅居养老主要有乡村田园旅居养老、候鸟式旅居养老。由于这种养老方式集旅游与养老于一体，是一种对身心健康大有裨益的积极养老方式，因此很受老年人的青睐和喜爱。近些年来，尤其是在夏季，前来贵州旅居避暑养老的省外老年人络绎不绝，人数不断攀升，特别是一些地处环境优美、风景秀丽区域的养老机构和养老基地（山庄），每每出现一床难求的情况，旅居养老市场不断呈现繁荣之势，不仅为康养产业的发展聚集了人气，同时也为发展康养产业奠定了一定的基础。

二、发展康养产业有利于促进贵州省经济社会的发展

所谓康养产业，概括来说，就是为社会提供康养产品和服务的各相关产业部门组成的业态总和。[①] 根据消费群体、市场需求、关联产业、资源差异和地形地貌的不同，又可以衍生出不同的康养产业类型。随着人口老龄化的加剧以及“健康中国”战略的实施，涵盖养老、养生、医疗、文化、体育、旅游等诸多业态的康养产业呈现不断发展的趋势。

2020 年 9 月 23 日，贵州省健康养老产业项目推介会在贵阳举行。贵州省委、省政府坚决贯彻落实党中央、国务院有关健康养老产业发展的决策部署，促进养老产业与医药、生态、旅游、农业等领域深度融合，先后出台支持健康养老产业发展的一系列重要文件，在发展用地、规划建设、资金投入、税费减免、人才培养等方面制定了很多“含金量”十足的政策举措，全省健康养老产业服务体系基本建立、服务产业初具规模、服务环境明显优化，初步探索建立起医疗、养老、健康服务一体化的健康养老产业模式，取得前所未有的快速发展。贵州智能化将大力打造健康养老知名品牌，紧紧围绕“打造成为全国养老基地和国际一流康养目的地”为目标，加快培育一批产业链长、覆盖领域广、经济社会效益显著、具有全国影响的“黔字号”健康养老产业品牌，大力建设健康养老高端平台，加快构建“一核两带多区”养老产业空间发展格局，打造一批集休闲、避暑、生态体验等为一体的旅居养老产业示范基地和集聚区，一批温泉疗养、民族医药治疗保健、中医食疗、健康管理等特色健康养老产业示范园区，一批老年用品和康复辅助器具制造产业示范基地。力争到 2022 年，建成省级养老产业示范基地 20 个以上，到 2035 年实现全省健康养老产业园区“一县一园”。

三、目前贵州省发展康养产业存在的主要问题

一是产业发展起点低，但成长空间巨大。据贵州省大健康产业监测报

---

① 周永：《康养产业融合的内在机理分析》，载《中国商论》，2018 年第 26 期，第 160 页。

告，2017 年全省大健康产业增加值为 1143.2 亿元①，养老产业增加值为 7.7 亿元，比重仅为 0.6%。养老消费需求尚未得到有效激活。

二是市场主体活跃度不足，但产业投资力度逐渐增强。目前全省在市场监管部门注册与养老业务相关的企业超过 4600 家，在民政部门备案登记的社会办养老机构有 207 家，但实际有效开展养老业务的主体较少，能够提供养老服务的机构 1200 家左右，中高端养老机构不足 10 家，尚未形成有影响力的养老品牌和龙头企业。

三是产业发展综合优势尚未得到有效发挥。但以避暑带动的季节性养老产业初见成效。贵州省经济发展滞后，本土消费能力不足，工业基础相对薄弱，物流成本较高，导致自然生态和劳动力成本等优势未能有效转化成为产业发展的动力。

四是产业发展基础薄弱。但政府主导的产业发展引导平台初具规模。各地普遍存在养老设施建设、用地、政府购买服务、养老服务补贴、金融支持、税费优惠政策难以落实的现象。专业服务人才总量不足，专业人才匮乏，人才引进和激励政策缺失。

四、旅居养老带动贵州省康养产业发展对策建议

（一）实现旅居式养老和康养产业的融合

虽然贵州省旅居式养老产业具有良好的发展前景，但要稳步推进发展还需要逐步建立起良好的“特色”环境。我国老龄人口占比逐渐提升，促使以养生、疗养等为主题的养老旅居需求增加。同时，我国城镇居民可支配收入稳步提升，催生休闲养老旅游市场发展，激发城镇居民旅居养老意愿。

一是着力发展生态文化养生。日益增长的养老需求却遭遇优质养老产品供给不足的现实。城市老年群体希望在乡村旅居养老中体验到农耕文化元素。而现有的农家乐、民宿客栈、生态农庄等休闲度假产品结构单一，

① 《贵州大健康产业发展研究报告（摘要）》，贵州省人民政府发展研究中心门户网 2018 年 7 月 23 日。drc. guizhou. gov. cn/ywgzlyjcg/ktyj/20180723_ 25422976，html.

缺乏针对中老年群体的体验设计，难以满足城市中高端收入群体的养老消费需求。顺应城市居民养老消费结构升级的现状。田园综合体可以作为旅居养老的一种高端形式，大力发展富有乡村特色的养生养老基地。

二是着力发展中医健康养老。综合开发利用贵州省中药材、生态农产品和中医民族医药优势，积极推进“定制药园”示范区建设，促进中医药与养老产业、森林温泉康养、健康旅游、中药材种植等多方面融合发展。大力建设融合生态农产品种（植）养殖、旅游观光、食疗、中医民族医保健等元素的滋补养生基地。

三是着力发展温泉度假养生。积极挖掘中医药和民族医药温泉健康养生文化。充分发挥贵州民族医药优势，引进国内外知名温泉疗养企业，大力发展温泉疗养、温泉养老等特色产业，开发多层次温泉养生产品。依托温泉产品，开发医疗服务、休闲养生、生态养老、森林康养、健康用品、功能食品等医疗康养产品。

（二）推进旅居式养老，带动贵州省康养产业的全面发展

打造公建民营养老的特色，依托公办养老机构历史、人文资源优势，把公建民营养老特色产业做到极致，对整个公建民营养老机构的环境进行绿化和美化，让老人走进公建民营养老机构如同身临花园之感。

一是要重视养老机构对养老配套设施及养老功能区的规划，加强公建民营养老机构规划与养老配套设施规划的衔接，在编制养老规划时，应将公建民营养老机构配套设施要素建设纳入其中。

二是激发、深度挖掘公建民营养老文化，做精、做深公建民营养老服务产业。

三是推出具有公建民营优质养老特色、服务特色、文化特色的养老护理服务，提升公建民营养老护理服务理念，并努力与国际接轨。

（三）大力发展“养老+”融合产业

首先，是推动养老产业项目建设。建立贵州省养老产业项目库，谋划一批带动作用强、技术含量高、市场效益好的重大项目，在项目审批、要素保障等方面给予重点支持。充分发挥养老产业的主体责任，通过招商引

资推动养老产业项目落地。

其次，创建健康养老小镇。鼓励和引导各地区依托自然生态资源、风景人文、历史文化和民族风情等优势资源，打造一批以避暑养老、休闲养生、健康养老、生态疗养、中医保健、健康食品、民族资源等为核心内容的健康养老小镇。

第三，建设养老产业集聚区。指导各地整合资源要素，完善基础设施，建设一批具有较强区域影响力的养老产业集聚区。通过重大项目辐射带动作用，形成以龙头企业为引领，产业链长、辐射面广的养老产业集群发展格局。

第四，创新“互联网+养老”模式。加快建设全省统一的智慧养老服务体系，依托大数据和人工智能等技术手段，形成省、市、县、乡四级养老服务系统，打造覆盖城乡的多层次智慧养老服务体系①。推进智慧养老社区和智慧养老院示范建设，建立养老服务质量全周期监测评估管理体系，运用大数据技术对养老服务机构开展远程监管和服务质量评价。

第五，发展老年产品用品产业。支持发展老年居家用品、老年服饰用品、老年电子产品、老年保健品、老年文化体育用品、老年沟通与信息辅具、老年医药用品等适老功能性产品制造业。

最后，推动养老服务消费。整合现有各类老年人补贴，实现从“补床头”“补人头”向“补服务”转换。推动老年用品进机构、进社区、进家庭，完善养老服务消费环境。

（四）大力实施招商引资行动

首先，编制养老产业项目并绘制康养产业全景图和产业链地图，开展以康养产业为主导的养老服务产业招商工作，以举办贵州省养老产业项目现场观摩暨重大项目签约会为载体，着力引进一批国际国内优强企业。高质量推动康养产业融资贷款项目。

其次，加快渝川黔养老服务协同发展，促进渝川黔养老服务事业协同规划、资源共享、服务对接。整合省内养老服务和旅游企业资源，与长三

① 周敏洁：《“互联网+”互助养老模式研究》，载《合作经济与科技》2022 年第 10 期，第 170—174 页。

角、京津冀和粤港澳大湾区组成跨省异地健康养老联盟，建立多边异地养老战略合作机制。

（五）建立相适应的市场机制

首先，要增强康养产品与服务市场的有效需求。政府通过养老补贴的方式，帮助广大中低收入的老龄群体提高市场性专业服务及产品的基本购买能力。政府还可以通过生产经营提供补贴来降低产品与服务价格。

其次，实施专利性保护机制。对企业与科研院所从事康养产品的研制与特化工作给予一定的财政补贴，对有关的技术专利给予保护和奖励。

（六）制定专业服务团队“外引内培”政策

首先，将养老服务专业人才培养纳入贵州省人才政策体系，培养和引进优秀养老服务人才。对优秀人才在居住落户、住房保障、子女就学等方面给予优惠政策，为贵州省养老人才的引进提供政策保障。

其次，进一步实现养老服务人才“外引内培”，进一步制定养老服务人才队伍发展规划及其配套制度。给予养老服务从业人员奖励、晋升和流动的机会与专业发展空间，使养老服务人才引得进、留得住。实行养老服务人才登记管理、考核评价、信用监督、褒扬激励制度，强化养老服务人才管理；构建多元化、多样化、多层次养老服务人才梯队。

再次，开展养老护理员职业技能等级认定，根据职业技能等级确定各级养老护理员薪酬指导价，完善养老护理员薪酬福利体系。

最后，完善事业单位专技人员挂职兼职、参与项目合作、离岗创业等政策措施，创新养老服务人才流动制度，扩大人才来源渠道，充实养老服务人才队伍。

（七）大力支持民营企业发展壮大

一是，减轻企业税费负担。抓好供给侧结构性改革降成本行动各项工作，实质性降低企业负担。加大减税力度，推进增值税等实质性减税。

二是，解决民营企业融资难融资贵问题，逐步降低融资成本。扩大金融市场准入，拓宽民营企业融资途径，发挥民营银行、风险投资、股权和债券等融资渠道作用。

三是，营造公平竞争环境。在市场准入、审批许可、经营运行、招投标等方面，为民营企业打造公平竞争环境，给民营企业发展创造充足市场空间。

四是完善政策执行方式。各地区各部门要从实际出发，提高工作管理水平。加强政策协调性，细化、量化政策措施，制定相关配套举措。

（八）推动媒体融合发展

一是坚持移动优先策略，建设好贵州省的移动传播平台。统筹处理好传统媒体、地方媒体、主流媒体和商业平台、大众化媒体的关系，形成资源集约、结构合理、协同高效的全媒体传播体系①。

二是打造新型传播平台，建成新型主流媒体，扩大影响力，让信息资源传得更开、传得更广、传得更深入。

三是充分利用移动媒体对贵州省康养产业优势的宣传和推广，迅速营造具有贵州特色的旅游康养浓厚氛围，精心打造别具一格的“贵州康养”名片。

---

① 夏康健：《适势求是：统筹处理好“面对关系”》，载《人民日报》2020 年 1 月 17 日 13 版。theory. people. com. cn/nl/2020/0117/c4053/-31552526. hrml.

B.7 生态功能型社区建设与老龄化人群健康水平的关系研究

邓朝晖　罗　充　张心杰*

摘　要：研究社区生态环境和老龄化人群健康水平关系，为政府、企业、社区进行生态功能型社区规划、设计、建设、管理提供样本示范和数据支撑，研究选取贵阳市“在水一方”“兴隆城市花园”两个社区作为样本，通过实地调查、调查问卷、数据处理等多种方法，对样本区域内植物配置、中老年居民健康程度以及居民对生态环境的认知度、关注度、满意度全面调查、科学分析，发现社区生态环境和社区内老龄化人群健康水平呈正相关，建设生态功能性社区有理论上必要性和现实可能性。以此探索在贵阳市区域内实现生态文明建设和健康中国战略有效结合之路。

关键词：生态功能型社区；老龄化人群健康水平；关系；建议

目前，我国对老年慢性疾病人群与社区生态环境关系的研究较为成熟，但是针对贵阳市区域内类似研究不多。贵阳市是贵州省省会，是西南地区重要城市，虽然贵阳属于森林城市，森林覆盖率较高，自然生态环境良好，但随着城市经济发展增速、生活节奏加快、工作压力加大，中老年居民健康状况受到威胁。本研究试图选取贵阳市区内生态良好社区为研究样本，以社区内老年慢性病发病情况为切入点，探究社区生态环境和社区内老

* 邓朝晖，女，贵阳护理职业学院教授，硕士，研究方向为植物生理生态研究；罗充，贵州师范大学教授，硕士，研究方向为植物生理生态研究；张心杰，男，贵州大学法学硕士，讲师，研究方向：法学理论、社会治理体系与治理能力。

龄化人群健康水平的关系，为政府、企业进行生态功能性社区规划、建设提供样本示范和数据支撑，并进一步通过对企业、社区在生态功能管理中存在的问题进行分析，为企业、社区开展生态功能性社区管理提出建议。

一、研究对象与方法

（一）研究对象及调查地点

在查阅资料和调研的基础上，筛选贵阳市“在水一方”“兴隆城市花园”两个生态环境良好，在贵阳市区具有一定代表性的社区。以这两个社区内的中老年人为调查对象，进行社区老年慢性疾病人群与社区生态环境关系调查研究。

“在水一方居住小区”位于贵阳市南明河畔，滨河路与南浦路的交会处，总占地面积35000平方米，总建筑面积130000平方米，绿化率65.8%，小区内13幢住宅迎水而立、高低错落，外瞰南明河畔浅草丰林，内赏12000平方米的经典水景园林。在水一方小区环境以环绕小区的南明河畔景观道路展开，中庭综合景观及屋顶空中花园形成了层叠式立体景观。

“兴隆城市花园”位于贵阳市小河区漓江路57号南明河畔，在人居环境、康体设施、教育资源和社区文化等方面取得了长足的发展，成为一个交通便利、环境典雅、品质出众的成熟亲情大社区。新开盘的二期工程“桃源居”总建筑面积为20万平方米，产品定位以中小户型为主，面积主要集中在60~150平方米，绿化率40%，曾经获得贵阳市2012年度“一星级”市级绿色社区称号。

（二）研究方法

文献资料：利用CNKI、维普、谷歌学术和图书馆文献资料平台，查阅了与此次研究相关的文献与数据资料①了解相关的科学前沿。在此基础上，

① 参见焦永清、李斌、王著旺等：《生态社区评价系统设计与实现》，载《测绘科学》2014年第6期，第132—136页；顾大治、蔚丹：《城市更新视角下的社区规划建设——国外街区制的实践与启示》，载《现代城市研究》2017年第8期，第121—129页；郭丽娟：《我国居家养老社区发展现状及规划设计研究》，载《安徽农业科学》2015年第36期，第327—329页。

制定了此次调查研究的步骤与内容。

实地调查：在居住小区中，记录植物种类和数量，并记录它们的生长状况、生长环境及配置方式，拍照，并对不认识的植物采集标本。

室内鉴定：通过文献资料对植物进行分类、鉴定，确定植物的科属名，并记录拉丁学名，对不熟悉、不确定的植物寻求指导教师或是专业教师的帮助，最后进行资料整理、统计，制作植物名录表。

问卷调查：本次主要采用抽样式调查问卷形式，筛选具有代表性的参试社区在水一方、兴隆城市花园两个社区的中老年居民，在被调查的居民没有任何压力的宽松环境下，调查老年慢性疾病与社区功能性植物的应用、绿化建设相关问题。本次问卷主要包括调查对象基本信息（性别、年龄、受教育程度、身体健康状况），居民对小区绿化的关注度、重视度、对小区绿化程度与绿化设计的满意度、对功能性植物的了解程度以及功能性植物与老年慢性病的关系几个方面。

数据处理：对回收调查问卷的数据采用 SPSS17.0 软件包和 Office Excel2007 软件包进行统计分析处理，以及利用 Coreldraw X5 绘制图表，研究功能性植物与社区老慢性疾病防治的关系和作用。

二、社区生态环境与老年慢性病的关系

（一）调查对象基本信息

本次调查筛选贵阳市具代表性的在水一方、兴隆城市花园 2 个社区，调查共发放 500 份问卷，回收 496 份，有效卷 496 份，有效率 99.2%，其中男性 217 人，占总人数的 43.75%，女性 279 人，占 56.25%，男女比例接近 1∶1；调查居民年龄 40 岁以下的占 22.2%，40 岁以上的占 77.8%，其中 40—49 岁占 17.5%，50—59 岁占 27.2%，60 岁以上占 33.1%；本次调查小区的中老年人中初中及以下文凭的占 42.94%，中专、高中占 34.08%，本科以上 22.99%，虽然本科以上文凭所占比例偏低，但考虑到时代因素，总体受教育水平偏高。调查对象具有一定的科学性。

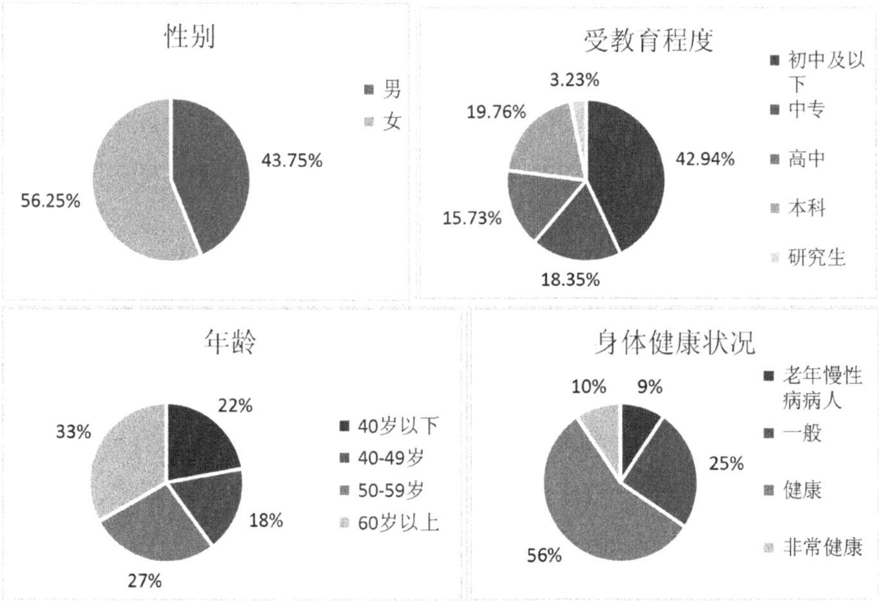

图 1　调查对象基本信息

（二）调查对象健康状况

本次调查中患有老年慢性病的中老年人占 9.3%，健康、非常健康的占 65.5%，一般的占 25.2%，通过对贵阳市同年龄段人口健康状况和老年慢性病发病率数据比对，显示两个小区居民的总体健康水平偏高，患老年慢性病的中老年人较少，除去居民自身因素，这与小区的绿化程度及功能性植物的栽培情况有着密切关系，说明小区良好的生态环境有利于老年慢性病的康复或者症状缓解，能够有效提高小区居民身体健康水平。

（三）调查对象对小区绿化的关注度

调查显示，接近 50%的中老年人经常在小区活动，小区活动情况一般的中老年人占 39.11%，只有 14.11%的人偶尔在小区活动。有 23.19%的居民很关注小区绿化带的生长状态，有 60.28%的居民表示关注，16.53%的居民表示不关注。说明中老年居民对小区绿化带的生长状态关注较高，居民清楚功能性植物对人体健康的重要性，对健康很重视。

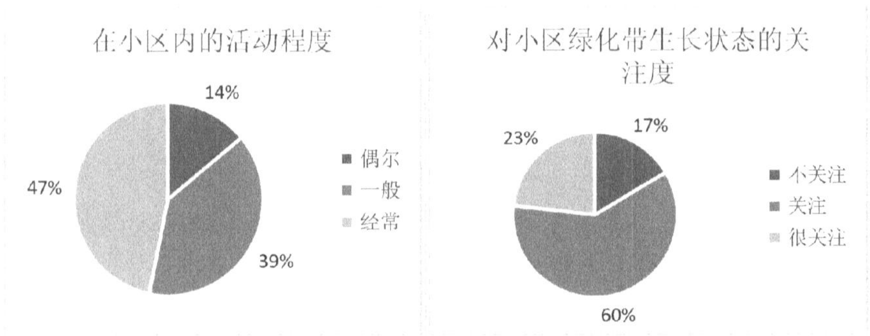

图 2　调查对象对小区绿化的关注度

（四）调查对象对小区绿化的重视度

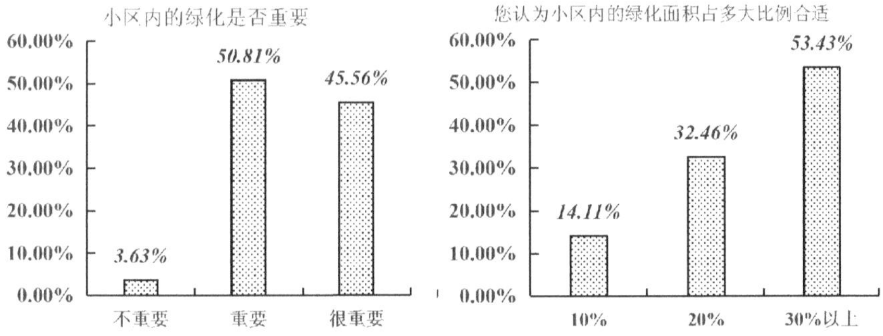

图 3　调查对象对小区绿化的重视度

据图 3 显示，有 53.43%的中老年人认为小区绿化面积应该在 30%以上，只有 14.11%的人认为 10%的占地面积最合适。有 50.81%的中老年人认为小区绿化重要，45.56%的人认为很重要，有 3.63%的认为不重要。该数据表明中老年居民对绿化面积比例要求较高，对于小区绿化很重视，人们更关心健康，对生态功能型社区建设期待较高，对功能性植物与健康之间的关系有一定的了解。

（五）调查对象对小区绿化的满意度

根据下图，小区常住居民中有16.73%的中老年人对小区绿化不满意，认为绿化程度低了，应加大绿化面积，而60.08%的居民满意，23.19%很满意，居民满意程度高。中老年人对所在小区绿化设计的喜爱程度的比例由高到低为喜欢、很喜欢、不喜欢，分别为60.89%、21.98%、17.14%。其中高达82.87%的人喜欢、很喜欢现在的小区设计。说明该调查小区的绿化设计较合理，居民的满意度较高。

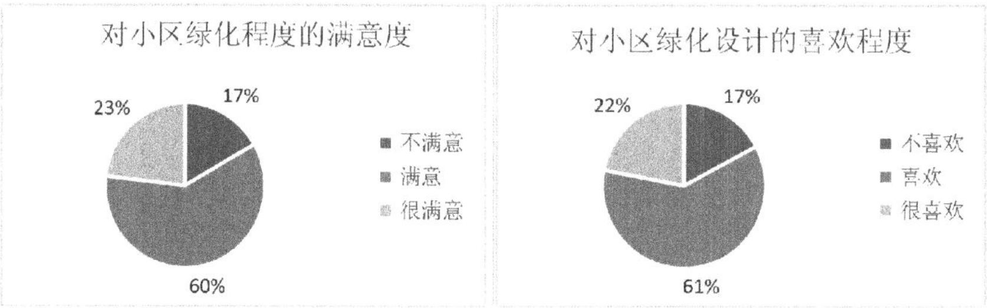

图4　调查对象对小区绿化的满意度

（六）调查对象对植物的喜爱标准

由图5可知，所调查小区内中老年居民有29.03%会经常栽培一些小植物，55.65%的居民偶尔栽培，只有15.32%的居民家里没有栽培植物。小区内中老年居民选择植物的首要标准由高到低依次为有较好的观赏性、净化空气、功能性、美好寓意，比例分别为43.75%、36.29%、14.11%、5.85%。此外，对于小区内种植的植物，居民大多喜欢树形优美、花朵美丽、有香味的植物，多数居民家里种植的也是漂亮的观叶、观花植物。由此可以得出居民更关注植物的观赏性，对于植物的功能性了解不多，居民认为绿化重要的原因主要是利于小区观赏。当然，有较多的中老年居民选择植物的首要标准为净化空气，说明其更关心健康，对于植物与健康的关系有一定的认识。而选择功能性植物的只占14.11%，说明居民缺少植物功能性方面的知识，应加强植物功能知识的普及。

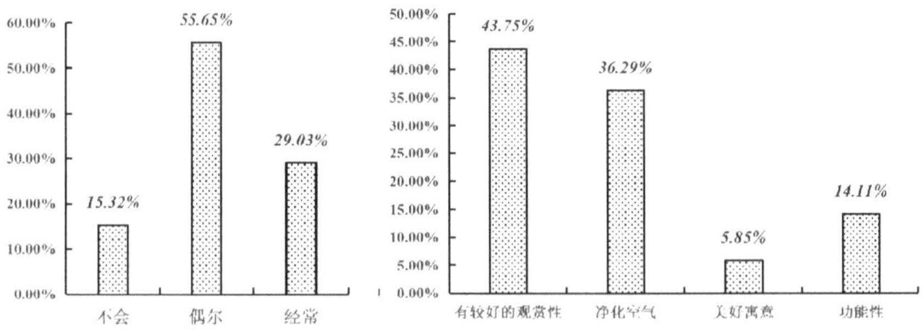

图5 调查对象对植物的喜爱标准

（七）调查对象对功能性植物的了解程度及功能性植物与老年慢性病的关系

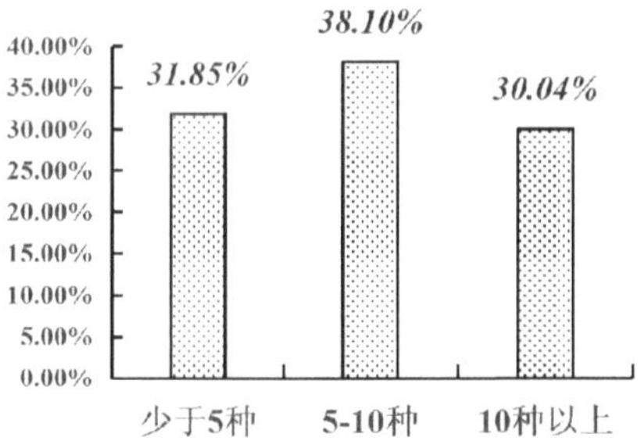

图6 调查对象对小区绿化植物种类的识别度

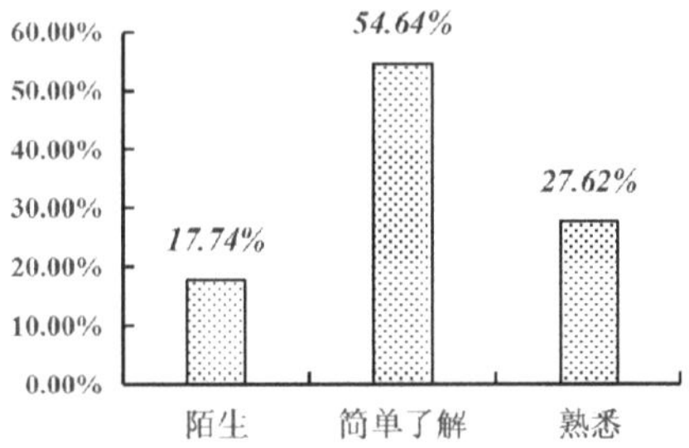

图7 对植物相关知识的了解程度

图7显示，有27.62%的中老年对植物知识熟悉，54.64%对植物知识简单了解，17.74%表示陌生，对小区绿化植物的识别种类少于5种的占31.85%，认识5~10种的占38.10%，只有30.04%的认识10种以上植物。表明中老年居民对有关植物知识的了解程度不高，多数处于简单了解阶段。可以加强对中老年居民相关植物知识的普及，增加其植物常识。

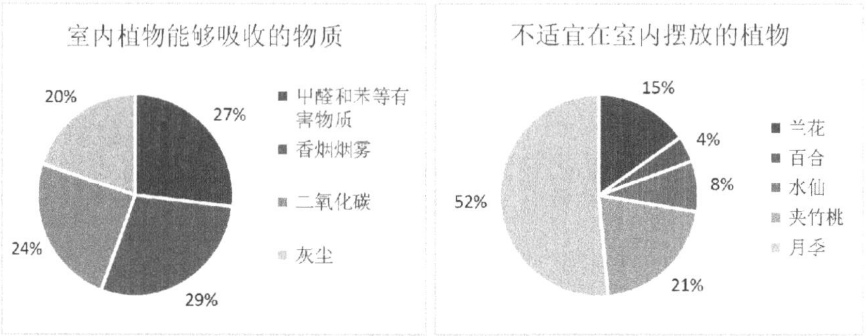

图 8　调查对象对植物功能的了解度

根据数据显示，调查小区的中老年居民选择室内植物会吸收甲醛和苯等有害物质的占 27%，香烟烟雾为 29%，二氧化碳为 24%，灰尘为 20%。居民主要关注的是甲醛和苯、香烟烟雾等有害物质。有 52%的中老年居民认为夹竹桃最不适宜在室内摆放，选择水仙的占 8%，月季占 21%，兰花占 15%。夹竹桃分泌的乳白色液体会使人中毒，水仙花的鳞茎内含有拉可丁毒素，人误食后会发生肠炎、呕吐等疾病。可见，小区内中老年居民对水仙和夹竹桃的相关功能比较了解，而对于百合、兰花、月季等常见植物的功效不清楚。

此外，小区内中老年居民所了解的功能性植物主要有桂花、苏铁、芦荟、吊兰、银杏等，只有小部分居民对功能性植物比较了解，大部分居民只了解几种，对植物的保健调节功能不是很熟悉，有的中老年居民甚至不知道功能性植物有哪些，可能是对功能性植物这一概念比较陌生。虽然大多居民对功能性植物的了解程度不高，但都知道植物可以净化空气，有的可以做药材，多数植物对人体健康是有益的。多数居民表示，小区内绿化植物多，空气比较新鲜，呼吸比较顺畅，可以防止或缓解呼吸道疾病。早晨或傍晚在小区内锻炼锻炼、散散步，可以有效缓解或预防一些老年慢性疾病。

三、结论与建议

（一）结论

调查小区内中老年居民的身体健康程度良好，对小区绿化程度的关注度很高，对小区的绿化较为满意，小区居民会经常种植植物，并且多数居民认为小区绿化程度和居民健康状况密切相关。因此，良好的社区生态环境有预防老年慢性疾病的作用，社区生态环境和社区内老龄化人群健康水平呈正相关，建设生态功能性社区有理论必要性和现实可能性。但是，多数居民更关注植物的观赏性，对于植物的功能性了解较少。同时，有较多的中老年居民选择植物的首要标准为净化空气，说明中老年居民对身体健康状况较为重视，对于功能性植物与老年慢性病的关系也有一定的了解，但认识程度不高。

（二）建议

1. 大力加强生态功能型社区规划、建设

随着我国城市化进程的加快，城市居民生活质量、品位及生态环保意识的逐步提高，居住区绿化问题逐渐成为人们关注的热点。人们购房时也开始考虑居住区绿化率和绿化质量、小区内绿化植物的种类与数目以及植物的景观配置状况，并逐渐关注功能性植物的选择与应用，尤其是有老年慢性病患者的家庭，这也决定了小区生态环境状况将影响小区房产价格。同时，社区生态环境建设也是生态文明建设的重要组成部分，是健康中国战略的重要切入点①。

因此，建议政府及相关企业，特别是房地产企业，要加强生态功能性社区前期的规划、设计、建设，满足小区居民对良好居住环境和身体健康

① 郭晓轩、南峰、金洪雁等：《生态与智慧型城镇空间结构优化研究》，载《中国市场》2017 年第 14 期，第 247—248 页。

的需求①。

2. 不断完善生态功能性社区管理

社区居民，特别是中老年居民对生态环境的关注度、满意度均较高，但是对有关植物知识的了解程度不高，多数处于简单了解阶段，因此植物对机体的具体功能大部分居民不熟悉。

因此，建议企业、社区可以采取多种形式（展览、板报、视频资料等等）宣传功能性植物的保健调节功能，帮助社区居民了解功能性植物。因地制宜，推荐一些适宜小区或家庭种植的功能性植物，以及这些功能性植物的栽培、养护、管理方法及注意事项，不断完善生态功能性社区建设，充分发挥其应有功能②。

结　语

贵阳作为中国首个“国家森林城市”以及“中国避暑之都”，具备良好的生态功能型社区建设基础，但是由于观念落后、研究滞后、重视不足等原因，生态功能性社区建设仍不够成熟完善，这就要求贵阳市区域内各级政府要超前规划、适时指导生态功能性社区建设，企业、社区要加强生态功能性社区的设计、建设、管理，不断提高生态功能性社区的质量和水平，探索在贵阳市区域内实现生态文明建设和健康中国战略有效结合之路，使每一个社区都成为人们生态宜居的家园、爽爽贵阳的靓丽名片。

---

① 娄乃琳：《应对人口老龄化的战略转型》，载《城市开发》2014 年第 9 期，第 24—25 页；范婷、黄春华：《园艺疗法在景观设计中的应用探析》，载《美与时代（城市版）》2017 年第 6 期，第 33—34 页；丁钰：《园艺疗法在老年社区景观设计中的应用》，载《现代园艺》2017 年第 7 期，第 122—123 页；樊建霞：《我国园艺疗法的发展现状及展望》，载《现代园艺》2015 年第 4 期，第 27—28 页。

② 唐海萍、蒋高明：《植物功能型及其生态学意义》，载《应用生态学报》2000 年第 3 期，第 461—464 页。

B.8 贵州省多层次养老服务体系建设研究

——以贵阳市为例

王　利*

摘　要：贵阳市是我国改革养老服务业的试点城市，也是首批按照中央政府的指示开展医养结合工作的试点地区，代表贵州养老事业发展的最高水平。本文以贵阳市养老服务体系建设为例，对养老服务体系的国内外研究现状进行概述，简要介绍了贵州省养老服务体系建设的概况，梳理了贵阳市在建设多元化的养老服务体系过程中的具体措施，分析了目前贵州省多层次养老服务体系建设必须首先解决好老年人的日常生活照料问题、精神文化需求问题、医疗健康需求问题和农村老年人的贫困问题，最后提出对贵州省多层次养老服务体系建设的对策思考：一是强化顶层设计，完善养老服务相关政策和措施；二是加强城乡养老服务业稳步发展的统筹；三是构建多主体系统养老服务体系；四是推进养老服务内容更丰富；五是创新宣传手段，弘扬孝文化；六是规范志愿者服务制度；七是完善保障体系；八是建立质量评估和监督体系。

关键词：老龄化；多层次；养老服务；体系建设

贵州省自2003年开始已进入老龄化社会，作为西南经济欠发达省份，随着城镇化发展加快，农村青壮年外出务工人员不断增加，使得城市小型

---

* 王利，女，仫佬族，副教授，贵阳康养职业大学科研处处长，贵州大学人口中心人口学专业硕士研究生，研究方向为人口社会学、思政教育。

家庭的数量显著提升，同时城市空巢老人和农村留守老人的数量持续攀升。一方面贵州省经济发展水平较快的良好态势与卫生经济相对落后的问题并存，导致经济发展与老龄化增速不匹配，另一方面贵州省还面临四化并发的问题。近几年，贵州省各级部门不断探索适合贵州的养老服务业发展新路，取得了显著的成绩，随着养老机构数量的增多与质量的提升，社区养老服务网络基本建成，同时在政府驱动下，开始全面推进社区居家养老。但是由于经济社会的发展，人民生活水平提升，生活方式和质量更加追求个性化，老龄人口不仅需要有人照顾其生活起居，还产生了很多生理和精神文化层面的需求，因此现在贵州省的养老服务还要继续完善，需要建立健全多层次养老服务体系。

一、贵州省养老服务体系建设现状

贵州省老龄化问题突出表现为老龄化速度较快，贵州省经济发展水平较快但是卫生经济相对落后，导致经济发展与老龄化增速不匹配。贵州省委省政府先后出台了各种文件和政策，为建立养老服务体系提供了重要的政策支持和资金支持，目前已经基本建立了医养结合的养老服务体系。

（一）顶层设计强化，养老保障体系不断健全完善

一是国办养老机构建设加强，五保供养水平提高。鼓励民营资本融入国办养老机构改革，成立贵州省养老服务产业投资基金，分别向法国开发署以及世界银行贷款一亿欧元和三亿五千万美元建设养老机构。现在贵州省国家级养老服务综合改革试点成果突出，建有 35 个医养结合示范单位，省级养老服务示范机构和产业示范园区各 10 个，特困供养机构 1103 所，养老床位近 19 万张，社会养老机构运营养老床位达 2.4 万张。

二是以农村幸福院的建设，针对社区老龄人口建设专门的服务平台。增进农村和社区居家养老服务中心的交流与合作。贵州省政府在建设养老服务体系的过程中始终坚持三室一厅的标准，尽可能解决农村老龄人口存在的养老问题，所谓三室一厅标准就是指健康修复室、娱乐活动室、日间休息室以及餐厅，确保老年人养老不离村（社区）。贵州省现已经建成农

村互助幸福院4500个。

三是加速制定发展养老机构的扶持政策，助推社会养老事业的发展。严格按照《养老机构设立许可办法》等相关规定和正常鼓励社会力量参与到养老机构的建设中，为日益增多的老龄人口提供多元化的服务，希望推动养老服务机构的社会化发展。此外，贵州省政府还通过政策支持以及财政补贴等方式鼓励社会力量参与到养老机构的建设中，并推动社会资源的整合与再利用，目前贵州省已经建成五百多家社区老年人日间照料中心。

四是丰富老年人福利制度。积极采取措施建立健全长寿补贴制度，提升老年人福利水平，对于年龄在六十岁以上并且不能自理生活或者半自理的特困老人制定相应的护理补贴制度。具体而言，对于年龄在70周岁到79周岁之间、80周岁到89周岁之间以及90周岁到99周岁之间的老人一般每人每月发放60元、100元以及200元的补贴。如果老年人属于半自理或者完全不能自理的特困情况，则只需要满足年龄超过六十周岁的条件就可以按每月200元的标准发放补贴。

对于60周岁以上老人出台部分旅游景点免费制，比如老人们爱去的黔灵山等地。70周岁老年人还享受免费的公共交通工具出行便利。

五是建立健全困难老人生活救助制度。所谓困难老人生活救助制度就是指在最低生活保障的范围中增加生活贫困老年人，每月为其提供一定的低保金作为补贴；在特困供养范围中纳入三无老人，为其提供相应的补贴；在护理补贴对象中纳入特困失能老人等等。此外，对于特困失能的老人还根据具体情况发放物价补贴、护理补贴以及两节慰问等等。

（二）城乡养老服务体系的建设日益完善，养老服务的多元化水平提升

一是建立居家养老服务网络。采用三级管理和四级运作的方式建立居家养老服务网络，就是指市、乡（镇、社区）、村（居）逐级进行管理。具体而言，各市民政局和市老龄办主要负责相关方案和政策的制定；各乡（镇、社区）则属于实施部门和主管单位；各村（居）主要负责基础性工作，配合主管单位落实这些方案和政策。各乡（镇、社区）组建“四位一体”网络服务系统，即：市直各帮村单位驻村干部、乡（镇、

社区）各机关单位与村干部沟通交流，对村干部和组干部定期或不定期对辖区内重点服务对象进行探视，了解服务对象需求，并尽可能为服务对象提供帮助。

二是鼓励社会力量参与居家养老系统的建设和提供居家养老服务。一般可以通过资金支持或者政策扶持等方式鼓励社会组织参与到居家养老服务系统的建设中，比如：清镇市2015年注册成立社会组织——新岭社区“居家宝综合服务站”，2016年，清镇市投入6.3万元资金扶持该社会组织的建设，2018年招募以网格社工、居委会成员、辖区热心群众为主的专业志愿服务队25人，为辖区内超过120位老年人提供代购生活必需品以及代缴水电费和打扫卫生等服务；招募辖区青少年志愿者30余人，与老人开展结对帮扶260余人次；组织开展棋牌比赛、歌舞表演、包粽子、过七夕、迎中秋、庆重阳等活动超过70次，得到了社区老人的一致肯定和认可。

三是充分发挥社区居家养老服务中心以及农村幸福园等养老平台的作用，为老龄人口提供高质量的养老服务。

二、贵阳市养老服务体系建设现状

贵阳市是我国改革养老服务业的试点城市，也是首批按照中央政府的指示开展医养结合工作的试点地区，代表贵州养老事业发展的最高水平。因此，本文以贵阳市养老服务体系建设为例，辅之对黔南州、黔东南州、水城、遵义等地州市的调研数据，对贵州省的城乡养老服务体系的情况进行综合性评估，进而研究贵州省的城乡养老问题，建立健全城乡养老服务体系，并促进这一体系在贵州省的推广和因地制宜的运用。

（一）贵阳市建设多元化养老服务体系的具体措施

1. 大力培育养老服务产业集群

紧紧抓住贵州发展医药大健康产业发展的机会，将乌当区打造成养老产业先行先试示范区，充分发挥贵阳市气候宜人的自然禀赋，大力发展以老年人为服务对象的食品药品开发，发展健康养生、休闲养老、康复医疗等健康养老产业，计划投资金额约为四十亿人民币。省民政厅、省财政厅针对其中部分项目拨付的资金均在八千万人民币左右，贵阳市大健康养老项目共计投资金额超过八亿人民币。其中息烽县流长镇养老服务中心、息烽县养龙司镇养老服务中心主体、附属工程已完成。

2. 全力加强养老服务队伍建设

利用贵阳市大专院校和科研院所聚集的优势，培养老年人心理咨询、营养调配以及医疗保健和康复护理等方面的专业人才，根据养老服务的需求开展相关专业。同时将部分市级福彩公益金用于购买养老护理人员服务。

3. 加速完善养老服务发展政策

2018年正式颁布拟定《贵阳市养老设施布局专项规划（2016—2020年)》。

4. 不断优化“医养结合”养老模式

选择贵阳市作为贵州省第二批医养结合试点单位，开展医养结合，探索和创新养老机构与医疗卫生机构的合作模式，推动居民家庭、社区以及养老机构在多个方面进行深度合作，增强医疗卫生的人力财力资源在城乡各类医疗机构以及养老机构和家庭之间的流动，使得无论是在家庭养老、社区养老还是在机构内养老的老年人都可以以最便利的方式享受高质量的医疗卫生服务，一定程度上这也是在缓解目前较为紧张的医患关系。一是探索医疗机构与日间照料合作模式；二是探索公建民营模式；三是探索民办公助模式。社会力量在养老事业建设与发展过程中的参与度得到显著提升，也使养老机构大数据应用管理得到进一步夯实。①

（二）贵阳市社区或养老机构提供的老龄人口养老服务现状分析

现阶段国内养老机构主要包括四种类型，第一类主要是政府出资建设并负责管理和经营的养老机构，这部分的机构有政策和资金的保障，所以深受老年人的欢迎，床位也非常紧张。第二类则是社会力量负责运营，资金由政府提供，此类机构的运营由社会力量进入，所以自然就会

① 韦云波：《贵阳市城乡老年人养老意愿及影响因素》，载《南京人口管理干部学院学报》2010年第4期。

有效益要求。第三类是民办机构，但是其运营会得到政府的补助。第四类养老机构指的是由民间资本投资并负责运营管理，没有公益性的经营者参与其中。①

1. 养老服务基本内容

（1）养生保健服务

目前社区和养老服务机构基本设有养生服务项目，配有基本的日常检查所需仪器设备，能为老年人提供吸氧、洗脚或者按摩的服务。

（2）生活保障服务

所谓生活保障服务就是指社区和养老机构为符合条件并且有需求的老年人提供生活保障服务。

（3）文化娱乐服务

大多数社区和养老机构设有图书室、书法国画教室、棋牌室、文化娱乐中心等，老人可以选择参加刺绣、绘画、书画、麻将等比较擅长的活动。

（4）学习培训

针对社区内老人普遍关注的问题，聘请各行业能工巧匠或社工组建讲师团，以公开课、咨询以及讲座等形式为老年人解决其生活中存在的问题或者困惑。

（5）紧急救助服务

如果前来社区养老的老年人或者独自在家的老年人突发疾病或者发生意外，社区都将提供紧急救助服务。

2. 社区或养老机构的养老服务团队情况

在调查中，我们对 8 家社区和老年日间照料中心团队人员进行了访谈。在被调查的 8 家社区或老年日间照料中心中，有 5 家的服务人员不到 10 人，在调查对象中的占比超过 60%；服务人员数量在 5 人以下的有 1 家，在被调查对象中的占比为 12. 5%；服务人员数量超过 10 人的只有 2 家，在被调查对象中的占比为 25%，这种分布不均的原因，主要是目前贵阳市的社区老年日间照料中心都是由政府筹建，中心工作和运营因为处于探索阶

① 于戈、刘晓梅：《论我国养老服务业发展研究》，载《甘肃社会科学》2018 年第 5 期，第 236—239 页。

段，建设规模和接待人次存在差异。

此外各社区和中心服务人员学历偏低，仅管理人员有部分达本科水平，缺乏养老专业人员。管理人员的老年人护理管理专业知识欠缺，极少接受过专业的培训和实践。老人康复护理、营养保健、心理辅导等其他方面的专业人才极少。

（三）贵阳市社区或者养老机构的老龄人口对养老服务的需求分析

1. 老龄人口当前面临的压力

目前，医疗健康、精神需求与经济是城市老年人面临的三大压力。

表1　当前被调查老龄人口面临的主要压力（单位：%）

	没有	有	合计
医疗健康压力	54.6	45.4	100.0
精神需求	78.3	21.7	100.0
经济收入压力	80.6	19.4	100.0
无人照料	90.3	9.7	100.0
个人发展	97.9	2.1	100.0
其他	92.4	7.6	100.0

数据来源：课题组调查资料。

2. 老龄人口最迫切的养老服务需求

综合考虑老年人在医疗健康、饮食、心理健康以及娱乐活动等各方面的需求，调查能够发现老年人对社区养老需求的服务项目主要有健康服务、照料服务以及文化服务和教育服务，再就业服务和婚姻服务等等①（见表2）。

① 胡宏伟等：《健康状况、群体差异与居家养老服务保障需求——基于城乡老年人调查的实证分析》，载《广西经济管理干部学院学报》2015年第4期。

表 2　被调查对象的养老服务需求

服务项目	人数（人）	比例
医疗卫生服务	445	71.0
健康服务	423	67.5
照料服务	233	37.2
文化服务	174	27.8
维权服务	157	25.0
心理支持服务	156	24.9
家庭服务	85	13.6
教育服务	80	12.8
再就业服务	71	11.3
婚姻服务	19	3.0
其他	31	4.9

数据来源：课题组调查资料。注：N = 627

3. 老龄人口养老服务需求呈现的多样化发展趋势

从社会养老服务需求的角度分析，其特点主要表现为医疗健康服务需求的主体地位，日常照料以及文化服务等则处于辅助地位。而这些辅助需求所占比例并没有极大差距，因此体现出现在老年人随着经济社会发展，所需要的服务日益细化，已经呈现多样化发展趋势①。

（四）社区或者养老机构的老龄人口养老需求满足情况

通过问卷分析，认为家政服务未被满足的老年人占 80%，有 90%的老年人表示自己的陪伴需求没有得到满足，有 90%的老年人表示自己的心理咨询服务需求没有得到满足，有 60%表示其医疗健康需求并没有完全得到满足，认为自己的个人卫生服务需求没有得到满足的老年人占比约为 35%。由此可见，老年人在医疗、陪伴和日常生活照顾三个方面的养老服务必须进行改进和优化。

① 杨雯雯：《老龄化背景下社区养老服务需求研究》，吉林大学硕士学位论文，2017 年。

（五）贵阳市养老服务存在的主要问题和面临的困难

1. 服务体系不够完善

目前，社会养老服务体系硬件设施不健全，欠款多，特别是一些区（市、县）未将养老服务设施建设资金列入财政预算，仅靠争取国家和省市资金建设养老项目，以致基本公共养老服务供给不足。一是生活照料不足；二是医疗设施不完善；三是心理咨询不足；四是活动形式单一。

2. 资金筹措不足

资金不足是社区和养老机构在发展运行过程中的最大困难。养老服务不断向社会化的方向发展，其资金需求越来越大，但是政府财政投入不能匹配服务需求的增长。优惠政策也没有落实，绝大部分养老机构在土地拨款、税费减免、申办医保刷卡、床位运营补贴等方面准入门槛高、申请程序繁复，消防、环保、国土、规划等互为前置，缺乏有效的操作指引①。另外，社区和养老机构资金不足的一个重要原因是资金来源较为单一，往往是依赖于政府的补贴和服务对象的日常消费。

3. 专业服务人员不足

就服务人员的数目来看，基本能够满足养老机构和社区的发展需要。但是服务人员的专业水平较低。据测算，未来几年，贵阳市养老护理专业人才需求量是12.6万，而目前从业者中获得资格证书的仅800余人，尤其是专业的心理咨询师、康复师、营养师、社会工作师等缺口较大，难以满足老年人多样化的个性服务。

4. 社区养老服务理念不成熟

目前，贵阳市社区养老还处于创业期，贵阳市的养老资源仍旧比较匮乏，加之资源利用不充分，导致贵阳市养老服务无法满足老年人的养老需要，相关工作者仍旧片面地认为只有面对面的养老服务才是真正适合老年人的照料服务，没有考虑建立社区养老服务网络。由于社区和养老机构的服务与老年人的实际需要不符，不能满足贵阳市老年人的实际需要。

5. 法律法规有待完善

除了《老年人权益保障法》之外，养老服务事业相关的地方法律法规

① 苏丽惠等：《城市老年人养老方式选择及影响因素》，载《广东医学》2018年第3期。

与全国性法律法规尚不健全，尤其是社区日间照料服务的法律体系，使得老年人的权益保障没有严格的、指导性的法律法规作为支撑。

6. 缺乏对服务质量的监督

在社区养老服务过程中，不同地区的养老服务机构的水平相差较大，城乡之间的养老服务机构入住率、收费水平和服务水平差距也大。由于监督管理体系尚不健全，受多种因素的影响，社区和养老机构的服务水平与老年人的实际需要不符，极易引起养老服务纠纷问题。

7. 医养结合对接不畅通

医疗服务与养老服务并没有高效的衔接在一起，80%以上的养老机构内设的医务室（站）、康复中心，服务规范、建设标准、资质等尚未达到相关标准，未开通医保，不能满足养老医疗服务需求。医养结合药品报销目录界定不清、绿色转诊通道不顺畅，异地就医结算尚未打通等问题，一定程度制约了医养融合发展。

8. 市场供需矛盾突出

当前，千人设置30张床位是国家的养老标准，但是随着老龄化的加剧，现有的标准已经无法满足贵阳市128家养老机构，2.17万张床位，而整个贵阳市需要养老服务的老年人却有63.28万。

（六）贵阳市养老服务体系建设存在不足的成因分析

1. 政府推动力不足

贵阳市养老服务机构大多均由政府出资兴建，但在调查中发现，各机构就其自身发展并没有积极谋划，有的机构还是有名无实，并没有投入使用。其中原因，不乏政府的政策导向不明确。第一，贵阳市有关部门并未结合当地养老服务的发展现状出台相应的政策或者文件以确定养老机构的经营管理和发展定位。第二，养老机构的发展并未得到政府的大力助推。

2. 社会力量参与度不够

政府部门投入了大量的资源用于发展养老事业，但是受多种因素的影响，贵阳市养老服务机构仍旧比较落后。尽管有的养老机构环境好，但空置率高，大部分日间照料中心资金来源较少、服务工作者奇缺，加之养老机构和社区为当地老年人提供无偿的养老服务，造成运营经费不充足。其根本原因是机构在运营管理中缺少市场化的参与，仅极少数引入社会力量。

3. 社区服务机制待优化

社区居家养老服务作为一种新形式，贵阳市社区居家养老服务的建设和管理还处于摸索阶段，不可避免的对其养老服务质量产生影响。首先，社区服务机制建设不健全导致对于社区养老的定位不明确，缺乏社区养老服务体系建设的科学规划，缺乏具体的社区养老服务整体设计，缺乏除了社区老人娱乐休闲方面的资源挖掘和开发。其次，由社区干部兼职管理，由于社区养老机构没有专业的服务工作者，加之社区干部不了解老年护理服务，导致社区养老服务建设的能力不足。

4. 社区养老宣传力度不够

一直以来，传统的中国家庭都坚持"养儿防老"的养老观念。很多社区养老机构在自己的发展中，一是没有做好自身的发展规划；二是没有做出自己的特色，不能吸引社区的老年人前来。但最重要的一点，是没有在宣传上做好做实，没有用自己的服务取得老年人的认可。老年人相对信息闭塞，不主动接受新事物，针对老年人的这一特点，社区就必须下大力气，多层面多维度地做好宣传工作。

三、贵州省多层次养老服务体系建设的对策思考

贵州省人口老龄化的现状以及发展趋势将给贵州经济社会发展造成巨大影响。除此之外，半失能、失能、半失智、失智、空巢老人、高龄老人的数量不断增加，当前的社会养老服务显然无法充分满足老年人多样化的养老需求，由人口老龄化所带来的新问题与新特征对贵州省多层次养老服务体系建设提出了新的挑战。

（一）贵州省多层次养老服务体系建设亟需解决的问题

1. 老年人的日常生活照料问题

家庭结构小型化和核心化使得核心家庭不断增多，居住在四代、三代

或者二代的家庭中的老年人日益减少。① 个体老龄化导致老年人的身体机能日益衰减，即便老年人生活的时间变久，但是老年人健康预期寿命不一定长，因此，由疾病或增龄所造成的日常生活半自理，或是生活完全无法自理的老人数量不断增长。

2. 老年人的精神文化需求问题

相关数据显示，贵州省每年外出工作的农民工总量约为 800 万，进而导致空巢老人的数量持续增长，加之小型化的家庭结构，导致家庭代际间缺少沟通与交流，老人与子女间互动的频度少，互动内容单一，老年人的精神慰藉需求难以获得满足。除此之外，老年人发展型需求正逐步取代传统的生存型需求，所以，老年人在基本生存需求获得满足以后，他们逐渐关注自己的精神文化需求，发展自己的兴趣爱好，追求实现自身的个人价值与社会价值。

3. 老年人医疗健康需求问题

由于增龄和生理机能的下降，老年人患病、患慢性病的概率增加，老年人中患病者的比例也不断增加，看病难、花费高等问题格外明显。老年人患病特征、老年人经济状况、高昂的药价以及检查费用等原因导致了老年人看病贵问题。如果老年人的医疗健康需求未得到满足，健康老龄化便无从谈起。

4. 农村老年人中贫困问题严重

由于贵州经济发展较慢，其贫困人口数量较多，人口老龄化“未富先老”更为显著，如何让农村老年人脱贫、进一步提升老年人的物质生活水平是贵州省当前所急需解决的问题。

（二）贵州省多层次养老服务体系建设对策的思考

1. 强化顶层设计，完善养老服务相关政策和措施

按照国发〔2013〕35 号和黔府发〔2014〕17 号文件精神，打造“1+N”的养老政策体系，颁布贵州省加快养老服务业发展文件，突出贵州养老方面的做法、经验和特点。同时，在养老“项目审批、补贴申领、税收

① 刘畅：《构建完善的社区养老服务体系》，山西财经大学硕士学位论文，2012 年。

减免、闲置资产转型”① 等方面，出台相应的操作指引，减少审批环节，有效提升审批效率。采取统一的标准制度约束各类养老机构，包括外资、内资、非营利、盈利、大型及小型养老机构。从而确保养老行业规范有序，保证养老机构的公平竞争。进一步加大医养融合发展力度。一是要探索建立长期护理保险制度。贯彻落实试点先行，小步快走，逐渐完善的发展理念，就资金募集工作而言，可采用社会互助共济方式进行。进而保障失智老人、丧失自理能力的老人能够获得及时的医疗服务。第二，积极支持高规模养老机构配备专门的医疗机构。制定养老机构配备医疗机构规范，以及相关标准准则。以老年人的实际生活需要为基础，及时指导达标的护理卫生站、医务室、门诊部等。第三，鼓励社会卫生服务中心参与到养老服务工作中，不同地方的社区服务中心以其自身情况为基础，主动上门为社区内老人提供医疗服务，并定期开展巡诊活动。同时，养老机构可采用购买消费的方式，帮助老年人从社会卫生服务中心获取慢性病管理、长期看护、基本医疗服务等。加强社区卫生服务中心与养老机构的合作。第四，进一步完善养老机构与医疗机构的合作机制。创建养老机构同医疗机构间的转诊机制，支持医疗机构为养老机构开通绿色通道，加强二者的交流与合作，从而进一步提升养老服务质量。

2. 加强城乡养老服务业稳步发展的统筹

政府应制定专门的发展计划促进养老服务机构的发展。打造特色品牌，才能推进全省社区养老服务机构全覆盖。在城市层面，一是以“智能定制”为重点发展居家养老，充分借鉴贵州省创建智慧社区的发展经验，支持引导机构与企业合理运用互联网+、大数据等新技术，建立科技助老平台，为老人提供一键求救、电子定位、提醒服务、健康连线等居家养老服务。其次，在加强社区养老服务时应围绕“日间照料”展开。明确日间照料中心的核心地位。增强其同社区体育、文化、卫生之间的交流，同时与社区服务中心形成良好的合作互助关系，二者实现功能上的相互补充。充分发挥社区各服务设施的功能与价值。最终进一步提升社区养老服务质

① 易开刚：《现代养老服务业的发展战略、模式与对策研究》，杭州：浙江工商大学出版社，2014年版。

量。对于农村养老而言，应实行“统筹打包”的方法。针对贵州省农村地区资源相对分散、服务供给不足等特点，以推进农村敬老院、幸福院建设为抓手，为留守老人、独居老人、空巢老人、高龄老人提供全方位的服务平台。使得老年人的紧急援助、文化娱乐生活、精神安抚、医护照理、生活照理等基本需求得到保障。

3. 构建多主体系统养老服务体系

多元主体系统的前提是政府主导。政府作为政策的制定者必然要在法定层面，规范养老机构的发展。提供法律政策上的支持，建立鼓励多种形式的机构主体参与的养老服务机制，同时配备合理的激励政策。将养老服务费考虑到省级财务预算之内，保证其拥有充足的发展资金，除此之外，对相关参与机构主体减免税务或提供补贴。同时提供人力资源保障，建设专业服务人员队伍。为养老机构发展整合资源，努力为多主体服务机构与大型医院建立长期稳固的合作关系搭建平台，从而实现引导医疗机构走进社区为老年人提供便捷服务；此外，应创建科学合理的监督机制与评价标准。利用服务质量标准，自行或引入第三方机构对机构养老服务做好质量评估，对其提供的产品和服务做好监督，以推进多主体机构的整体发展。

社会参与是多主体系统的重要组成部分。在政府的鼓励与引导下，社会力量结合自身发展状况与经济水平与社会养老需求，为老年人提供专业化全方位的养老服务。比如，农民可充分发挥自身能动性，将其空余的房子改装成托老所，进而为其周围老年人提供养老服务。连云港市新浦区新南街道共建立了 9 家家庭托老所，在没有政府资金补助的情况下，为 150 多名生活半自理、生活不能自理、空巢、高龄老人提供了养老服务。

4. 推进养老服务内容更丰富

（1）提高日常生活照料服务质量

衣食住行是老年人最基本的日常生活照料服务需求，机构必须解决好因此产生的一系列问题。在衣着服务方面，应该为老人提供清洗衣物、帮助穿衣、整理衣物等服务，保证老人穿戴整洁；在食宿方面，可以通过组织有资质的餐饮企业进行公开招标，竭力为老人提供营养卫生、价格合理的食品。老年人更需要注意饮食标准，除了味道好、易消化、营养新鲜之外，还应保证菜品的丰富。至于老年人的接送，应该通过老年人信息库，了解哪些老人腿脚不利索，为他们提供预约接送服务。

（2）开设特色新颖的服务项目

能进入社区养老的老年人，一般家庭经济情况都不贫困，有些老年人也很接受现代信息社会的新事物，对养生保健、休闲娱乐的服务要求较高。针对这些情况，养老机构可以拓展有偿服务项目、开辟旅居式养老服务模式；提供养生调理、临终关怀服务等。增设这些服务，不仅能够有效提升养老服务水平，同时也能够解决资金短缺问题。

（3）大力提升医疗保健服务水平

医疗健康服务是养老机构必不可少的养老服务内容。首先政府应该加大投入，为养老机构购置必要的基本医疗器械。为社区养老机构和附近医院搭建合作平台，让医院能够为社区养老机构配备常见疾病检查设备，安排医生定时巡诊或日常驻诊。加强对社区医务工作者的技能培训，提高养老机构服务人员的准入标准，招聘有资历的护理人员、医生、营养师、按摩师、心理咨询师等。对于自理能力较低的老人，根据其需求开展一对一医疗救助。

（4）重视老年人心理关怀

心理咨询、精神慰藉是目前很多养老机构没有开展的服务，社区养老机构可以通过联系心理咨询机构、志愿者组织、发动社区义工等方式，或者聘请专业的心理咨询师在养老机构开设心理咨询室，为老年人提供心理疏导服务。

（5）丰富老年人精神生活

重视老年人群体“精神”保障①。老人们需要有丰富的娱乐活动，因文化差异的影响。每个人因各种因素的作用，使得其爱好各不相同，但插花、跳舞、唱歌、乒乓球、羽毛球、书法绘画、读书看报、烹饪、刺绣、太极、下棋、打牌等老年人都比较喜欢。养老机构可以定时开展文化体育活动和比赛，积极鼓励老年人参与其中，激发老年人的进取心，让他们重拾成就感，弱化孤独感和衰老感。

5. 创新宣传手段，弘扬孝文化

目前还有一些老年人受传统观念的影响，不愿意到养老机构享受养老

① 李红梅等：《社区养老困难凸显，服务功能需完善》，载《中国老年报》2017 年 3 月 22 日，第 2 版。

服务，因此各养老机构就要创新宣传手段，扩大宣传范围。比如开设养老机构开放日，邀请老年人参观养老中心，绘制宣传手册，发放给社区居民；对老年人上门走访，采集信息，定时回访等等。让老年人感受到养老机构是服务老年人日常生活的组织机构，可以在中心获得养老服务，还可以丰富业余生活，交到老年朋友。

此外，养老机构可以和志愿者协会及有社工专业和养老专业的高校取得联系，号召他们到养老机构来开展活动或者实习，为社区养老注入新鲜血液，也是养老机构面向社会的宣传。

同时，养老机构应在社区大力弘扬孝文化，号召子女也应承担养老的义务。

6. 规范志愿者服务制度

对于规范志愿者服务制度需要包括几方面：一是志愿者的准入机制建设。养老服务是一个特殊的服务工作，需要有一定的养老护理技能和知识，更需要对老年人的关爱，不怕脏不怕累，如果志愿者在服务过程中对老年人的紧急情况处理不当，将危及老年人的健康；如果志愿者在服务过程中表现出对老年人的嫌弃，将会影响老年人的心理健康。因此，从事养老护理服务的志愿者，必须有考核准入机制。二是有志愿者的服务行为规范，包括一些简单的操作流程、语言规范、行为规范、注意事项、服务流程、态度要求等。三是要有志愿者的评价制度。对于参与养老服务的志愿者，无论是面对中心还是面向老年人个人，都应该在服务之后有评价，对于评价满意的，政府应该出台政策，对志愿者获得的评价进行累计，并通过合理的方式给予奖励，帮助养老服务业获取更多的志愿者。同时对服务态度较差，老人评价较差的志愿者，应进行通报或警告，对造成恶劣影响的志愿者，要进行惩戒。四要建立养老服务志愿者的长期培训计划。针对养老服务的技能需要，对参加养老服务的义工制定培训计划，并定期对志愿者进行相关知识技能培训，进一步提高其专业能力，这是提高养老服务质量的良好途径，也为社会培养了相应的专业人才①。

① 刘婉娜、胡成：《法国居家养老服务业的发展及启示》，载《宏观经济管理》2012 年第 7 期，第 81—85 页。

7. 完善保障体系

(1) 完善法律法规

社区居家养老服务需要建立完善合理的政策法规体系才能保证其规范性、稳定性发展。根据贵州省当前养老机构发展状况，应不断完善修改与养老服务有关的法律法规。对老年人权益与养老机构职责做出明确规定。加快建立和完善社区养老机构服务的政策及其配套措施，同时制定统一的服务准则、落实方式、实施方法，确保社区养老机构的发展有法可依。此外，政府应对社会力量大力支持社区养老机构的建设、服务、资金、人员等方面的发展给予政策扶持。

(2) 建立多渠道的资金筹集方式

构建社区养老机构多主体系统就决定了社区养老机构服务投资多元化，更是决定了资金筹集方式多渠道。

财政支持是社区养老机构资金筹集的主体。政府作为财政支持的主要来源，应进一步增加对养老财政的投入力度，同时成立养老服务专项资金。贵州省应始终将养老机构的财政支出作为其省财政预算的一部分，确保养老机构建设和发展的经费来源。此外，对社区养老机构建设的资金投入比重也应该做出规定并保证资金落实到位。

社会力量参与是社区养老机构必不可少的资金筹集方式。由于政府财政支持能力有限，养老机构用于老年人服务的资金不可能完全由政府出资。因此政府必须出台相应政策，鼓励各类企事业单位、社会机构、社会组织及个人共同参与，共同出资。此外，还可以开展一些有偿服务，向养老机构老人收取适当费用。但对于特殊贫困人群，政府应对其减免费用，甚至给予物资援助。

(3) 提高养老服务人员素质

目前贵州社区养老机构服务人员的专业技术水平相对比较低，只有服务人员的职业素养得到提升，才能进一步提高养老服务质量。重点提升服务人员的技术水平。日间照料中心的建设与社区养老机构的发展都离不开专业化人才团队的支持。

为吸引更多的老年人到社区养老机构养老，养老机构服务人员的素质提升是关键。只有服务人员态度好、技术好、能解决老人的实际养老需求，老年人才愿意进入养老机构。因此各养老机构必须把人员素质提升作为一项长期工程来抓。一是与职业培训机构或者医药卫生类院校长期交流合作，互派学习。其次，明确服务人员专项培训方案，根据其所属岗位的不同，为其提供针对性的培训指导，进一步提升其专业化能力。三是定期开展职业道德培训，使爱老、敬老、热忱服务老年人成为每个养老机构员工的坚定信念。同时，政府应对于支持和帮扶养老机构发展的机构与职业院校进行政策扶持。鼓励、支持、引导养老机构的创建工作，支持、鼓励高校开设养老保健相关专业，增加专业化养老人才储备，从而促进当地的经济发展。

提升中心服务人员职业能力，离不开严苛的就业人员准入体系。目前，各养老机构的就业人员普遍不具备专业养老知识，对于老年人的日常保健、膳食调理、活动管理都不专业。为此，除定期送养老机构服务人员学习培训，提升技能以外，还应及时认定评判其学习成果，对其专业技能进行考核，定时组织职业资格认证考试，创建相应的养老服务工作人员准入体系。从而进一步提升养老服务工作者的专业能力与职业素养，有利于改善目前养老机构服务人员专业化水平低下的局面，有效提升中心服务质量。同时，实行职业资格准入机制，可以规范中心的用人机制，稳定养老机构服务人员队伍，使社区养老服务人员逐渐成为一个固定的工作岗位，提升社区养老服务人员的职业声誉，提升养老服务人员的职业成就感、荣誉感，形成良好的职业吸引力，吸引更多具备专业技能，乐于从事养老事业的人才，积极参与养老服务工作，保障养老服务业的规划化、标准化。

(4) 搭建社区养老服务网络

社区养老机构若想为老人提供专业化、针对性的养老服务，则应充分利用社会资源，建立养老服务网络。

首先要建立老年人数据库，通过和社区服务中心合作，充分了解社区内各个老人的养老需求及基本信息。包括老年人的身体健康情况、收入水平、家庭信息状况、是否需要养老服务、所需养老服务类别等。通过信息化技术，建设数据资源库，将调查和收集到的数据存储其中，建立每位老人的个人信息档案，制定个人养老服务计划。同时，重视信息更新工作，定期回访老人，及时获取新信息，了解新情况，更新数据源。实现老年人信息实时跟进，实时更新。

其次，要建立老年人健康档案。一方面，社区养老机构可以通过走访对老人的健康信息进行了解，一方面可以通过和社区医院或附近的大型医院合作，创建老年人健康信息网络共享平台，进而实现资源共享，信息共享，如共享老年人的基本健康情况、既往病史、药物禁忌、就诊记录等。这样既可以根据老年人的健康状况对其进行医疗保健服务，又能及时更新老年人数据库信息，还能在服务过程中避免医疗救治意外的产生。

随着大数据的发展，为我们的生活提供了无尽的便利。越来越多的领域实现了“互联网+”的运行模式，一些养老机构也推出了智慧养老，这就必须建立养老服务网络。政府应出台优惠政策，率先利用网络技术搭建网络养老平台，支持同养老产业有关的商户、养老服务机构、社会组织、社区日间照料中心共同加入网络养老平台，从而为老年人提供全方位的电子商务服务，如日常生活需求、精神文化需求，包括网上课堂、保健咨询、文化娱乐活动、法律援助、心理咨询等。一方面方便行动不便或因为要照顾孩子等不便到社区养老机构的老人需要服务时，可以利用网络服务平台获取服务咨询；另一方面也实现社会养老资源的整合，打造养老产业链①。

8. 建立质量评估和监督体系

（1）实现评价主体多元化

对于社区养老机构的质量评估，是提升其服务水平的重要途径，只有对其进行质量监督才能推进养老机构的服务质量建设。评价主体多元化，是指在对社区养老机构的质量评价过程中要有政府、老年人、第三方机构、社会共同参与，对养老机构服务进行多主体多维度的评价。政府是最有权威，必不可少的首要主体。政府应根据法定程序，对照社区养老机构应为社区养老履行的责任做出客观评价，对于认真完成其工作任务的养老机构给以奖励，对未完成工作任务的养老机构给予惩戒。通过政府的强制性，责令其改进工作态度，立即整改，确保社区老年人享受养老服务。

第三方评价主体一般指除政府以外的非政府组织、各专业养老机构、

① 刘畅：《构建完善的社区养老服务体系》，山西财经大学硕士学位论文，2012 年。

各类养老研究机构等作为评价主体的评价方式。为了更加科学、规范地进行评价，最好请在养老服务相关产业从事工作的机构人员参与。第三方评价机构拥有非营利、独立性、专业性等特征，加上参与评价人员有养老行业的专业知识、专业技能或具有较高的文化素质，一般能对中心的服务进行科学客观的评价，可信度和可操作性高。

此外，老年人本身必须参与其中。作为养老服务的享有者，老年人对养老机构服务好坏有着最直观的感受，也最具有发言权。但是老年人评价可能会受个人智能、情绪、认知的影响，因此其权重不能占太大比例。

社会公众同样必须纳入评价主体，他们可以是社区的居民，可以是老人的子女、亲人。他们是社区养老机构养老服务的直接旁观者，也是间接享受者。在这个生活环境中，他们对养老机构提供的养老服务，存在真切的体验，因此，老年人子女的评价同样至关重要。社会公众的大力支持也是社会养老工作稳定发展的重要保障，因此社会公众的满意程度更要关注，这有利于养老机构和社会公众的和谐共处。

（2）构建科学的评价指标体系

在社区养老机构的服务对象是老年人，服务内容就是有关老年人生活的一切合法合理需求①。因此，在对其评价之前，首先要根据其工作范围构建科学合理的评价指标体系。这一指标体系，应根据养老机构的服务质量标准进行设计，同时，不仅存在个性指标，也存在共性指标，既有基础的服务内容，又有体现各具特色的个性化服务。

评价指标体系的构建应分为两类。一类是对社区养老机构整体工作的评价。根据养老机构的管理要求、经费物资使用、业务开展情况、服务质量等构建评价标准。对达到标准，工作任务完成得好，具有自身特色项目的养老机构，政府应大力支持，给予表彰和鼓励。对于不能满足服务要求，养老工作落后的养老机构，应及时批评并严令其限时整改。

另一类是对社区养老机构服务人员的评价指标体系，根据社区服务人员应必备的专业知识、专业技能、职业资格、职业道德标准以及服务内容、服务态度与质量进行认定。政府应积极奖励那些获得好评的服务工作

① 吴洪彪：《美国和加拿大养老服务业考察报告》，载《中国民政》2011 年第 5 期，第 236—239 页。

者。各养老机构在政策指导下对该服务人员进行表彰和奖励。奖励的形式可以是提升职级、提高工资、绩效奖励、派出学习培训、增加补贴等。反之，对于评价差的服务人员应批评和惩戒，责令其限期整改，拒不整改的立即辞退。在对社区养老机构服务人员的评价指标体系建设中，应考虑对志愿者或者社工的评价指标体系建设，虽然在我国志愿者或者社工的相关管理规定还不完善，然而，公众共同参与是实现养老事业稳定发展的重要保障，每一位养老行业工作者的工作成果，都会引起社会关注，所以对从事这一服务的志愿者或义工的评价必不可少。对于服务质量好的志愿者或义工，政府应制定相关政策给予表彰或奖励，对于服务质量差的志愿者或义工，应提出批评、警告、处罚，甚至禁止其今后再从事此类服务，避免引起社会的负面影响，侵害老年人权益。

（3）构建公正公开的评价程序

在创建评价程序时，应确保评价高效简洁，公平公正，同时实现评价过程的透明化与公开化，保证被评价客体知情权不受侵犯。评测结果的可信度与评价过程的公开化之间存在显著的正相关关系。科学规范关系到整个评价的可操作性，整个评价流程谁来参与评价的、如何评价、评价结果如何表现，应规范科学。公平公正简洁高效关系评价工作的成败，只有保证评价程序的透明化，公开化，才能让社会公众认可和接受评价结果。同时这项评价工作是以服务社会为原则的，其评价流程更不应浪费社会资源，必须简洁高效。

B.9 产业融合视角下贵州康养旅游产品开发条件评价研究*

罗雪菲　陈　炜**

摘　要： 随着产业间的延伸融合，康养旅游业逐渐呈现出市场细分化与高品质化要求的特征，这对康养旅游产品开发提出了新的挑战。通过专家访谈法、实地调研法，以贵州康养旅游产品为研究对象，采用层次分析法（AHP 法），基于资源条件、市场条件、业态条件以及外部条件 4 个一级指标，20 个二级指标确定了贵州康养旅游产品开发条件评价指标及权重。结果显示，资源条件权重值最高，其次为市场条件，业态条件与外部条件权重值较低，充分说明了资源条件与市场条件在贵州康养旅游产品开发中的重要性。最终，根据评价层次结果分析提出了产业融合视角下贵州康养旅游产品开发对策与建议，旨在为贵州省康养旅游产业高质量发展提供参考借鉴。

关键词： 产业融合；康养旅游；产品开发

一、前言

随着我国现代化建设进程加快，人们生活水平日益提高，消费升级和

* 本文系贵州省教育厅高校人文社会科学研究项目“产业集群视角下贵州刺梨公共品牌评价研究”（项目批准号：2021ZC034）研究成果。

** 罗雪菲，女，侗族，贵阳人文科技学院讲师，硕士，研究方向为产品开发与品牌管理。陈炜，女，白族，贵阳人文科技学院讲师，硕士，研究方向为旅游经济与政策。

人口老龄化的双重趋势下，显现出对生态环境以及衍生产品的极大需求，这使我国健康产业面临着巨大的挑战与机遇。2020 年发布的第七次全国人口普查数据显示，我国 60 岁及以上人口相较于第六次全国人口普查已上升 5.44%，达 2.6 亿人，占全国人口比例的 18.7%。随着养老、医疗以及社会服务等方面的需求不断加大，如何加快健康产业结构转型，调动社会资本力量，开发多样化的健康产品供给，减轻公共财政负担成为健康产业发展过程中亟待解决的问题。2016 年 8 月 26 日，中共中央政治局会议审议通过了《“健康中国 2030”规划纲要》，明确了“全面推进健康中国，提高人民健康水平”的战略部署。2017 年 10 月，习近平总书记在党的十九大报告中提出“人民健康是民族昌盛和国家富强的重要标志，要完善国民健康政策，为人民群众提供全方位全周期健康服务。”至此，解决人民健康问题正式提升到了国家战略高度。2020 年 12 月，贵州省“十四五”规划提出要积极构建大健康全产业链，全面提升健康养老服务品质。随后，贵州省康养产业边界逐步至农业、制造业、服务业领域，产业融合有效促使康养产业价值增值。贵州省基于丰富多样的生态文化资源、有利的区位条件，鼓励有条件的地区因地制宜地发展涵盖医疗、休养、体育、健身、养老、文化等业态在内的康养旅游产业。由于康养旅游产业涵盖行业较多、整个产业链跨度较大、康养旅游产品开发资源利用较为复杂等现实问题的存在。因此，如何在产业间有效延伸融合的基础之上，聚焦康养旅游产业发展资源，综合评价贵州省康养旅游产品的开发条件，对于创新贵州康养旅游产品设计，提升贵州康养旅游产业供给侧质量，促进贵州省“大健康”产业个性化发展具有重要的现实指导意义。

二、相关文献回顾

2014 年 12 月 7 日，四川省攀枝花市召开了第一届中国阳光康养产业发展论坛，提出康养产业包含健身养生产业、旅游休闲产业在内，是现代服务业的重要支柱产业之一。而后康养资源较为丰富的四川省、海南省等地迅速展开了项目实践并取得了一定的成果，康养旅游迅速成为我国备受瞩目的新兴领域。相较于康养旅游的产业实践，国内关于“康养旅游”的学术研究发展略微滞后。相关研究主要包含以下几个方面：

第一，康养旅游的系统性概念界定。现有关于“康养旅游”的概念研究主要从康养产业自然资源属性与旅游产业业态形式融合的视角展开。任宣羽（2016）认为康养旅游的内涵包括了良好的物候基础、有效的康养需求和诗意栖居三个层次①。何莽（2017）提出康养旅游是对传统健康旅游的修正和补充，不仅是对身体健康的关注，还包括身体、心理和精神三个层面的需求满足②。谢文彩、李星明等（2018）同样是从广义的“康养旅游”概念出发，认为康养旅游是依托良好的生态环境和医疗科技资源，以达到身体和心理的双重健康与愉悦的各类旅游活动的集合③。唐健雄、陈宁等（2019）同样认为康养旅游以身心的愉悦与健康为目的，依托良好的自然或人文生态资源禀赋，并衍生出观赏、游览、疗养、康复等业态的旅游活动④。

第二，康养旅游产品的概念与内涵研究。随着康养旅游产业与农业、食品制造、医疗、医药、运动、美容、科技等产业在功能上实现互补与延伸，产业之间的融合度加强，以运动保健、康复护理、医疗服务、医药养生为核心的业态资源得到充分利用，不断地驱动康养旅游产品的创新开发，使得康养旅游产品能够服务与满足的市场更加广泛与细化。张凌云（2011）较早提出随着居民生活水平的提高，我国旅游产业与相关产业融合是宏观经济发展需要⑤。宋子千（2011）同样提出通过加强旅游产业与第一、第二、第三产业融合发展，能够有效促进产业转型与产业突破⑥。近年来，康养旅游业作为旅游产业的重要分支，发展迅速的同时也获得了国内相关学者的极大关注。杨红英、杨舒然（2020）较为全面地归纳了我国康养旅游业主要融合模式与跨界应用的产品类型，主要包括康养旅游业

① 任宣羽：《康养旅游：内涵解析与发展路径》，载《旅游学刊》2016 年第 11 期，第 1—4 页。

② 何莽：《基于需求导向的康养旅游特色小镇建设研究》，载《北京联合大学学报》（人文社会科学版）2017 年第 2 期，第 41—47 页。

③ 谢文彩、李星明、向兴等：《武汉市康养旅游地空间布局及其优化研究》，载《华中师范大学学报》（自然科学版）2018 年第 1 期，第 147—154 页。

④ 唐健雄、陈宁、马梦瑶等：《长株潭城市群康养旅游地空间结构及其差异》，载《陕西师范大学学报》（自然科学版）2019 年第 3 期，第 115—124 页。

⑤ 张凌云：《旅游产业融合的基础和前提》，载《旅游学刊》2011 年第 4 期，第 6—7 页。

⑥ 宋子千：《旅游业应增强产业融合的主动性》，载《旅游学刊》2011 年第 4 期，第 7—8 页。

与农业融合应用的田园康养旅游产品；康养旅游业与医疗产业融合应用的医疗康养旅游产品；康养旅游业与文化产业融合应用的各类主题文化康养旅游产品；康养旅游业与体育产业融合应用的运动康养旅游产品等[①]。李莉等（2020）指出，随着我国康养旅游业与相关产业交叉融合的宽度与深度加强，康养旅游产品类型不断创新与细分，衍生出养老旅游、养生旅游、体育旅游与医药健康旅游等子产品[②]。

第三，康养旅游产品开发条件评价。基于对康养旅游概念与康养旅游产品内涵与类型的不同理解，学者们在构建康养旅游产品开发条件指标体系中也有不同的侧重点。例如李济任、许东（2018）以森林康养旅游产品作为研究对象，为测量森林康养资源是否具备开发潜力，能否支撑并发展为康养旅游业，确定了资源价值评价、开发建设价值评价以及环境价值评价三个纬度[③]。李岩（2018）以山东青州市为例，基于旅游产品开发理论的视角，从康养旅游资源、康养资源开发、康养旅游服务三个方面，构建康养旅游资源评价体系[④]。肖月强（2019）在参考了国家相关规划与标准的基础之上，将产业融合的影响因素考虑其中，构建了资源环境质量、产品及服务质量、公共服务、综合管理服务、产业发展等 5 个一级指标的康养旅游服务质量评价指标体系，并侧重测量了康养产业与当地文化产业、绿色有机农业、观光业、养老业、度假产业与医疗产业的融合度。[⑤] 张贝尔（2020）从我国康养旅游产业融合发展中面临的主要问题出发，从康养旅游业硬件设施、康养旅游服务能力标准与公共服务体系三个方面侧面指明康养旅游产业发展的适宜性[⑥]（详见表 1）。

---

① 杨红英、杨舒然：《融合与跨界：康养旅游产业赋能模式研究》，载《思想战线》2020 年第 6 期，第 158—168 页。

② 李莉、陈雪钧：《中国康养旅游产业的发展历程、演进规律及经验启示》，载《社会科学家》第 2020 年第 5 期，第 74—78 页。

③ 李济任、许东：《基于 AHP 与模糊综合评价法的森林康养旅游开发潜力评价——以辽东山区为例》，载《中国农业资源与区划》2018 年第 8 期，第 135—142 页。

④ 李岩：《基于 AHP 法康养旅游资源定量评价研究——以青州市为例》，载《济宁学院学报》2018 年第 5 期，第 36—39 页。

⑤ 肖月强：《康养旅游服务质量评价指标体系构建研究》，载《现代管理》2019 年第 6 期，第 744—753 页。

⑥ 张贝尔：《康养旅游产业适宜性评价指标体系构建及提升策略》，载《经济纵横》2020 年第 3 期，第 78—86 页。

表 1　贵州康养旅游产品开发条件评价指标来源

资料来源	评价指标	一级指标	二级指标
李济任、许东（2018）	森林康养旅游开发潜力评价指标体系	资源价值评价	旅游康养价值
			资源属性
		环境价值评价	资源附加价值
			康养环境质量
		开发建设价值评价	多样性
			稳定性
			区位条件
			建设条件
李岩（2018）	康养旅游资源定量评价	康养旅游资源	康养文化
			美感价值
			康养价值
			养生资源
		康养资源开发	康养基础设施
			影响效应
			生态环境
		康养旅游服务	康养食宿
			康养社会活动
肖月强（2019）	康养旅游服务质量评价指标体系	康养旅游资源环境质量	自然养生资源环境
			人文养生资源环境
		康养旅游产品及服务质量	资源特性
			产品特性
			产品服务特性
		康养旅游公共服务	区位条件
			旅游服务基础设施
			康养医疗服务基础设施
			旅游服务
			康养医疗服务
			服务保障

续表

资料来源	评价指标	一级指标	二级指标
		康养旅游综合管理服务	管理组织机制
			教育培训
		康养旅游产业发展	康养旅游人才质量
			产业联动融合
张贝尔（2020）	康养旅游产业适宜性评价指标体系	硬件设施	机构资质
			注册资本
			生产经营范围
			规模
		康养旅游服务能力标准	康养旅游质量管理制度
			康养旅游管理
			康养旅游医疗能力
			康养旅游制度、规范及其执行情况
		公共服务体系	旅游交通服务设施
			旅游接待中心设施
			基础设施
			康养医疗资源
			康养教育

三、贵州康养旅游产品开发条件评价指标体系构建

（一）贵州康养旅游产品开发条件评价指标体系构建

1. 研究方法

由于贵州康养旅游产品开发条件评价方面众多，本文运用层次分析法将贵州康养旅游产品开发条件进行归类，然后通过要素之间的两两比较确定其相对重要性，进而确定重要性排序。

2. 构建原则

构建贵州康养旅游产品开发条件评价指标体系需要遵循客观性、有效性和系统性原则。其中，客观性原则是指所构建的评价指标应该能够全面客观地反映贵州康养旅游产品开发的实际状况。有效性原则是指构建的评价指标体系应该精炼且有效，尽量用较少的评价指标反映贵州康养旅游产品开发各个方面的问题。系统性原则是指构建的评价指标体系需要在产业融合的前提下，系统性反映康养旅游产品开发条件。

3. 评价指标的确立

根据《旅游资源分类、调查与评价》、产业融合理论及相关研究文献将贵州康养旅游产品开发条件评价指标体系的 4 个准则层，包括资源条件，指贵州康养旅游产品开发的资源属性与价值；业态条件，指贵州康养旅游产品开发的经营业态条件；市场条件，指贵州康养旅游产品开发的市场需求及市场区位条件；外部条件，指贵州康养旅游产品开发的外部支持条件。然后采用专家访谈法最终确定 20 个指标层，并将总目标层用 A 表示，准则层用 B 表示，指标层用 C 表示，详见图 1。

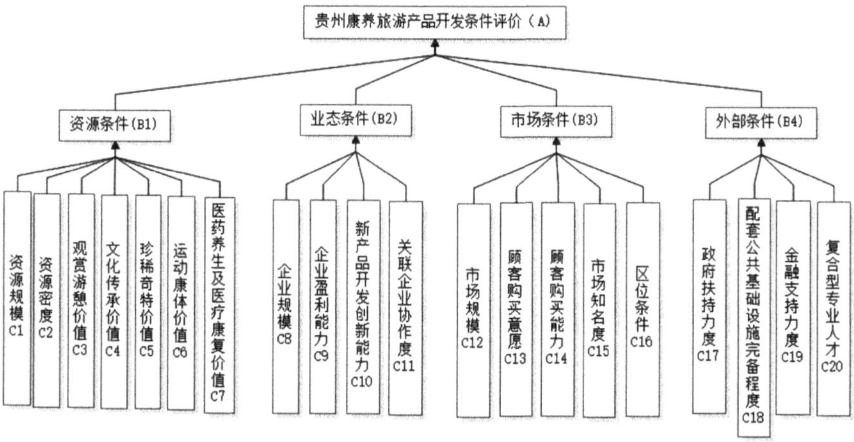

图 1　贵州康养旅游产品开发条件评价指标体系

（1）资源条件由 7 个指标构成。资源规模指资源单体的体量规模；资源密度指复合型资源在一定地域内集中的程度；观赏游憩价值指观赏游憩及体验价值；文化传承价值指文化的创新传承价值；珍稀奇特价值指资源的奇特、珍稀价值；运动康体价值指运动锻炼器材及地面设施的锻炼康体价值；医药养生及医疗康复价值指中医药养生价值、预防过度治疗、恢复身心疾病的功能障碍价值。

（2）业态条件由 4 个指标构成。企业规模指根据资产规模、从业人员、营业收入等经营性指标对康养旅游企业经营规模的界定；企业盈利能力指康养旅游企业的利润获取能力；新产品开发创新能力指根据市场需求研发的资源融合型康养旅游新产品的创新能力；关联企业协作度指为达到特定经济目的而形成的康养旅游企业之间的联合协作度。

（3）市场条件由 5 个指标构成。市场规模指康养旅游产品市场需求总量；顾客购买意愿指顾客对康养旅游产品的满意程度及购买意愿；顾客购买能力指康养旅游细分市场人均消费水平；市场知名度指各类康养旅游产品的市场知名度；区位条件指康养旅游产品的交通便捷条件、康养旅游产品与周边辐射范围内的主要客源地距离适宜。

（4）外部条件由 4 个指标构成。政府扶持力度指政府的政策及资金扶持力度；配套公共基础设施完备程度指各类康养旅游产品周边配套公共基础设施的完备程度；金融支持力度指金融机构对各类康养旅游产品开发与发展的支持力度；复合型专业人才指具备康养、旅游、运动、医疗、医药、心理等多学科领域的复合型专业人才。

（二）贵州康养旅游产品开发条件评价指标体系权重计算

1. 构造判断矩阵

本文选取了高校康养旅游领域的专家、康养旅游企业高层管理人员、康养产业商会工作人员等 13 名专家进行了相关访谈，被访者分别从高校学者、企业管理人员与协会人员的视角详细地讨论了资源环境、市场、企业以及外部环境对贵州康养旅游产品开发产生的影响与作用。且在访谈过程中采用了 9 分标度法，完成了指标的两两比较打分，以修正和完善贵州康养旅游产品开发条件评价指标体系，详见表 2。

表 2　重要性标度含义

重要性标度	含　　义
1	表示两个元素相比，具有同等重要性
3	表示两个元素相比，前者比后者稍重要
5	表示两个元素相比，前者比后者明显重要
7	表示两个元素相比，前者比后者强烈重要
9	表示两个元素相比，前者比后者极端重要
2，4，6，8	表示上述判断的中间值
倒数	若元素与元素 ij 的重要性之比为 bij，则元素 j 与元素的重要性之比为 $b_{ji} = \frac{1}{b_{ij}}$

一级指标准则层 B1～B4 构造判断矩阵：

$$A = \begin{bmatrix} 1 & 7 & 1 & 6 \\ 1/7 & 1 & 1/4 & 1 \\ 1 & 4 & 1 & 7 \\ 1/6 & 1 & 1/7 & 1 \end{bmatrix}$$

对资源条件 B1 构成指标 C1～C7 构造判断矩阵：

$$A1 = \begin{bmatrix} 1 & 1/2 & 1/3 & 1/6 & 2 & 2 & 1/3 \\ 2 & 1 & 1 & 1/3 & 7 & 7 & 5 \\ 3 & 1 & 1 & 2 & 5 & 7 & 5 \\ 6 & 3 & 1/2 & 1 & 7 & 7 & 2 \\ 1/2 & 1/7 & 1/5 & 1/7 & 1 & 1/2 & 1/4 \\ 1/2 & 1/7 & 1/7 & 1/7 & 2 & 1 & 1/5 \\ 3 & 1/5 & 1/5 & 1/2 & 4 & 5 & 1 \end{bmatrix}$$

对业态条件 B2 构成指标 C8～C11 构造判断矩阵：

$$A2 = \begin{bmatrix} 1 & 1/8 & 1/7 & 1/6 \\ 8 & 1 & 1 & 1 \\ 7 & 1 & 1 & 1/3 \\ 6 & 1 & 3 & 1 \end{bmatrix}$$

对市场条件 B3 构成指标 C12~C16 构造判断矩阵：

$$A3=\begin{bmatrix}1 & 1/2 & 1 & 1/5 & 1/7\\ 2 & 1 & 4 & 1/7 & 1/7\\ 1 & 1/4 & 1 & 1/5 & 1/7\\ 5 & 7 & 5 & 1 & 2\\ 7 & 7 & 7 & 1/2 & 1\end{bmatrix}$$

对外部条件 B4 构成指标 C17~C20 构造判断矩阵：

$$A4=\begin{bmatrix}1 & 8 & 5 & 7\\ 1/8 & 1 & 1/5 & 1/4\\ 1/5 & 5 & 1 & 1\\ 1/7 & 4 & 1 & 1\end{bmatrix}$$

2. 计算判断矩阵的特征值及特征向量

对构建的判断矩阵进行归一求和，从而得出各指标的权重值，详见表 3。

表 3　一级指标准则层 B1~B4 构造判断矩阵归一化及权重值

A	B1	B2	B3	B4	Wi
B1	0. 4330	0. 5385	0. 4179	0. 4000	0. 4473
B2	0. 0619	0. 0769	0. 1045	0. 0667	0. 0775
B3	0. 4330	0. 3077	0. 4179	0. 4667	0. 4063
B4	0. 0722	0. 0769	0. 0597	0. 0667	0. 0689

由此，得出一级指标判断矩阵特征向量：

$$W=(0.4473\quad 0.0775\quad 0.4063\quad 0.0689)^T$$

同理，得出二级指标判断矩阵特征向量如下：

$$W_1=(0.0639\quad 0.2166\quad 0.2709\quad 0.2700\quad 0.0312\quad 0.0358\quad 0.1117)^T$$

$$W_2=(0.0450\quad 0.3195\quad 0.2415\quad 0.3940)^T$$

$$W_3=(0.0579\quad 0.1045\quad 0.0547\quad 0.4215\quad 0.3615)^T$$

$$W_4=(0.6442\quad 0.0489\quad 0.1653\quad 0.1416)^T$$

3. 判断矩阵一致性检验

在专家对指标进行两两比较的过程中，所给的评价数据的微小误差的累积会导致判断的前后自相矛盾，从而导致判断结果不可靠。因此，本文以一级指标准则层 B1～B4 判断矩阵为例，对其进行一致性检验。

$$AW=\begin{bmatrix}1 & 7 & 1 & 6\\ 1/7 & 1 & 1/4 & 1\\ 1 & 4 & 1 & 7\\ 1/6 & 1 & 1/7 & 1\end{bmatrix} * \begin{bmatrix}0.4473\\ 0.0775\\ 0.4063\\ 0.0689\end{bmatrix} = \begin{bmatrix}1.8092\\ 0.3118\\ 1.6456\\ 0.2789\end{bmatrix}$$

最大特征根为：

$$\lambda max = \frac{1}{4} * \sum_{1}^{4} \frac{(AW)}{Wi} = 4.0424$$

计算一致性指标为：

$$CI = \frac{\lambda max - n}{n-1} = \frac{4.0424-4}{4-1} = 0.0141$$

根据 RI（4）＝0.89，计算随机一致性比例为：

$$CR = \frac{CI}{RI} = \frac{0.0141}{0.89} = 0.0159$$

CR 值为 0.0159 小于 0.1，表明一级指标准则层 B1～B4 判断矩阵通过一致性检验。

同理，计算得到矩阵二级指标 C1～C7、C8～C11、C12～C16 和 C17～C20 的 CR 值，详见表 4。

表 4　二级指标判断矩阵一致性检验结果值

判断矩阵	λmax	CI	CR
C1～C7	7.6721	0.1120	0.0824
C8～C11	4.1838	0.0613	0.0689
C12～C16	5.4124	0.1031	0.0920
C17～C20	4.1973	0.0658	0.0739

4. 层次总排序与检验

在上文得出的单排序权重值结果基础上对总目标影响进行计算排序，层次总排序需要从上到下逐层顺序进行，详见表 5。

表 5 贵州康养旅游产品开发条件评价指标体系权重值

总目标层	准则层（B）	权重	指标层（C）	权重	权重总排序
贵州康养旅游产品开发条件评价（A）	（B1）资源条件	0.4473	（C1）资源规模	0.0639	0.0500
			（C2）资源密度	0.2166	0.0286
			（C3）观赏游憩价值	0.2709	0.0969
			（C4）文化传承价值	0.2700	0.1212
			（C5）珍稀奇特价值	0.0312	0.1208
			（C6）运动康体价值	0.0358	0.0140
			（C7）医药养生及医疗康复价值	0.1117	0.0160
	（B2）业态条件	0.0775	（C8）企业规模	0.0450	0.0035
			（C9）企业盈利能力	0.3195	0.0248
			（C10）新产品开发创新能力	0.2415	0.0187
			（C11）关联企业协作度	0.3940	0.0305
	（B3）市场条件	0.4063	（C12）市场规模	0.0579	0.0235
			（C13）顾客购买意愿	0.1045	0.0424
			（C14）顾客购买能力	0.0547	0.0222
			（C15）市场知名度	0.4215	0.1713
			（C16）区位条件	0.3615	0.1469
	（B4）外部条件	0.0689	（C17）政府扶持力度	0.6442	0.0444
			（C18）配套公共基础设施完备程度	0.0489	0.0034
			（C19）金融支持力度	0.1653	0.0114
			（C20）复合型专业人才	0.1416	0.0098

通过计算与单排序类似的检验量，评价层次总排序的计算结果的一致性。一致性的计算公式为：

$$\mathrm{CI}=\sum_{1}^{n} Wi * CI$$

其中 Wi 为准则层要素指标权重值，CI 为指标层一致性检验指标值。

$$\mathrm{RI}=\sum_{1}^{n} Wi * RI$$

$$\mathrm{CR}=\frac{CI}{RI}$$

根据公式计算的总排序一致性检验值 CI = 0. 0848<0. 1，说明总排序权重值结果可靠。

（三）贵州康养旅游产品开发条件评价层次结果分析

1. 一级指标权重值分析

从一级指标权重值看，资源条件的权重值最高，达到 0. 4473。其次权重值较高的是市场条件，其值为 0. 4063。业态条件和外部条件的权重分别为 0. 0775 和 0. 0689。说明了贵州康养旅游产品开发条件中具备较好的资源禀赋，应该充分利用资源优势，深入挖掘康养旅游产品中的资源价值；加强对现有康养旅游市场的渗透与新市场的开发，根据细分市场的需求特征，从产品资源、产品功能到产品品牌等角度出发，开发多元化的康养旅游产品。

2. 二级指标权重值分析

从资源条件评价指标看，观赏游憩价值的权重值最高，达到 0. 2709，文化传承价值的权重值排第二，权重值为 0. 2700；医药养生及医疗康复价值的权重值为 0. 1117。因此，贵州康养旅游产品开发应重点挖掘康养旅游产品的游憩体验性能及文化传承价值，其次为医药医疗与医疗康复价值。

从业态条件评价指标看，关联企业协作度和企业盈利能力的权重值排第一和第二，分别为 0. 3940 和 0. 3195，新产品开发创新能力权重为 0. 2415。因此，贵州康养旅游产品开发，应注重企业之间的技术合作与资源共享。例如，通过大数据智能化运用于康养旅游度假小镇、康养旅游示范基地的建设及运营，并积极搭建智慧康养旅游大数据中心。

从市场条件评价指标看，市场知名度、区位条件和顾客购买意愿权重值排在前面，分别为 0. 4215、0. 3615 和 0. 1045。贵州康养旅游产品开发应让游客的观赏、体验、养生及身心康复体验充分融合。同时，利用好旅游目的地的区域规划，将省内康养旅游产品连点成片，提升游客的感知价值；并加强贵州康养旅游市场宣传，大力打造康养旅游区域品牌。

从外部条件评价指标看，政府扶持力度的权重值最高，为 0.6442，金融支持力度和复合型专业人才权重值排其后，分别为 0.1653 和 0.1416。因此，贵州康养旅游产品开发应结合自身实际情况与金融机构合作设计开发创新的旅游金融产品，并培养复合型应用型人才。

3. 权重值总排序分析

在 20 项指标因子中，权重总排序值前五位的评价指标情况为市场知名度>区位条件>文化传承价值>珍稀奇特价值>观赏游憩价值。而评价指标权重总排序值处于后两位的分别是配套公共基础设施完备程度和企业规模。

四、产业融合视角下贵州康养旅游产品开发对策与建议

（一）转变传统资源依托观念，实现产品资源融合与创新开发

康养旅游资源作为贵州省康养旅游产业的核心，是促进康养旅游产品消费的根本动机。贵州省具有丰富的温泉、森林、山地等生态资源，以及茶文化、红色历史文化、少数民族文化等多元的文化资源。因此，为提高资源的利用率，提升贵州康养旅游产品的附加价值，可以通过资源盘活、资源转变、资源创新等资源整合方式，将各地生态资源与文化资源要素融入康养旅游产品开发中，创新康养旅游产品开发资源的范畴，通过资源融合实现康养旅游产品创新开发。例如，极具保健和疗养功能的温泉资源作为贵州省传统康养旅游资源中的重要组成部分。在发挥传统的矿物养生价值的基础之上，可依据各地丰富的风土人情、特色的传统文化、独特的自然观赏环境等差异化因素，通过休闲化和综合化的康养旅游产品创新开发思路，整合多元化的产业资源，创新温泉养生类康养旅游产品开发。

（二）促进康养旅游市场共享，实现产品功能融合与创新开发

随着我国消费升级与市场下沉，康养旅游市场迸发出新的消费活力，

由于市场中现有康养旅游产品功能没有得到有效整合与优化，市场需求满足的针对性较弱，康养旅游产品品牌优势不明显，难以满足多元化市场需求。为满足市场多样化健康需求，以资源禀赋为康养旅游产品开发前提，加强民族医药、高新科技、特色食品与康养旅游的横向融合，围绕康养旅游产品的核心价值，不断丰富与创新康养旅游产品在休闲、康体、养生、体验等方面功能，开发多元化市场需求满足的多功能复合型康养旅游产品。例如，依托贵州省独特的气候、民族医药与现代高新科技医疗资源，将包括疗养、康复、休养在内的康养市场与休闲旅游市场进行共享，以中西医疗、健康管理、运动康复、医药养生、旅居养老等功能为核心，创新医疗康复类康养旅游产品开发。

（三）增强企业联合与政府扶持，实现康养旅游区域品牌创新开发

目前，贵州康养旅游产品有效供给不足、市场化程度较低、现有品牌运营效能不高等问题的存在，导致了产品供给质量、数量与实际市场需求期望之间的差异。企业作为康养旅游产品的主要提供者以及康养旅游品牌的主要运营者，通过产品创新开发、特色品牌运营能够有效提升贵州康养旅游产业溢价空间。因此，政府应当积极鼓励企业参与贵州康养旅游产业，加强企业间资源整合与市场共享，通过协同各地区康养旅游资源，规划建设康养旅游区域品牌，促进全省经济、社会、文化和生态环境全面提升，全面建设多彩贵州旅游强省。

结　论

本文利用资源条件、业态条件、市场条件以及外部条件四个维度构建了贵州康养旅游产品开发评价指标，通过层次分析法（AHP 法）对贵州康养旅游产品开发评价指标进行权重计算。从总体来看，四个一级指标准则层的重要程度排名依次为资源条件、市场条件、业态条件、外部条件。表明贵州康养旅游产品开发条件中，资源条件占比最为重大。因此，资源禀赋占据康养旅游产品开发的重要位置，这与贵州省得天独厚的气候优势、丰富多样的生态物种、复杂多样的地貌特征、独特传统的民族文化优势、

以及良好的建设环境存在密切关系。其次为市场条件，良好的旅游客源市场同样也是开发康养旅游产品重要条件。目前，我国旅游市场正在面临资源导向逐渐向市场导向转型的新阶段，康养旅游作为我国旅游产业的子市场，虽处于成长阶段，但根据传统旅游产业的发展路径可以判断，康养旅游产业的发展必须以市场需求为导向，提高康养旅游产品需求满足的针对性，设计与开发具有市场竞争力的康养旅游产品是提高贵州康养旅游产业经济效益，保障贵州康养旅游产业高质量发展的必然选择。最后，业态条件与外部条件权重值较低，作为贵州康养旅游产品开发现阶段的薄弱环节，应该得到康养旅游企业与政府的重视，不仅需要企业在技术、管理、资金、资源等层面不断提升，还需要通过政府的政策引导与统筹协同使康养旅游产业实现规模经济化发展。上述研究从一定程度上验证了康养旅游产品开发条件评价体系的合理性和科学性，为今后继续研究康养旅游产业融合发展提供了理论依据。

B.10 贵州亲子康养产业创新模式探究

汪　月*

摘　要： 在国家健康政策推动下，贵州康养产业已初具规模，但仍处于起步阶段，且需根据不同消费群体的需求进行精细化、差异化发展。因此通过对贵州亲子康养产业发展环境分析，并利用文献收集法、实地调研法、统计分析法等对亲子康养产业的路径和路向进行初步建构。在产业融合视角下，对贵州亲子康养产业发展困境进行思考，以期为贵州亲子康养产业融合发展提供参考借鉴。

关键词： 亲子康养；森林；产业

从2016年的《"健康中国2030"规划纲要》到2019年健康中国行动（2019—2030年），从十四五规划到二〇三五年远景目标，随着"推进健康中国建设""健康中国"不断上升为国家战略，"全民健身""大健康""大卫生"等理念涌现，《关于促进健康服务业发展的若干意见》《关于加快发展养老服务业的若干意见》《关于促进旅游业改革发展的若干意见》等国家健康政策文件相继提出并完善，催生出了大批康养产业。当前大部分康养产业普遍将老年人、慢性病人群、亚健康人群作为目标消费群体。然而随着生活方式的改变，生活压力的增大，不同年龄段的群体，或是病患乃至需要临终关怀的群体，都有不同程度、各种类别的康养需求。因此对于康养产业的发展要关注到不同的需求群体，进而最大限度整合资源，

* 汪月，女，贵阳人文科技学院，讲师，贵州民族大学博士生，研究方向：文化产业管理。

以实现各类资源利用率最大化，综合满足各年龄段不同群体的康养需求将是康养产业在发展过程中需要不断思虑的。基于此，本文将以亲子康养为主体，探讨基于亲子关系的不同年龄段群体组合的康养需求。在贵州现有康养产业基础上整合资源，探索亲子康养模式创新路向路径，以期为贵州亲子康养产业的发展提供可行性意见。

一、亲子康养产业相关概念的提出

《中国康养产业发展报告》蓝皮书中，将康养产业的核心功能定义为“尽量提高生命的长度、丰度和自由度”[①]，刘丽勤[②]较早提出了“康养”一词，但未对其进行释义，吴后建等人（2018）认为从字面上理解，“康养”就是维持、保持和修复、恢复身心健康的活动和过程的总称。对于康养产业的定义，目前学界还没有一个被广泛认可的界定，产业界使用较多的是“康养产业就是为社会提供康养产品和服务的各相关产业部门组成的业态综合，所提供的产品和服务的各相关产业部门组成的业态总和。学术界和产业界在研究“旅游+”时，提及较多的是基于单个群体而讨论的关于健康、养生、保健、中医药、度假、医疗、美容等，对于不同消费群体的组合，不同市场需求的综合，关联产业的融合方面的关注还相对薄弱。

当前学界多关注森林康养、康养旅游、康养小镇、老年康养等，还未有针对亲子康养的相关研究。亲子关系，又称父母子女关系，是婚姻家庭关系的两个重要组成部分。根据家庭系统理论[③]，家庭可以看作一个三角系统，父母和子女分别代表一方以维系该系统的稳定。[④] 受到我国人口老龄化趋势，以及二胎、三胎政策的不断实施，大批“老中幼”家庭涌现。父母子女的健康也是每个家庭必须重视的问题。我们要讨论的亲子康养，既包含与子女的

① 何莽：《中国康养产业发展报告（2017）》，北京：社会科学文献出版社，2017 年版，第 4 页。

② 刘丽勤：《久藏深闺的木王国家森林公园》，载《陕西林业》2004 年第 4 期，第 28 页。

③ Bowen，M. *The use of family theory in clinicalpractice* ［J］. *Comprehensive Psychiatry*，1966：7（5）345-374.

④ 李文倩：《初中生亲子关系与心理健康的关系：自尊的中介效应》，河北师范大学硕士学位论文，2016 年。

亲子关系，又包括与父母的亲子关系。因此亲子康养涵盖老中幼三代，分别针对“中+幼”即中年父母与子女；“老+青”即未婚子女与父母；以及“老+中+幼”三代组合的亲子康养产业进行产业建构和发展模式探索。

二、贵州亲子康养产业发展环境分析

近年来贵州康养产业依托得天独厚的资源禀赋，在政策扶持及资本加持的背景下，以山地气候、森林康养、温泉疗愈、中医药理疗、特色农业等康养资源为依托初步形成了生态康养产业体系。但亲子康养产业暂未形成体系，为厘清贵州亲子康养发展态势。我们从三个方面分析当前亲子康养产业发展环境。

（一）亲子类产业发展现状

我们将当前贵州亲子活动的相关场所、类型、主要项目等做简要归类梳理。

表1　贵州亲子游玩产业（部分列举）

序号	类型	景点项目名称	主要项目
1	人工游乐园	贵阳香纸沟欢乐园	亲子游主题乐园，集住宿、水上乐园、峡谷漂流、丛林探险、丛林迷宫、激光打靶、山体滑草、小猪赛跑、儿童城堡等为一体的休闲旅游度假景区。
2		可以玩的博物馆·卡通尼乐园	室内动物造型游乐场
3		关岭永宁滑雪场	山地室内滑雪场
4		贵阳欢乐世界	以动画为主题的娱乐场所，包括过山车、摩天轮、双层豪华旋转木马、挑战者之旅、4D电影院等娱乐设施
5		四季贵州极地探险水上世界	室内和室外水上乐园，集住宿、餐饮、娱乐，配备了各种娱乐和体验性的游乐组合设备区域。
6		桃源河水上世界	儿童水寨、百鸟归巢、彩虹滑道和螺旋滑道、大喇叭、峡谷冲浪等水上娱乐项目。

续表

序号	类型	景点项目名称	主要项目
7	自然风光游玩类	南江大峡谷	国家 AAAA 级旅游景区，包括休闲漂流（全长 5 公里）和激情漂流（全长 8 公里）两种，漂流过程中可以欣赏到有着“喀斯特生态博物馆”美誉的旖旎风光以及千姿百态的瀑布景观。
8		茂兰原生态森林游	喀斯特森林景区，徒步原始森林露营等。
9		紫江地缝	具有雄伟壮丽的喀斯特地貌景观，奇峰异石令人叹为观止，形状如巨斧劈开，因此得名地缝，可以徒步露营戏水等。
10	动物、科技等展馆类	平塘天眼景区	天文体验加科技展览，有 3DVR 技术、体感互动技术体验
11		贵州省博物馆	省级综合性博物馆，除展品外，有专门为儿童开放的文化娱乐场所，展示了古代贵州的海洋环境，古代的狩猎场景，明代的海龙屯。
12		贵州科技馆	观看和体验科技设备、仪器等，分为儿童科技园、天文地理、万物之灵、科技探索和贵州宝地等展馆。
13		贵州森林野生动物园	公园分为珍稀动物园、动物表演场所、大型动物分散区、鸟类公园、科学博物馆和其他旅游区。园内森林茂密，有小石林和溶洞等自然景观。
14		贵州城极地海洋世界	属于自然科普场馆，可以观赏热带雨林场景、各种海洋生物，同时有海豚、美人鱼表演等，适合亲子游玩观光
15	主题公园类	云漫湖·森哒星生态度假公园	以自然山水风光为基础打造的休闲娱乐公园，包含大型游乐设施、露营基地、打卡景点等。
16		花溪湿地公园	自然景观和田园景观，有健身休闲设施，以喀斯特地貌为特征的城市湿地公园。
17		黔灵山公园	集自然风光、文物古迹、民俗风情以及娱乐休闲为一体的综合性公园、爱国主义教育基地，放养猴子等动物参观。
18		观山湖公园	属于湿地景观公园，内有风筝竞技、无人机表演等场所，山水湿地风光以外，另有锦鸡铜鼓广场展示民俗特色，配备快餐店、游乐场适合亲子休闲观光。

续表

序号	类型	景点项目名称	主要项目
19	户外露营拓展类	高坡云顶草原	海拔高低草原，可露营、烧烤、骑马、观望星空，提供素质拓展场地
20		六广河	峡谷河流风光，河滩宽敞可露营，可玩水嬉戏，烧烤、露营等，有大屯布依村、黔西花苗寨等民族文化风情。
21		盘州乌蒙大草原	草原、溶洞、岩溶峰林、峰丛等自然风光及彝族村寨、彝族“火把节”、白族“火把节”等民族风情及人文景观景点，可露营、食宿、参加体育赛事、音乐节等活动。

数据来源：根据媒体平台收集整理，仅做部分列举。

除常规才艺培训外，当前贵州青少年活动游玩相关产业大致分为五类，一是人工游乐园，有针对不同年龄段的，规模有大有小，主要是以室内或室外游乐设施为主，追求刺激、娱乐、梦幻等，二是自然风光游玩类，以山水风光为依托搭建娱乐体验活动或配备游乐设施，例如漂流冲浪、蔬菜瓜果采摘、森林徒步等，常常与素质拓展、户外研学相结合。三是动物、科技等展馆类，例如动物馆、科技展览馆、海洋官，以增长知识、趣味参观为主。四是休闲公园类，以自然景观、田园景观为基础，通常作为日常周末休闲观光等。五是户外露营拓展类，虽与自然风光游玩类似，以自然风光为基础，但以集中露营如房车营地、帐篷小木屋别墅出租等配合素质拓展、体能拓展为主要形式，通常有基地和专业企业团队进行运营，也有体育赛事、音乐节等大型活动。

（二）亲子康养产业政策导向

随着《关于进一步减轻义务教育阶段学生作业负担和校外培训负担的意见》的印发，以及《未成年人保护法》第三十三条规定的修订，青少年节假日、休息日及寒暑假期将不再被学科类培训或繁重课业任务所限制，义务教育阶段的青少年拥有了更多可自由支配的课后时间。双减政策不仅是为中小学生减负本身，其更深层次的含义在于党中央、国务院对素质教育的高度重视。相应的中央文件中的“深化高中招生改革”也将综合素质

提到了突出位置，这就要求家长要真正参与到德智体美劳全面发展的育人事业中。随着该政策的落地实施，越来越多的家庭有了亲子旅游、亲子康养的需求。

贵州省政府非常重视对于绿色新兴产业特别是康养产业的发展，连续六年将森林康养写入《关于推动绿色发展建设生态文明的意见》《关于加快发展新经济培育新动能的意见》和《关于深入推进农村产业革命坚决夺取脱贫攻坚战全面胜利的意见》等文件中，对康养产业大力支持，特别是森林康养产业的发展规划投入了大量人力、物力支撑。将森林康养写入贵州省林业“十四五”发展规划和贵州省大健康产业“十四五”发展规划。围绕“一核四区”森林康养产业发展空间布局重点建设、提升。借此机遇，康养产业的精细化、差异化发展也一定会有所突破。

（三）亲子康养相关产业发展基础

1. 自然景观森林康养

贵州具有丰富独特的自然景观资源，且生态指标良好，达到了森林康养的各项指标要求。因此贵州亲子康养首先依靠资源禀赋发展以自然景观为基础的森林康养。亲子森林康养要在康养的同时兼顾安全保障，打造养居、研学、小憩相统一平台，以适应家庭为单位的亲子消费群体。其中老年人可在森林康养基地进行中长期居住，主要以慢生活、轻呼吸、重疗养为主；中年人与青少年子女在兼顾老年人的同时以小憩短期养居为主，青少年则在专业人员引导下在森林康养基地开展康养+研学活动，以提升青少年身体素质。满足老中青三代需求的同时，解决中年人上有老下有小的顾虑，同时也可弘扬传统孝道。

2. 专业医疗小镇康养

借助得天独厚的自然、生态、资源、文化等优势，依托“大生态”“大数据”“大健康”等战略规划，通过政策引导、项目扶持、金融支持、科技支撑等措施，贵州大力发展康养产业，认定森林康养（试点）基地，成立康养商会。同时广泛整合资源，探索“康养+”模式，形成了森林疗养、温泉疗养、中医疗养、饮食疗养、文化疗养、运动疗养，各有特色，优势互补的大康养产业集群，打造了一批配备专业疗养设备和医护人员的康养小镇。因此亲子康养与专业康养小镇的融合也将如虎添翼。首先可将亲子康养小镇进行集群式规划发展，依据不同区域的资源条件打造不同规模康养小镇，制定康养小镇基础标准，规范化统一管理，以确保康养小镇的可持续发展。其次搭建中心平台，在几个区域间依据区位条件搭建中心康养平台，配备相对高端完善的医疗设备，用于特定需求、定期体检、重点医疗、紧急救助等需求。既能满足老中青不同康养人群不同需求，又确保资源设备最大使用率。三是拓展疗养项目。根据《美国老年医学会杂志》的一项研究，测试孤独对 60 岁及以上老年人总预期寿命和健康预期寿命的影响。结果显示，晚年感到孤独会缩短寿命。而当代子女生活节奏快压力大，陪伴父母的时间少之又少，老年人常常感到孤独继而影响康养效果。因此可以集合疗养人群开展集体活动项目或与青少年疗养活动相结合，青少年既可完成特定疗养活动，又可参与适当的志愿服务，以弘扬尊老爱幼传统美德。

3. 社区式基础康养

近年来贵州着力打造“居家社区机构相协调、医养康养相结合”的养老服务体系，具有首个 5G 全感知智能康养社区、社区康养驿站、农村幸福院、城市社区居家养老服务中心（站）等。当前我国社区式康养分为中高端康养社区，度假疗养兼投资的中青年客户群体，追求健康生态、休闲居住的自由职业者三类市场需求，有复合型中高端养老养生社区、持续健康退休社区、会员制康养社区、护理型康养社区、学院式康养社区等形式。当前对于社区养老更多的关注点在于中老年，青少年等人群的康养受到时间、空间的局限性更强一些，因此青少年可在周末或假期参与到社区康养中，日常可以参与一些基础康养项目。社区式亲子康养可以为不同人群提供更加便捷专业的医疗健康服务、舒适方便的居家生活服务、形式多样的交流活动服务、全面持续的文化教育服务。以上三类贵州现有康养产业发展模式为亲子康养产业的发展奠定了基础，我们将在产业融合视角下进行康养产业的建构和分析。

三、贵州亲子康养产业体系构建

（一）贵州亲子康养产业体系发展建构

贵州亲子康养产业发展虽具有良好充分的产业发展基础和环境，但亲子康养的消费群体相对来说具有一定的复杂性、复合型，这是其一。其二是亲子康养与以往自然景观森林康养、专业医疗小镇康养、社区式基础康养相比，所要满足的需求更加综合多样。其三是亲子康养的预期效果不仅是身心康健，更重要的是以亲情为纽带的代际关怀。基于此，我们尝试探索建构亲子康养产业体系的发展路径和路向。

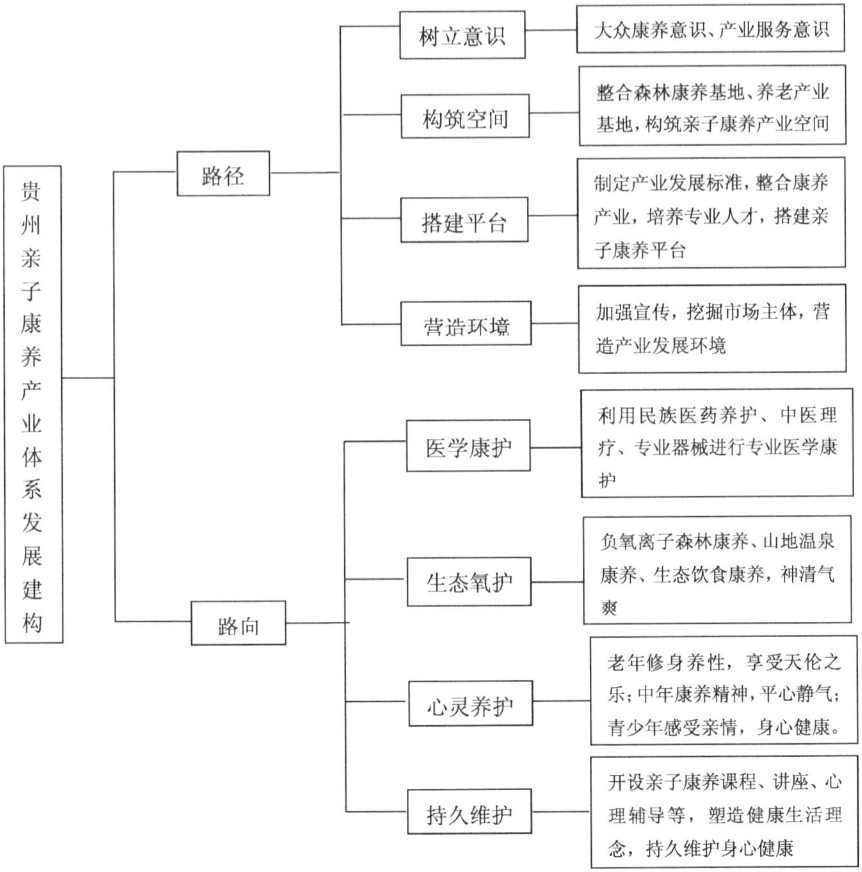

图1　贵州亲子康养产业体系发展建构

路径指如何到达目的地，路向则表示道路延伸的方向。亲子康养产业的发展以树立意识、构筑空间、搭建平台、营造环境为路径，以医学康护、生态氧护、心灵养护、持久维护为路向。树立意识是要通过宣传推广，增强群众的康养意识，激活市场主体，同时康养产业从业人员也要提高服务意识，培养专业技能型、服务型人才。构筑空间是要整合森林康养基地、养老产业基地等相关产业空间资源，使产业链延伸、价值链提升进而提升产业发展。搭建平台以政策保障及产业发展标准制定为抓手，整合各类康养产业资源，从而搭建起综合的亲子康养平台。产业发展首先要有稳定的政策环境，也就是相关政府的政策支持和制度保障。其次也要有良性循环的市场环境，相关产业间良性竞争，团结协作。最后还要加强科研投入和专业人才培养，注重科学化、精细化发展。以医学康护为基础，通过发挥贵州民族医药优势进行中医理疗、配备专业医疗器械等做好身体康养护理的基础保障。依托贵州特有的自然生态环境资源，负氧离子森林康养、山地温泉康养、生态饮食康养等对亚健康群体进行生态氧护，调整身体状态。而心灵养护，则是在身体康养的同时关注心理健康，满足老年修身养性，享受天伦之乐之需求；中年康养精神，平心静气之需求；青少年感受亲情，身心健康之需求。当然最重要的是日常持久的维护，通过开设亲子康养课程、讲座、心理辅导等，塑造健康生活理念，持久维护身心健康。

（二）亲子康养产业融合体系设计

贵州亲子康养产业除了具有得天独厚的自然资源以外，也有可以融合发展的产业基础，因此可以在产业融合的基础上进行亲子康养产业体系设计。首先是亲子康养产业与研学教育融合，主要针对中年父母与幼年子女，这类型组合也是当前最普遍的亲子康养消费群体。随着科技产品的更新发展，对电子产品的依赖已不再受年龄限制，越来越多青少年甚至幼儿开始加入“低头族”，因此急需加强亲子康养产业建设，使更多家长能够带子女走出房门远离电子产品。这类亲子组合往往需要在提高身体素质的同时开展教育，因此我们定义其主导需求为“养性+养智”，即修养心性，培养智慧。根据需求导向，亲子康养与研学教育相结合，融合已初具规模的研学教育产业开展亲子课堂、亲子训练、亲子徒步、亲子探险、亲子露营、亲子农业、亲子文创等形式，在强身健体的同时开展认知教育、统感训练、性格培养，同时在亲子互动过程中加强父母与子女的了解和互动，弥补日常父母忙于事业而缺少的陪伴和沟通，防止或缓解当前我国部分青少年因缺乏关爱而出现心理问题的现象，促进青少年身心健康。

其次是亲子康养与休闲旅游融合，主要针对青年子女与老年父母的亲子组合，这类组合多是未婚子女陪同父母。越来越多成年子女开始注重对父母的康养陪伴，这类亲子组合的主导需求我们定义为“养身+养神”，即康养身心，养护精神。快速的生活节奏和压力的不断增大，导致许多成年子女出现焦虑抑郁、习惯失眠、精神紧张等情况，通过亲子禅修、亲子理疗、亲子观光、亲子团建等健康休闲的形式，使成年子女与父母能够放松身体，疗愈身心，同时利用亲子团建活动为成年子女对父母表达爱与感恩提供平台，促进成年子女对父母的关爱与陪伴。

最后是亲子康养与养老业融合，主要针对的是“上有老，下有小”的家庭亲子组合，这类组合中既有年迈的父母又有年幼的子女，需求相对复杂多样，我们将其定义为“养生+养亲”，即休养生息，供养亲情。年迈的父母需要照顾和陪伴，年幼的子女需要教育和关爱，因此以老年康养基地、养老基地等为基础，通过开展亲子表演、亲子活动、亲子林浴、亲子农场、亲子文创、亲子露营等家庭式亲子活动，既满足老年人康养需求同时又通过亲子活动丰富老年康养生活，亲子表演、亲子活动可以传承孝道，使老年人享受天伦之乐，亲子农场、文创等也可以发挥老年人特长，加强代际沟通和关爱。

表 2 亲子康养产业体系设计

产业融合类型	康养产品类型	主导需求	康养产业项目内容
亲子康养与研学教育融合	中+幼	养性+养智	亲子课堂、亲子训练、亲子徒步、亲子探险、亲子露营、亲子农业、亲子文创
亲子康养与休闲旅游融合	老+青	养身+养神	亲子禅修、亲子理疗、亲子观光、亲子团建

续表

产业融合类型	康养产品类型	主导需求	康养产业项目内容
亲子康养与养老业融合	老+中+幼	养生+养亲	亲子表演、亲子活动、亲子林浴、亲子农场、亲子文创、亲子露营

四、贵州亲子康养产业发展困境

（一）现阶段康养产业发展主要困难

一是项目资源联动力度不够。当前大部分康养基地仍处于完善提升硬件设施的进程中，对康养基地的各项文化活动、日程安排还有待完善，对周边学校、医院、社区等资源项目联动不够，因而亲子康养产业暂时未能形成产业链。

二是专业技术及管理人才缺失。一是专业技术人才匮乏，部分康养基地虽配备了疗养设备，但因缺乏专业康养人才，导致设备利用率和疗养效果甚微。“有关部门的数据显示，当前，我国有2.49亿老年人，其中，包括4400万失能半失能老年人，而养老护理从业人员仅30万名。”① 二是管理服务人才缺乏，因康养产业相对来说是一种新兴产业，员工对职业认可度普遍偏低，同时又因为工作时间长、强度大、工资福利保障却不相匹配，导致年轻群体从事比例较低，服务人员年龄偏大、文化水平较低、专业水准不高，因此管理模式以及服务标准等都有待完善和提升。

三是配套设施利用率有待提升。康养基地设施通常包括主体设施和配套设施。主题设施一般有酒店、木屋、公寓、游泳池、温泉汤苑、晨练广场、文化书屋等，配套设施有医疗检测仪器、森林步道、健身器材等。由于森林环境地势问题，步道坡度设置需调整或加宽放缓，各项器材由于缺乏专业人员指导应用利用率不高。酒店木屋等住宿配置价位偏高，文化书

① 王松：《贵州大力培养康养服务技能人才 积极探索“产学研一体化”与“校企共建校企共管校企共用”建设思路》，载《中华工商时报》2021年8月11日，第007版。

屋、书法棋室、文化广场等因缺乏服务管理和引导，导致利用率较低。

（二）当前亲子康养相关产业基本情况

一是亲子康养产业项目单一。目前亲子康养概念鲜有人提及，往往是亲子游项目在宣传亲子康养理念。而亲子游常以游乐场、户外露营、旅游景点等形式，常因项目少、环境少、人多拥挤、孩子不感兴趣等被诟病。

二是电子游乐设施元素过多。亲子游市场下的亲子康养往往充斥着过多的科技产品，户外大型游乐场、索道滑道、VR 体验、游戏设备等等，使青少年缺乏实物体验，视力减弱、精神消沉，且很多游乐项目危险系数高，甚至于影响健康安全。

三是青少年综合能力培养项目单薄。亲子康养产业多以放松、娱乐、游玩为主，团队游玩项目，集体参与活动少，各项目均已个体家庭为单位独立完成，导致青少年局限在家庭半径内父母呵护下，缺乏对青少年吃苦耐劳、社交礼仪、团队协作等综合素质的锻炼和提升。

五、产业融合下亲子康养产业发展思考

（一）加强资源整合，培育市场主体

新的需求催生供给，新的供给也会产生新的需求。开拓康养需求市场，需要加强资源整合以培育市场主体。一是森林康养产业在配备中老年医疗保健设备的同时设立亲子康养配套项目，例如开设亲子志愿者服务岗位；为亲子研学教育提供活动场地等。二是根据中老年兴趣特长开设文创、手工艺等作坊场所，供亲子康养共同使用。既能满足中老年享受天伦之乐的需求，又增加老年人活动形式。三是通过多种形式增加青少年同中老年的接触交流，强化青少年尊老敬老意识，弘扬孝道的传统美德，同时也可适当鼓励中老年同志发挥余热，融入青少年教育工作。四是加强宣传提高公众认知，培育市场主体。人们普遍认为康养产业基地主要以医疗、养老为主面对中老年群体，作为新兴产业，群众认可或认知程度不高，因此老人主要来源于基地附近村寨和周围单位退休老人，推广面不够广。加强宣传推广，强化全龄段人

民康养意识，丰富康养消费产品或项目，激发市场活力。

（二）制定产业服务标准，加强人才培养

一是要明确产业服务标准。虽然为满足森林康养产业需求，相关部门制定了《贵州省森林康养基地规划技术规程》《贵州省2020年森林生态系统服务功能价值》《中国林业产业联合会的团体标准——森林康养小镇建设标准和森林康养人家建设标准》等文件规定；成立了贵州康养商会、贵州省森林康养研究院、贵州省森林康养医学工程研究中心、贵州省林业产业联合会森林康养创新联盟等机构，但总体处于起步阶段，对于康养产业的标准规范管理、产业发展监督管理、亲子康养产业规范等方面仍需加强。

二是加强专业人才储备。产业发展离不开人才的支撑，康养产业的发展需要护理学、康复医学、老年护理学、心理学等专业医疗康养人才，营养学、运动学、生态学等体能改善康养专业人才，因此可以采取签订定向培养协议、创立实习实训基地等方式加强与高校开展合作，加强康养人才培养储备。同时也要加强管理、运营人才的培养，以维护康养基地有序可持续的运行和发展，以不断满足人民日益增长的康养需求。

（三）加强各方联动，促进可持续发展

一是联合周边资源释放倍增效益，通过联合周边社区、学校、相关企业搭建合作平台，扩大辐射范围，加强配套建设，形成景点支撑康养、康养赋能景点，例如在康养基地开展小型手工作坊，鼓励有兴趣的中老年参与制作或售卖，举行民族风俗活动或各类中小型赛事，邀请媒体及更多消费者参与，孵化盘活市场，提升基地知名度，打造康养品牌。

二是打造全域式康养，加强宣传普及康养理念，对康养基地进行定点推广宣传。同时将康养基地与社区康养相结合，以康养基地为服务平台将产业扩展至社区平台，构建与旅游主管部门、中医药、体育、民政、卫生、人社等部门协调多方联动合作局面。康养产业的发展不仅仅是为了少部分人的健康也不是为了盈利创收，而是为了贯彻落实健康中国战略，树立全民康养理念，增强国民身体素质，朝着实现中华民族伟大复兴的宏伟目标继续前进。

B. 11 贵州康养特色小镇的发展路径研究

李旻君　王开青*

摘　要：本研究立足贵州实际，从贵州建设和运营康养特色小镇的角度出发，分析在贵州建设康养特色小镇的必要性和可行性。通过笔者对贵州省康养资源的实地调查研究，得出了在贵州可以开展六个类别的康养产品，分别是森林康养、农业康养、运动康养、医疗康养、膳食康养和文化康养。发展康养特色小镇，会受到多方因素的影响。针对在贵州开展康养产品开发，建设康养特色小镇进行了 SWOT 分析和论证，结论是贵州具备发展康养特色小镇的基本条件，适合进行康养特色小镇实践，需要做好利用高新技术对产品进行设计、包装和营销，加大基础设施的建设力度，做好人才培养和人才储备。

关键词：贵州；康养特色小镇；项目开发

近年来，科学技术在飞速发展，大旅游、大生态、大数据、大健康等业态的融合，形成了很多新兴产业，包括休闲旅游、健康管理和养老养生等，而康养特色小镇正是这些抽象概念的具体载体，满足不同人群对健康、旅游和医疗等方面的需求。目前，“康养”一词，还没有确切的概念，有学者分别从行为学角度、产业学角度和生命学角度，都给出了不同的概念。康养从本质上说，既不是养老，也不是养生，而是一种长时间的沉浸

* 李旻君，男，汉族，贵阳人文科技学院副教授，硕士，研究方向为休闲旅游、研学旅行；王开青，男，布依族，贵阳市第一实验小学教师，研究方向为体育、研学旅行。

式的康养旅居，充分利用周边的自然资源和人文资源，达到调养身体、颐养天年的目的的一种沉浸式和体验式活动。而特色小镇是将区域内的优质资源整合，把文化、产业、服务等有特色的功能融合，形成在空间上相对集中的，独立于其他类型的平台，区别于一般意义上的行政镇。康养特色小镇具有特色小镇和康养的特征，是指将一定地域范围内的，能满足人们调养身体、颐养天年的，将如空气、森林、温泉、医药资源、食疗素材、养生文化、特色景观等自然资源和人文资源整合，形成的一个地域综合体。康养业态的不断发展，已形成了推动地方经济的重要动力。贵州省资源丰富，类型多样，环境优美，气候宜人，是人们从事旅游、体育和养生健康的极佳目的地，在休闲、医疗、养生方面有很多资源。在贵州发展康养特色小镇，有利于优化贵州旅游产业布局，助推贵州经济发展，也有利于树立康养品牌，提升贵州的形象，更有利于增加人们收入，巩固脱贫攻坚成果，实现乡村振兴。本文试图从康养特色小镇的发展与实践路径探讨，梳理在贵州可以开展的康养项目，分析影响康养特色小镇发展的因素，为在贵州建设康养特色小镇提供参考。

一、发展康养特色小镇的必要性

（一）发展康养特色小镇是社会发展的需要

进入21世纪以来，我国社会经济取得了极大的发展，经济水平提高的同时，也影响着人们的需求，人们不仅仅是追求物质生活的富足，更对绿色、健康、原生态的生活方式有了新的追求。高质量的、健康的、养生的生活体验，更是人们追求的目标和想达到的境界。康养小镇的应运而生，与人们的需求息息相关。

（二）发展康养特色小镇有利于健全养老服务发展体系

据相关部门统计，到2018年，我国每年新增60岁以上人口为860万，从2000年到2020年期间，我国新增老年人口达到1.3亿。数据说明，我国已进入老龄化社会。康养小镇建设成为国家战略之一，目的是为了解决老龄化带来的社会问题。2016 年 5 月，国家住建部发布了《关于培育特色小镇的通知》，到 2020 年为止要建设 1000 个康养特色小镇。同年 10 月，国务院发布《2030 健康中国规划纲要》，提出打造一批具有地方特色、以市场需求为导向的康养目的地。康养特色小镇的建设，将进一步健全全社会的养老服务体系，满足老龄人口的养老需求。

（三）发展康养特色小镇有利于助推城乡一体化建设，促进社会协调发展

康养特色小镇的建设，有助于整合资源，重点打造，完善人居环境，缩小城乡差距，构建宜居宜业宜养的环境。2016 年国家发展改革委员会在《加快美丽特色乡镇建设规划》中特别指出：作为新兴产业和特色产业的康养特色小镇，在建设和运行中，要实现各种要素的聚集，要依托城市的周边资源，有针对性地发展康养特色小镇。因此在建设中，要充分利用空间、资源、土地、交通、人才、资金等优势。发展特色小镇，还可以调整产业布局，扩大市场内需，拉动经济的区域内循环，转移农村富余劳动力，改善农产品过剩等功能。

二、贵州省康养产业资源及康养项目发展可能性分析

（一）贵州省康养资源现状分析

贵州省康养资源非常丰富，境内群山连绵，河流众多，地理位置优越，天然辐射低，人民安居乐业，居住着多个世居少数民族，有很多长寿村寨，是世界知名山地旅游目的地和山地旅游大省，国家生态文明试验区，北面连接天府之国四川和山城重庆，东面与湖南接壤、南部靠着广西、西面与云南相连。2012 年国发 2 号文件《国务院关于进一步促进贵州经济社会又好又快发展的若干意见》中指出：建设“文化旅游发展创新区”，“努力把贵州建设成为世界知名、国内一流旅游目的地、休闲度假胜地和文化交流的重要平台”，明确了贵州要把旅游业的发展作为经济社会发展的重要推进力，借着这股东风，贵州的旅游业和康养产业将迎来融合

发展、跨越发展和转型发展的新机遇。贵州省冬无严寒，夏无酷暑，风景秀丽，气候宜人，自然资源和人文资源丰富，拓展空间巨大，是人们养心润肺，调养身心的绝佳去处。

（二）贵州省可开展的康养项目分析

1. 森林康养

2019 年 3 月，国家相关部委印发《关于促进森林康养产业发展的意见》，提出了推进森林康养产业发展的总体要求，森林康养的主要任务和具体推进的保障措施，对森林康养涉及的财政、金融、用地、科技、人才等有关政策予以明确。2020 年 11 月，国家林业和草原局会同国家发展改革委出台《关于科学利用林地资源促进木本粮油和林下经济高质量发展的意见》，明确提出：要以木本粮油基地和林下经济基地为依托，发展各具优势的森林康养、特色观光旅游、自然教育产业、生态旅游、森林人家等，初步形成了多部门联动协同推进森林康养产业发展的格局。目前正在编制《全国森林康养发展规划（2021—2025 年）》，编制过程中，充分研究和借鉴民政、卫生、养老、旅游等有关部门的政策，有效衔接其他行业发展规划，并系统梳理了国家有关部门支持森林康养产业的政策。森林中，可开展这些项目：

（1）林地漫步。森林漫步，充分利用森林中的原始步道，保留步道的古朴、古韵气息，可对步道进行适度修缮，增加石材和木材，设置休息座椅和景观凉亭，让游客在森林中享受森林浴，林间漫步，获得精神上的抚慰和身体上的放松。

（2）森林茶舍。在林间设置休憩茶舍，风格亲近自然，满足游客需求，一方面，可以成为游客避暑避雨的临时休息所。另一方面，可以为游客提供茶水点心服务，让游客能够体验当地独特的茶文化，丰富游客的体验。

（3）林间木屋。根据实际情况，可以在林间建造木屋和树屋，蓑草为盖，木板为墙，风格古朴自然，大面积的窗户，可增加视野，拉近人与自然的距离。木屋既可以作为餐厅，也可以作为卧室，能满足不同游客的需求。

2. 农业康养

国家农业农村部在（农业水利类157号）提案答复摘要中表示，鼓励农民和农村集体经济组织，在依法依规和正确使用的基础上，利用农场闲置宅基地和闲置住宅，加快闲置宅基地和闲置住宅盘活利用，拉动农村经济健康良性发展，根据条件发展符合乡村特点的乡村旅游、餐饮民宿、因地制宜开展农耕文化体验、休闲农业体验、民俗非遗文化展览和体验、养生养心服务等新产业、新业态。农业康养综合体要以养老养生，沉浸体验为抓手，发展多元主题。农业康养可依托景观资源、优质空气、根据时令开展特色农事活动、品尝生态饮食、体验农耕文化等活动。从客户思维出发，以市场需求和用户体验为导向，高起点规划农业康养板块，以生态农业和养老服务为方向，重点发展优质天然无公害农副产品、绿色生态农业、养老养生衍生产品及养老服务咨询等业务，在充分参与市场竞争中推动产业高质量发展。

（1）休闲农场。休闲农场可以农作物和花卉种植为主，为游客提供观光和种植体验，营造山水田园的氛围。还可以根据地域特色和民族风俗，利用特色的民俗节庆，开展丰富多样的民俗活动。黔东南的雷山万亩农业观光园，在稻谷收获的季节，举办了“吃新节”，游客参与的积极性很高。天然无公害的农产品，对人们的健康有积极作用。大面积的花卉种植，可形成花海，与温室大棚等相结合，能够做到一年四季鲜花不断，游客可以拍照打卡，花海游玩。休闲农场可开设萌宠乐园、特色体验馆等，丰富休闲农场的康养体验。

（2）水果种植园、采摘园。依托与现代农业的高水平技术和水果品种的多样化，可以做到一年四季都有水果采摘。游客既可以体验收获采摘的乐趣，又可以亲身感受水果的成长过程，这是寓教于乐、寓教于游的体验式、沉浸式活动。新鲜的水果，游客可以随意采摘购买。

（3）康养有机餐厅。现代人的饮食，不仅对食材的营养搭配、品种选择和烹饪方式和用餐环境有着更为严格的要求，休闲农场的天然绿色无公害食材，最大限度地保证了游客的身心健康。此外，现代人对用餐环境也提出了新的标准。在农业康养的要求下，可建设康养有机餐厅、阳光餐厅。以透明玻璃或者框架结构为主，满足游客在用餐过程中的观光要求，让游客在用餐的同时，还能欣赏周围的风景，与大自然融为一体。

3. 体育康养

2016年11月28日，国务院办公厅印发《关于进一步扩大旅游文化体育健康养老等领域的意见》，意见明确指出，要进一步扩大国内消费，尤其是要把体育手段和医疗手段相结合，共同推进文化体育健康养老等服务。“体育”与“医疗”的融合，其本身是多学科交叉的专业，包括器械康复、徒手康复、患者主动运动等方式修复运动损伤，恢复运动功能，能为不同的群体提供康养服务。

（1）山地运动。贵州是典型的喀斯特地貌，具有非常好的山地运动资源。依托这些资源，可以设计和开展适合中老年人参与的康养活动。通过登山、徒步、露营、溯溪等亲山近水的活动，拓宽人们的视野，扩大社交圈子，强健身体，愉悦心情。也可以引入相关的体育运动赛事和为康养人群设定的健康赛事，使康养活动有具体的载体，更好实现康养的目的。

（2）水边垂钓。钓鱼是一项非常健康的体育活动。它具有消除焦虑、促进内心宁静、解除“心脾燥热”和强健身体的功能，是一项集身体运动和智慧开发的身心活动，静中见动，动静结合。水边空气清新湿润，具有养心润肺的功能。在项目设置中需要做好安全预案，防止意外发生。

（3）其他活动。贵州风景秀丽，气候宜人，山水资源丰富，在不同季节呈现不同的美感，可以开展不同的康养活动，给人不同的体验。春节可以赏花，山花烂漫，让人流连忘返；夏天可以避暑，高山峡谷比比皆是，可以开展溯溪、游泳等戏水活动；秋天硕果累累，山间野果味道甜美，漫山金黄，一片丰收景象；冬天的贵州，可以赏雾凇景观，也可在山间农舍，围炉夜话，别有一番情趣。

4. 医疗康养

医疗康养是指将以医疗为主要手段，促进人的身体健康，尤其是针对有康养需求的老年人。在大健康和大数据的时代背景下，康养特色小镇运用大数据手段，把康养特色小镇与医院相结合，开发包括生活服务和康复关怀的综合养老养生服务模式。服务内容不仅包括传统的生活护理服务、精神心理服务、老年文化服务，更重要的是包括医疗康复保健服务，涉及健康知识普及行动、合理膳食行动、全民健身行动、心理健康促进行动、健康环境促进行动。

（1）中西医结合疗养院。目前的养老养生，主要是以居家养老为主，中西医结合的疗养院，能够满足不同客户的需求，为他们进行个性化的服务，例如养老管家，老年餐食等。中西医结合的疗养院还可以采用中医理疗的方法，为客户提供更多康养体验。疗养院还需要和本地的大中型医院密切配合，便于客户发生紧急情况时能及时处置，避免意外发生。

（2）医疗康复院。康复医院主要针对有身体或者精神残疾的客户，针对他们的病情和康复需要，提供个性化的治疗，帮助他们战胜身体或精神疾病，重新回到社会，开始新生活。

（3）中医药温泉浴。贵州少数民族众多，物产丰富，药材资源多，有“黔地无闲草”的美誉，每个民族都有自己独特的医药技艺，例如苗族的草药，结合独有的推拿手法，就能攻克很多疑难杂症；从江县的瑶浴，也有很多康复保健的功效。贵州的石阡温泉、剑河温泉、乐湾温泉等，都富含大量矿物质和微量元素，对人们的健心养生有着重要作用。

5. 饮食康养

饮食疗养是根据人体不同生理状态和食物的特性，以及不同病症或潜在疾病的特殊营养需求，以全新角度切入，详细介绍各种病症的选食原则及其辅助治疗药膳。不同的食材和饮品，对客户的康养需求都有不同的效果。

（1）茶酒品鉴。贵州独特的气候条件和地理位置，孕育出了世界知名的名酒名茶，尤其是以茅台酒为代表的酱香型白酒和以都匀毛尖和湄潭翠芽为代表的绿茶等，都具有极佳的康养功效。贵州特产的酱香型高度白酒可以杀灭很多对人体有害的细菌，可以有效杀灭禽流感病毒，下一步实验准备探索高度白酒的临床功效。贵州生产的绿茶，品质上乘，茶叶中富含多种物质，包括茶酚、磷儿茶素、维生素 E、黄酮类等物质，可以达到软化血管、消炎等作用。茶水可提神醒脑、清热解毒，具有明目、消滞、减肥之功效。

（2）地方特色美食。多样的地理环境和民族习俗，创造了贵州众多的地方特色美食，对人的保健养生具有重要作用。例如黔东南的酸汤鱼，酸汤具有开胃、健脾消积、清热解毒等功效，能够起到促进消化、增强胃肠功能、增进食欲的作用。酸汤里含有丰富的营养物质例如钙、铁、磷、锌等，能够维持骨骼的刚性，保持肌肉神经的兴奋性，维持身体的酸碱平衡。特色美食牛瘪和羊瘪，是将牛或羊的胃液做辅助材料制作的美食，具有消炎解毒、治疗炎症和感冒等功用。

（3）食物疗养。把食材和药物结合，寓医于食，是兼具药物功效与美味的特殊膳食，具有较高的营养价值，可强身健体、防病治病。例如贵州羊肉粉、贵阳的药膳鸡、贵州遵义的蓝布正炖猪脚、道真县的天麻火腿鸡等，都具有药物功效的美味膳食。

6. 文化康养

文化康养是指人们在处于身体和心理发展的不同时期，选用不同的文化内容，通过文化熏陶，在文化洪流中认识自我，树立积极向上的人生观，保持积极的生活态度，达到身心健康、幸福生活的目的，实现自己的人生价值。

（1）太极养身和阳明文化养心。黔南州福泉市福泉山，是太极拳创始人张三丰羽化之处，这里还保留了最原汁原味的太极养生文化。太极拳可以锻炼肌肉、活络筋骨，还可以调节气息、陶冶情操，具有良好的康养功效；修文的阳明文化园，是明代著名思想家王阳明先生悟道之处，阳明文化的精髓在于知行合一，联系实际，阳明心学也备受世人推崇。

（2）风土人情。广袤的贵州大地，众多的少数民族，让这片土地拥有别样的风情，“三月三”“六月六”“吃新节”“牯藏节”“火把节”“端节”等，都是贵州世居少数民族的特殊节日；安顺“地戏”、铜仁的“傩戏”、紫云的“亚努王史诗”都具有浓烈的地方色彩，值得欣赏和品鉴，达到养心目的。

（3）贵州精神。贵州精神是不怕困难、艰苦奋斗、攻坚克难、永不退缩。在中国历史上尤其是新中国的历史上，贵州都有着举足轻重的地位。贵州是红军长征停留时间最长，发生重大事件最多的省份，贵州人也一直用实际行动践行着新时代的长征精神。贵州精神也将激励所有贵州人民，奋发向上，后发赶超，实现中华民族的伟大复兴。

三、贵州省康养特色小镇发展情况 SWOT 分析

（一）贵州省康养特色小镇发展优势

首先，贵州山清水秀，历史悠久，康养特色小镇资源得天独厚，自然资源和人文资源都非常丰富。通过对贵州省康养资源的实地调查研究，在贵州有六个类别的康养产品，分别是森林康养、农业康养、运动康养、医疗康养、膳食康养和文化康养；其次，基础条件日趋完善，近年来，脱贫攻坚和乡村振兴政策大力推动下，道路、自来水、通信网络等基础设施都已经全面覆盖；第三是在乡村振兴的大背景下，乡村旅游发展前景可观，可与康养特色小镇共同发展。

（二）康养特色小镇发展劣势

受限于开发深度的影响，导致资源利用不精，造成了局部浪费和错位，到目前为止没有打造出具有贵州特色的康养品牌；当地群众对康养产业和乡村旅游发展认识不到位，思想解放不够，没有看到未来巨大的发展潜力。贵州现有的康养基础设施例如农家乐、乡村客栈，基本上都是农户借助自己家的地理优势和房舍的基础条件，自发的发展起来的，在项目的规划和运行上，存在着很大的盲目性和随意性。由于乡土特色亮点不足，致使以农家乐为主体的乡村旅游出现了盲目趋同发展的现象；缺乏符合现代旅游发展趋势的康养旅游产品，发展形式单一，服务功能单调，文化内涵缺乏，特色不够明显，发展活力严重不足。

（三）康养特色小镇发展机遇

党的十九大提出了实施乡村振兴战略的重大历史任务，这在我国“三农”发展进程中具有划时代的里程碑意义。贵州有极佳旅游资源，能打造国际知名山地旅游目的地，还可以作为全域旅游示范省。国民休闲度假体验需求日益旺盛。随着社会生产力水平的提高和闲暇时间的增多，以休闲为目的的旅游休闲产业愈来愈受到人们的普遍欢迎。国民休闲时代到来，

随之兴起了休闲度假旅游的开发高潮。这些有力举措，都是发展康养特色小镇的历史机遇。

（四）康养旅游特色小镇发展面临的挑战

首先，贵州发展康养特色小镇，会面临周边休闲体验旅游的竞争，周边省份例如云南四川，康养产业发展水平远高于贵州的水平，将会在一定程度上稀释贵州的客源，给贵州康养特色小镇的营收带来压力。其次，是客户对康养活动的认识还需要进一步培育。人们对这种沉浸式的康养行为的认识需要一定的时间和过程，大部分游客都是抱着走马观花的心态参与到康养活动中，没有时间和成本体验贵州康养特色小镇的康养产品，短时间的参与，必然会导致康养效果的不佳，势必会影响到客户对贵州康养特色小镇的评价。最后，贵州的经济发展水平也落后于经济发达地区，无论是硬件设施建设、康养产品的设计和康养服务内容，都会制约贵州康养产业的发展。

四、贵州省康养旅游特色小镇发展原则及对策

（一）贵州省康养特色小镇的开发原则

1. 以市场需求为导向

近年来，新冠疫情的肆虐，政府职能部门对人群的聚集也做了相关的管控，在疫情防控的大背景下，人们的旅游需求和康养需求也在发生变化，甚至会改变以往人们的消费习惯、旅游习惯和保持健康的方式。康养特色小镇的开发，不能闭门造车，要以市场导向为原则，产品的设计和建设，都要以人为中心，紧扣市场的需求，客户的满意度是检验康养产品好坏的主要标准，要充分考虑到不同性别和不同年龄的人的康养需求。

2. 以沉浸式体验为优先

康养活动，和旅游体验的走马观花不同，需要长时间、沉浸式、全方位的参与，才能有所收获。以贵州的温泉浴和森林浴为例，贵州独特的地质地貌和气候环境，孕育出非常优质的温泉沐汤，富含多种微量元素和矿

物质，对人体的康养保健有非常好的效果。森林浴也是一样，负氧离子含量高，紫外线低，辐射少，是森林康养的首选之地。但是康养活动是要以沉浸式体验为主，需要有一定的时间参与，才能取得良好的康养效果。所以要设计好体验、好参与、好互动的项目，让客户有美好的回忆。

3. 以保护生态环境为底线

从2016年起，生态文明建设已上升到国家战略。康养小镇的建设选址，都会选择在生态优美的区域。而贵州省的生态环境是脆弱的，很多地方是水土涵养区和生态保护区。生态环境的红线，是坚决不能碰的。既要绿水青山，又要金山银山。规划开发康养小镇时，要首先考虑到对自然环境和生态的影响，要对环境承载力进行详细评估和论证，将基础设施建设与自然和谐结合起来，既要满足人们对健康的需求，又不会破坏生态环境，做到既开发，又保护；未开发，先保护。

（二）贵州康养旅游特色小镇综合发展对策

1. 以康养为核心，以市场为导向，对产品进行系统规划和重点打造

康养小镇产品的设计和开发，都要以市场需求为风向标，避免规划与实际相脱节。首先，要以客户的需求为核心，细分旅游市场。要对用户群体进行深入细致的调研，合理合法运用大数据技术，了解受众群体的分布情况，客户的消费习惯和消费偏好，设计开发有针对性的产品。例如在温泉康养小镇的产品设计中，对喜欢温泉浴的客户进行调研，便于设计产品的档次等级，定价标准，服务重点等。

其次，要创新产品的设计，要给康养产品注入文化的灵魂，注重把文化康养和自然康养有机结合，让客户在养身的同时，还能起到养心的效果。

再次，要重视产品的革新和新技术的应用。科技是不断发展的，新技术新材料新理论的更新换代的节奏越来越快，例如针灸理疗方面，一些新材料例如石墨烯针，可以比传统的银针更快升温，有利于客户获得更好的康养体验。

总之，康养小镇的建设和运营，要紧紧抓住康养这个关键词，产品的设计、包装、对外营销和产品的落地，都要突出康养的特点。以特色产业

带动诸如其他具有观赏性、娱乐、休闲、度假功能的其他产品，对产品进行系统规划，相互补充，实现康养小镇的良性发展。

2. 利用“大健康”“大数据”加持，设计和营销康养产品

大健康时代的到来，使人们更加把关注焦点集中到身心健康上来，人们对身心健康的要求，远超以往。大健康时代要求康养产品的覆盖面需要更加广泛，全民都需要养生养心。大数据时代，万物互联，发达的网络和高科技穿戴设备，更方便人们获取健康信息，了解自身的健康状况。

一是利用大数据技术构建全媒体营销网络。康养小镇要全面依托互联网新技术，除了依靠传统媒介例如电视报纸广播期刊等常规媒体宣传营销外，还要充分利用现在年轻人更喜欢的新媒体产品，如QQ、微信、微博，移动互联网5G时代的App如快手、抖音、小红书、知乎等，让客户群体能全方位多渠道了解到康养小镇的康养产品。

二是应用大数据进行精准营销。相关的新技术和App可以精准获取客户群体的康养需求信息，再通过大数据的分析和处理，可以明确得知客户的康养需求，从而便于对客户进行产品的精准投放精准营销。

三是可以利用大数据进行营销方式的创新，例如可以通过网络直播，对康养小镇进行全面介绍；可以通过短视频的拍摄和传播，介绍小镇的康养产品和小镇景观；还可以实现“云上互动”，开展养生知识讲座等等活动。

所以康养特色小镇在产品设计和营销时，要及时更新观念，与时代接轨，利用互联网和移动终端设备，打造特色产品，利用大数据和网络平台进行精准推介，精准营销。

3. 优化小镇环境，提升服务品质

一是运用人工智能技术和大数据技术，建设信息服务中心，努力做成智慧康养小镇，智慧房间，智慧餐厅和智慧小社区。近年来，贵州的部分景区已实现无人售票，智慧旅游，就连餐厅服务员都是机器人，给顾客带来全新体验。

二是完善康养小镇内部设施细节。需要合理规划小镇的线路，尤其是内部道路的功能完善，不仅要实现人车分流，更要实现道路功能的清晰划

分，区别自行车道，健步走道和跑步道，并在路上标明距离，以满足康养人群的不同需求。

三是完善公共服务设施，提升数量和质量。小镇要建设有足够数量的公共停车场，新能源汽车必需的快速充电桩，旅游厕所和公共休息区域，要有清晰明确的指示标牌。

四是要有必要的小镇管理机构，为相关活动保驾护航。至少应该配备便民服务中心，信息咨询中心，应急快速反应中心等。

4. 数字技术、互联网和大数据等新技术助推小镇软实力的提升

贵州是大数据的国家级试验区，正在积极推动社会进行数字化转型。康养特色小镇采用数字技术、互联网和大数据，是助推小镇软实力的重要举措。新技术的使用，可以帮助小镇提高工作效率和管理水平，降低运营成本，还可以升级客户的产品体验，提供个性化、定制化的服务，实现客户档案的动态管理和信息共享。高新技术也将推动人工智能的发展，为未来实现智慧小镇和智慧康养打下基础。

5. 加强专业人员队伍建设

康养是服务型产业，服务对象是具体的人，所以，康养小镇的从业人员的素质和水平高低，对康养小镇的发展尤为重要。为满足康养特色小镇的人才需求，可以多措并举加强人才队伍建设。

一是引进来，向省内外康养产业兴旺的地方求取真经，引进新技术新产品新理念，聘请具有特殊技能和特殊能力的人才，助力康养小镇的发展；

二是走出去，多组织员工学习和培训，强化技能，找到差距，服务社会，组织相关人员到其他地方，学习先进经验，提升水平；

三是提前与相关高校联合进行人才培养，注重文化素质的培养，开设以康养为中心的核心课程体系，形成集体育、农业饮食文化等技能型人才的培养框架，形成政府扶持、企业主导、社区参与相结合的人才吸引战略。此外，以技能为核心，以服务为特色，建立康养旅游服务标准，加强技能人员服务意识培训，提升康养客户的体验。

结　论

贵州独特的地质地貌和气候环境，丰富的人文资源和历史积淀，具有发展康养产业的先决条件。党的十九大提出的乡村振兴战略和贵州提出的打造国际知名山地旅游目的地，和全域旅游示范省，为发展贵州康养产业提供了政策支持。随着社会的发展，人们的余暇时间增多，对健康的要求越来越高，国民休闲度假体验需求日益旺盛，为贵州发展康养产业提供了社会基础。因此，贵州建设和运营康养特色小镇，是顺应时代发展潮流，迎合社会需要的正确方向。尽管有些不利因素的存在，贵州适合进行康养特色小镇实践，需要做好利用高新技术对产品进行设计、包装和营销，加大基础设施的建设力度，做好人才培养和人才储备。整合贵州的康养资源，开发出具有贵州特色的康养产品，建设贵州康养特色小镇，康养产业才能更加健康良性的发展。

案例分析篇
资源依托型案例分析

B. 12 贵州“康养+温泉”产业发展成功案例分析

——以贵州省总工会息烽温泉疗养院为例*

周尚书**

摘　要： 随着老龄化人口逐渐增多，发展康养产业就显得极为重要。贵州充分依托自身独特的气候和地理资源，打造温泉大省，是贵州发展康养产业的重要支撑。本文在对贵州省总工会息烽温泉疗养院的发展概况、发展成就及经验进行深入探讨的基础上，分析了贵州省总工会息烽温泉疗养院发展康养产业存在的制约因素，提出了其发展康养产业的重要举措，以期对贵州省康养产业的发展提供借鉴和参考。

关键词： 息烽温泉疗养院；康养产业；温泉

人口老龄化在为社会经济可持续发展带来严峻挑战的同时也带来了发展机遇。伴随着老龄人口的逐渐增多，健康与养老、养生的问题引起了全社会的广泛关注，而“康养”也逐渐成为社会的热点话题。2020 年，国务院总理李克强在全国两会政府工作报告中提出要发展养老、托幼服务，发展大健康产业。① 康养产业作为国民经济发展的重要组成部分，在促进经

---

* 本文涉及贵州省总工会息烽温泉疗养院的相关运营资料及数据由课题组调研时该单位提供，特此说明。

** 周尚书，贵州民族大学民族学与历史学学院硕士研究生，研究方向为文化产业。

① 《2020 年政府工作报告全文》，中国政府网，http://www.gov.cn/zhuanti/2020lhzfgzbg/index.html。

济发展、助力乡村振兴、推动乡村产业结构的调整升级优化中扮演着重要角色。

贵州省把发展康养产业作为拉动经济的新增长点，现正处于加快构建大健康产业体系进程中，围绕着康养产业，各地州、市根据自身资源禀赋走差异化、特色化、品牌化发展道路，形成了各自的康养产业创新路径。贵州省总工会息烽温泉疗养院（以下简称息烽温泉疗养院）正是其中的典型代表。息烽得天独厚的气候环境、独具特色的自然资源、丰富的水资源以及富含当地民族特色的人文景观，为息烽疗养院康养产业的发展奠定了基础。

一、贵州省总工会息烽温泉疗养院概况

息烽温泉疗养院位于贵州省贵阳市息烽县温泉镇温泉村，1956 年建成，1959 年正式投入使用，是贵州省总工会直属公益二类事业单位。息烽温泉疗养院总职工 350 人，工作人员由在编人员和外聘人员组成，在编人员不到总人数的 1/3。息烽温泉疗养院有康养理疗师、中医针灸师、保健按摩师等专业康养业服务人员 200 余名。院内医疗设施完备，康养器材及检测系统完善，拥有完整的治疗和理疗设备。

2015 至 2017 年，息烽温泉疗养院利用温泉镇全年气候温和，年平均气温 16℃，冬无严寒、夏无酷暑，雨量充沛、气候宜人这一自然环境优势，充分完成了为期两年的改造升级，使息烽温泉疗养院成为一个集吃、喝、玩、乐、泡、购物、旅游、培训、康养一体化的疗休养综合基地，主要打造“温泉+康养”的发展模式。

2019 年，在《推进森林康养产业发展意见》的推动下，息烽温泉疗养院依托资源优势实行森林康养，并入选“贵州省第三批森林康养试点基地”。目前，息烽温泉疗养院不仅是中华全国总工会命名的全国劳动模范疗休养基地，还是统属于省总直管的疗养基地。2019 年息烽温泉疗养院首次接待全国劳模，至今已经成为贵州省直属机关职工培训中心、贵州省工会干部培训基地、贵州省职工体育活动中心和贵州省内两百余家高等院校、党政机关、企事业单位、科研院所指定的职工疗休养基地及干部培训

基地。

（一）康养产品和服务介绍

息烽温泉属含有偏硅酸和锶的重碳酸钙型氡泉，内含矿物质和微量元素30余种，其“氡”含量11.14马赫/L。该水已在地下循环5000余年，属中性软水，无毒无色无味无臭，其物理性质、化学成分、卫生指标等均符合国内外饮用水标准。① 浸泡温泉，温泉水所蕴含的矿物质和微量元素能在一定程度上治疗风湿病、糖尿病、心血管病、高血压、皮肤病、动脉硬化、神经功能紊乱等疾病。温泉水蕴含的功效配套相应的文化、运动、饮食、生态养生产品和医疗养生项目等更有益于康养需求的实现。

1. 文化养生产品

息烽红色文化底蕴丰富，全县红色旅游胜地不胜枚举，其中最具代表性的有息烽集中营革命历史纪念馆、息烽集中营旧址、王涌波等三十二烈士陵、九庄红军坟等。近几年来，随着文旅融合步伐的逐渐加快，息烽温泉疗养院迎来了发展的契机，温泉+康养、温泉+旅游成为息烽康养产业发展的主要路径。“温泉养身、文化养性”成为息烽温泉疗养院康养产品输出的主要理念，参观红色文化教育基地可以学习革命先辈勇敢担当的精神品质，对养成良好的“三观”有着重要意义，因此文化养生也成为息烽温泉疗养院开展治疗和理疗的重要部分。

2. 运动养生产品

息烽温泉疗养院围绕周围的山峰建有环山有氧步道2000余米，适度的有氧运动加上温泉水的治疗和理疗效用更有益于身体健康，因此，运动养生产品也是息烽温泉疗养院的重要康养项目。息烽温泉疗养院在接待游客期间，会根据每个游客的身体状况和康养需求制定相应的治疗、理疗方案。辅以健康有氧慢走、温泉八段锦、健身操和瑜伽等微量运动，有助于提高人体的免疫力。

① 宋小庆、段启杉、孟凡涛、曹振东：《贵州息烽温泉地质成因分析》，载《地质科技情报》2014年第5期。

3. 饮食养生产品

饮食是治疗和理疗方案里非常重要的一个环节，饮的是南望山矿泉水。南望山矿泉水产自息烽温泉，为含偏硅酸和锶的重碳酸钙型热矿泉水。偏硅酸对人体具有良好的软化血管、促进全身血液流通的功能，能够作用于人的血管壁，并使其保持弹性，因此偏硅酸对动脉硬化、心血管和心脏病能起到明显的缓解作用，是人体必不可缺的重要物质。锶具有防止血栓形成、帮助皮肤排除毒素、提高皮肤抗氧化能力及免疫能力的功能，是人体必需的微量元素。

食的是养身餐，理疗师会根据客户的体质以及检测报告制定饮食养身餐，如冬季适宜饮用的有清汤滋润羊肉火锅、温泉水菌王多彩乌鸡火锅、红枣山药黄骨鱼火锅等，与之相对应的饮食养生菜品还有温泉三杯鸡、溪水藜蒿炒蒜香肉、玉兰酱瓜炒蚌片等。滋补养生汤主要有鲜人参猪肚煲土鸡汤、养生药膳炖羊排汤等。治疗和理疗方案搭配适宜的饮食菜品有利于康养需求的实现。

4. 医疗养生项目

温泉康养针对的人群是健康与亚健康群体，健康人群身体机能完好、生命活动力强，重在保养；亚健康人群在一定时间内活力降低、记忆力下降、不良情绪增多，重在疗养；病患群体身体机能下降，患有严重疾病且不易治愈的，重在医养。息烽温泉疗养院康养中心占地面积 1000 平方米，业务用房 20 余间，有医疗专家团队副主任医师 3 人、副主任护师 3 人、中级职称 10 人，初级职称 13 人。康养中心主要依托息烽温泉天然矿泉水，坚持以矿泉水疗为主，辅以中医治疗未病优势，结合现代康复理疗技术，形成了治疗方法多样、治疗技术独特、个性化理疗突出、疗效显著的特色康养中心。

表 1　贵州省总工会息烽温泉疗养院康养项目收费一览

序号	项目名称	单位	金额（元）	备注
1	健康体检一体机	次	300	–
2	中医体质辨识	次	7	–

续表

序号	项目名称	单位	金额（元）	备注
3	中医经络检测	次	180	15元/经×12经
4	腹部B超	次	35	腹部常规
5	心电图	次	15	十二导联
6	多功能电动牵引治疗	次	42	颈、腰椎各20分钟/次
7	督灸	次	240	15元/壮×16壮/次
8	远红外线电动按摩理疗	次	153	（红外线治疗10元/部位+电动按摩7元/部位）×9部位/次
9	立体动态干扰电治疗	次	84	14元/部位×6部位/次
10	高压低频脉冲治疗	次	72	8元/部位×9部位/次
11	中频电治疗	次	84	14元/部位×6部位/次
12	离子导入	次	63	（10元+药物调配11.5+药10元）/次×2部位
13	局部熏蒸治疗	次	73	（15元+药物调配11.5+药10元）/次×2部位
14	熏蒸桶治疗	次	73	（15元+药物调配11.5+药10元）/次×2部位
15	空气压力波治疗	次	140	35元/部位（上下肢共计4部位/次）
16	药物罐拔罐	次	80	4元/罐×20罐（含药）
17	TDP红外线药物烤灯	次	63	（10元+药物调配11.5+药10元）/次×2部位
18	颈部推拿	20分钟/部位	22	20分钟/次，超过10分钟加收50%
19	肩部推拿	20分钟/部位	22	20分钟/次，超过10分钟加收50%（单肩）
20	腰部推拿	20分钟/部位	30	20分钟/次，超过10分钟加收50%

续表

序号	项目名称	单位	金额（元）	备注
21	膝关节推拿	20分钟/部位	22	20分钟/次，超过10分钟加收50%（单膝）
22	其他推拿	20分钟/部位	15	20分钟/次，超过10分钟加收50%
23	瑶池浴（单人木桶）	间/2小时	268	-
24	瑶池浴（双人木桶）	间/2小时	298	-
25	养生药包	包	10	-
26	养生茶包	包	10	-

注：本数据由课题组2021年7月份调研获取。“-”表示无数据。

息烽温泉疗养院康养中心设有健康体检一体机、中医经络检测仪、无烟督灸治疗仪、中药局部熏蒸治疗仪、多功能牵引治疗仪、空气压力波、立体干扰电治疗仪等20余类先进理疗设施设备。目前开展的理疗项目有氡泉水疗、中医推拿、针灸、电疗、中药敷贴、红外线烤灯、中药浴、中药熏蒸、瑶浴养生、健康体检等康复理疗项目（康养项目收费详见表1）。

5. 生态养生产品

截至2017年底，息烽全县森林面积86.75万亩，全县森林覆盖率达55.8%。民国谭启鹏有诗《天台丛林》曰：“云横翠锁上天台/拽杖褰衣缓步来/到此尘缘宜洗净/好邀刘阮共徘徊”①。这首诗描绘的正是息烽温泉八景之一的“天台丛林”。天台丛林为息烽温泉八景之首，不仅是一座森林公园，还是野生动物的乐园，更被称为是黔中地区的生态博物馆。除此之外，温泉八景还有“断桥眺险”“清流鸣琴”“奇石观瀑”等，还有留云洞、青玉峡等胜景。山清水秀的美景有利于游客忘记烦恼，身心舒畅和愉悦的心情有利于治疗和理疗。

① 《诗歌温泉八景》，息烽县人民政府网，2017年7月19日，http://www.xifeng.gov.cn/zjxf/rwfq/bmxf/201810/t20181026_1828912.html。

（二）营销人群

1. 健康与亚健康群体

健康是人的基本权利，更是人生的第一财富。息烽致力于打造国内顶级温泉疗休养目的地，充分依托“温泉+康养”发展模式，发展健康、养老、养生产业。息烽温泉疗养院会针对健康与亚健康群体制定不一样的疗程，健康人群重在保养，息烽温泉具有保养和理疗的效用，对于健康群体，息烽温泉疗养院制定的疗程除了泡温泉之外还会配套运动养生产品。

亚健康群体重在疗养，针对亚健康群体而言，疗养院首先会对其进行检测，根据不同的症状，制定周期性的疗养方案，从而开展周期性疗程，亚健康群体浸泡息烽温泉，可以活络筋骨、活血化瘀、美容养肤，促使关节松弛，能够有效消除疲劳，加上配套的生态养生产品能使得亚健康群体有效缓解身心压力，提升精气神。

2. 中高端消费人群

息烽温泉疗养院作为中高端康养基地，所开展的项目和服务的对象主要是来自全国各地的劳模、全省劳模、企事业单位的职工和干部以及高校、科研院所等，主要接收国内的职工退休干部以及中高端的消费群体。同时会针对中低端消费人群开展一部分项目，致力于打造面向全国、全省、全方位、多层次、覆盖面广以及服务质量一流的国内顶级温泉疗养目的地。

（三）营销方式

营销是宣传文化、产品和服务的重要手段。任何公司、企业的成功都离不开营销，营销方式的选择也显得极为重要。息烽温泉在营销方式的选择上注重线上推广和线下推广的结合，线上推广重在提升息烽温泉的知名度，同时有利于线下活动的推广和开展。新闻发布会推广、自媒体平台的宣传和旅游团的推广则是其最主要的方式。

1. 旅游团代理推广

旅游团代理推广是息烽温泉疗养院开拓省外市场的基本方式。息烽温泉疗养院与省外旅游团、旅行社合作，省外旅游团进行省外推广，为息烽温泉做代理，息烽温泉主要开展承接业务，负责提供疗养项目。息烽温泉2020年开始和浙江、江苏、成都、重庆等几个省市开展合作项目，目前省外市场大部分在东部地区，主要在浙江省和江苏省，在合作规模上，江苏合作方每个月可以提供50至100位客户，浙江合作方每个月可以提供40位客户。

2. 新闻发布会推广

2018年7月2日，“贵州新长征产投集团·息烽温泉——南望山矿泉水·泉新时代新品上市发布会”在贵阳举行。2018年12月20日，由贵州新长征产业投资（集团）有限责任公司主办的“中国贵州·息烽温泉品牌升级推介会”在贵州黔工圣丰酒店隆重举行。“泉”新时代发布会和“品牌升级推介会”的发布使得省内外广大客户深入了解了息烽温泉疗养院以及温泉对人体的康养价值，吸引了大量的潜在消费群体，极大地提高了息烽温泉的知名度和美誉度。

3. 自媒体平台推广

自媒体平台推广是息烽温泉走进大众视野的重要手段，也是传播范围最广，受众群体最多的一种推广方式。息烽温泉在自媒体平台上发布内容最多的是微信公众号和微博两大平台。贵州息烽温泉微信公众号自2016年创建至今，共发布了128条推广信息，每篇内容的阅读量在2000左右；贵州息烽温泉官方微博自2019年创建至今，共发布了16篇文章。除微信公众号与微博之外，“氡泉息烽”这个传播息烽文化的账号也在各大短视频平台上对息烽温泉进行推广。

二、贵州省总工会息烽温泉疗养院发展成就及经验

（一）发展成就

息烽温泉疗养院自20世纪50年代中期建立至今，有着60余年的发展历史，息烽温泉在其60余年的发展历程中荣获多项荣誉，取得了丰硕的成果，深受贵州省内外康养客户的热爱。

首先，温泉水品质卓越，内含的多种矿物质和微量元素如锶、钙、偏

硅酸等是人体所必需的，息烽温泉所产的瓶装矿泉水在20世纪90年代就被列为“十一届亚运会”指定饮用水，成为亚运会的指定用水后，息烽温泉瓶装矿泉水知名度大大提升，远销海内外，并在1992年荣获了北京“九二”国优精品博览会银奖。

其次，在知识产权保护方面，息烽温泉疗养院积极申请注册商标，如2011年8月成功申请了第9900520号商标“满街跑”，2016年11月成功申请了第21859682号商标“泉”。商标作为一种无形资产，能够提高商品的辨识度，同时有利于保障消费者的权益，商标“泉”的注册提高了息烽温泉的知名度及竞争力。

最后，息烽温泉疗养院注重提升民众喜爱度，其开展的低端、中端、高端康养项目众多，致力于打造全方位、多层次、服务质量一流的康养示范基地。2018年息烽温泉高票荣获“2018百姓喜爱温泉”第一名；2019年息烽温泉荣获第四届金汤奖“中国著名疗休养温泉”称号；2019年和2020年息烽温泉疗养院连续两年被中华全国总工会授予“全国劳模疗休养基地”称号。

（二）发展经验

息烽温泉疗养院在60余年的发展历程中，积累了诸多值得借鉴的发展经验。在消费人群定位中，息烽温泉疗养院主要以接待中高端消费群体为主，同时开展一部分中低端康养项目。处于传统康养产业转型升级的息烽温泉疗养院，康养产品和项目之间关联性较强，基础设施完善。“温泉+”模式是息烽温泉疗养院开展康养产业的主要线路，“温泉+康养”“温泉+旅游”是息烽温泉疗养院产业化运作的主要依托。

1. 以接待中高端消费群体为主

息烽温泉疗养院定位于中高端疗休养基地、康养旅游度假胜地，就省外市场而言，息烽温泉主要以接待中高端消费群体为主，而中低端消费群体则输送到盘州市。高质量的康养产品和优质的服务是息烽温泉吸引省内外广大客户的主要因素。2017年息烽温泉疗养院改扩建完工后，针对中高端消费群体开发了一系列温泉康养产品和项目，极大地提高了知名度，拓宽了产业链条，有效带动了息烽旅游经济发展。

2. 康养产品项目之间关联性强

息烽温泉疗养院针对客户群体开展的治疗疗程与文化、运动、饮食、生态养生产品及医疗养生项目等息息相关。2021年息烽温泉疗养院接待的第一批劳模来自安徽省，接待期间，息烽温泉疗养院会根据每个劳模的检测报告为其安排一套完整的疗程，大致是第一天入住，第二天早晨7—8点钟开展温泉八段锦、瑜伽等运动，做完后安排到息烽集中营革命历史纪念馆开展红色教育主题活动，傍晚到环山有氧步道进行健康游走活动，微量运动后再泡温泉，有助于睡眠，提高免疫力。

3."温泉+康养""温泉+旅游"的发展定位

"温泉+"是贵州温泉发展康养产业的重要模式。近年来，贵州省委省政府出台了多项支持温泉旅游发展的重要文件、政策及意见，如2018年4月贵州省人民政府办公厅颁布了《关于加快温泉旅游产业发展的意见》等。息烽温泉疗养院积极开展"温泉+康养""温泉+旅游"发展模式，将温泉与康养产业、旅游产业、周边产业融合发展，突出地方特色，整合地方资源。"温泉+康养""温泉+旅游"的发展模式提高了息烽温泉的知名度，推动了相关产业的融合发展，并取得了良好的效果。

三、制约贵州省总工会息烽温泉疗养院发展的因素

（一）政府政策落实力度有待提高

2015年3月16日贵州省人民政府发布了《关于支持健康养生产业发展若干政策措施的意见》《贵州省健康养生产业发展规划（2015—2020年）》,[①] 文件提出要支持健康养生产业示范基地建设，支持品牌产品和品牌企业建设，积极开拓市场，加强要素保障，强化政府服务和政策落实等举措，但其在资金支持、税收价格优惠等方面还未落实到位。

① 《关于支持健康养生产业发展若干政策措施的意见》《贵州省健康养生产业发展规划（2015—2020年）》，贵州省人民政府网，http://www.guizhou.gov.cn/zwgk/zcfg/szfwj_8191/qff_8193/201709/t20170925_822015.html。

（二）康养产业发展有待规范

关于康养，我国还没有一个被大众广泛接受并认可的概念，对康养产业的定义更是五花八门，温泉业是否属于康养产业还没有明确的规定，这在一定程度上导致息烽温泉疗养院没有享受到政策红利，如税收减免、土地保障以及金融支持等。康养产业立法缺位，没有相对应的法律规范，康养产业、康养基地的服务对象以及康养行业标准的制定者、监督者均不明确。

（三）康养产业链条短

息烽红色文化旅游资源丰富，境内几乎每个乡镇都有一个红色景点，这也导致了旅游景点单一。“温泉+康养”、“温泉+旅游”是息烽温泉疗养院发展康养产业的两条主线，贵州省内外游客到此进行治疗和理疗所包含的项目，大多为息烽温泉疗养院已经开发的文化养生产品、运动养生产品、饮食养生产品以及医疗项目，除此之外几乎没有其他成型的康养产品及项目。康养产业链条短、红色旅游景点单一导致游客到此停留时间短，康养旅游消费少，很难带动周边相关产业的发展。

（四）康养专业人才匮乏、接待能力有限

随着经济文化的快速发展，健康意识的觉醒，人们愈加认识到康养的重要性，康养需求也逐渐增多。息烽温泉疗养院年均接待全国各地劳模2000人。2020年国庆节期间，息烽温泉共接待全国各地游客21941人次，实现旅游综合收入约330.32万元。① 节假日期间，息烽温泉往往一票难求，而大部分的省外游客都有康养需求，息烽温泉疗养院从事康养项目的职工数占总职工人数的三分之一，康养专业人才匮乏，这也导致了能够开展的康养项目有限，游客在此停留时间有限，等待康养项目的时间过长，不利于高端康养产品和项目的开展。

---

① 《“双节”假期息烽温泉旅游综合收入约330.32万元》，多彩贵州网，2020年10月10日，http://www.gog.cn/zonghe/system/2020/10/10/017742389.shtml。

（五）群众康养意识有待提高

贵州地处西南地区，其经济发展和文化教育相对于中东部地区来说，较为落后，群众对于健康、养生、养老的问题不够重视，一方面是受经济收入的影响，另一方面是康养意识的欠缺。息烽温泉疗养院接待的有康养需求的游客大多为东部地区的退休双职工干部，退休干部在经济上较为宽裕，属于中高端消费人群，这一群体对养生、养老的问题较为重视，有能力并且愿意为健康投资。而接待的省内游客或有康养需求的省内消费群体较少。

四、贵州省总工会息烽温泉疗养院康养产业的发展建议

（一）加大政府支持力度

1. 政策支持

政策的支持是康养产业发展壮大的根本保证和重要前提，息烽温泉疗养院作为贵州康养产业的重要力量，其在发展过程中可为当地提供大量的就业机会，带动当地经济的发展，推动相关产业的升级优化。对于息烽温泉疗养院康养产业的发展，各级政府在政策上要给予倾斜，在申报相关品牌建设、注册商标等方面，政府要优化办理和审批程序，给予政策照顾；在税收上给予优惠和减免，同时在发展中要给予必要的补贴。

2. 土地支持

任何产业的改造升级扩大都离不开土地资源，康养产业也不例外。2015 年贵州省总工会投入 7 亿元对息烽温泉疗养院进行改造升级，2017 年改建完成并对外开放，改建后的息烽温泉疗养院占地总面积达 400 多亩，整体的建筑面积达到 10 万平方米。对于需要延伸康养产业链条的息烽温泉疗养院来说，土地支持是必不可少的，在今后的发展中，政府要继续加大对息烽温泉疗养院康养产业开发用地的支持。息烽温泉疗养院的改建一定程度上有利于助推康养产业的转型升级，占地面积的扩大可以提高游客接

待量，带动周边相关产业的融合发展，同时带动就业，促进县区经济发展。

3. 加大协调力度

息烽温泉疗养院康养产业的发展带动了周边经济的发展，为当地个体工商户、地摊经济带来了更大的人流量，但当地村民与息烽温泉疗养院之间也存在一些纠纷，如因搬迁赔偿产生的经济纠纷，在这方面，政府部门应该积极发挥作用，坚决依法打击违法违规行为，对不遵守规章制度的人群，坚决处理，不能姑息。对因摆摊位置所产生的纠纷，当地派出所的民警干部应该积极调节，化解纠纷，要为营造友好和谐的辖区氛围做出贡献，良好融洽的周边关系对息烽温泉疗养院康养产业的发展至关重要。

（二）提高宣传力度、注重行业发展规范化

1. 完善立法、重视康养产业发展规范

2016 年 10 月 25 日中共中央、国务院印发并实施了《"健康中国 2030"规划纲要》，纲要明确指出要发展健康产业，加强健康领域法制化建设，要推动颁布并实施基本医疗卫生法、中医药法，修订实施药品管理法，加强重点领域法律法规的立法和修订工作要完善相关部门规章和地方政府规章，健全健康领域标准规范和指南体系。① 国家和政府尤为重视康养产业的发展，康养产业作为今后新的经济增长点，政府要积极完善相关立法，积极出台与康养产业发展相关的政策性文件，助推康养产业规范化发展。

2. 注重品牌建设、打造品牌效应

贵州共有 88 个县级行政区划单位，其中有 72 个县区单位已经发现了可以开发利用的温泉资源，目前贵州全省已经开发的或正准备开发的温泉资源共有 264 处。息烽温泉为世界三大氡泉、中国八大名泉之一，历史悠久，泉水富含多种矿物质及微量元素，其中蕴含的偏硅酸和锶为人体必不可缺的。贵州建设"中国温泉省"，息烽温泉无疑是重要的代表，在今后的发展中，应注重对息烽温泉品牌的建设，要积极打造以息

① 中共中央、国务院印发《"健康中国 2030"规划纲要》，中华人民共和国中央人民政府，http://www.gov.cn/xinwen/2016-10/25/content_5124174.htm。

烽温泉疗养院为首的贵州康养旅游度假胜地，发挥品牌效应，提高知名度，带动贵州温泉+康养产业发展壮大。

（三）完善产业结构、延伸产业链条

1. 着重开发衍生产品、延长产业链

当前，息烽温泉疗养院在康养产业的开发上，主要是以“温泉+康养产品和服务”为主。“温泉+康养”的模式在一定程度上带动了息烽生态旅游产业的发展，为适应今后康养竞争的大环境，息烽温泉疗养院还要积极开发衍生产品，如把温泉产业与周边的休闲观光农业、绿色农业结合起来，打造温泉与绿色庄园模式；充分依托当地的水资源，利用温泉河与乌江水源，积极开展种植和养殖业，实现水资源的循环利用；积极打造“温泉+会议”模式，积极申请开展大型会议旅游活动，完善基础设施，建设会议度假地。

2. 提高“南望山”温泉水的销量、提高知名度

首先，息烽温泉疗养院要夯实同贵州南望山饮用水有限公司的合作基础，要加强与省内外知名零售企业的合作，如与永辉超市股份有限公司、华润万家有限公司等大型零售企业开展合作，积极开展活动，意在提高南望山矿泉水的销量并扩大知名度。其次，多以赞助商的身份积极参与国内外重大赛事、官方论坛。最后，利用“泉”新时代发布会做好“水文章”，要充分依托氡泉的疗效及医用价值，做好品牌宣传，重在打造天然温泉水品牌。

3. 借助资源优势、研发温泉面膜

脸部护理是息烽温泉疗养院康养医疗产品和服务的重要项目，在这个人人爱美的时代，息烽温泉疗养院着重在依托温泉水资源优势，做足“水文章”，息烽温泉蕴含的锶元素，具有帮助皮肤排除毒素、提高皮肤抗氧化的功能，依托息烽温泉独特的疗养与保健价值，加强与国内知名面膜品牌的合作，有利于提高销量，同时扩大息烽温泉的知名度，旨在充分挖掘温泉水的价值，延长息烽温泉疗养院的产业链条。

4. 深入开展温泉+康养开发模式

“温泉+”是息烽温泉疗养院开发温泉资源的重要模式，温泉+康养、

温泉+旅游是近几年息烽温泉发展的两条主线。今后息烽温泉疗养院要继续深入实施“温泉+康养”模式，积极把温泉康养产业的发展同周边相关产业结合起来，带动更多产业的发展，如周边交通、餐饮、住宿业的发展，同时带动息烽县第一第二产业的转型升级，通过深入开展温泉+康养模式，助力乡村旅游业的发展，为实现乡村振兴发挥重要作用。

（四）积极培养专业人才队伍

1. 加强与相关高校的合作

人才是第一资源，康养产业的发展离不开康养专业人才。今后息烽温泉疗养院要积极引进专业人才，同时加强与相关高校的合作，就目前省内高校而言，可以和贵州医科大学和贵州康养职业大学等高校建立相关合作，息烽温泉疗养院为其提供实习实训基地，并建设直接就业基地，既可以解决就业问题，同时，为息烽温泉疗养院康养产业的发展提供中医药专业的高级人才，从而更好实现康养产业的转型升级，为建设中国温泉省、打造贵州康养目的地奠定基础。

2. 培养引进高级复合型康养人才

息烽温泉疗养院医疗设施完备，可提供的康养产品和开展的服务项目众多，例如有中医针灸、推拿、拔罐，还拥有电疗、理疗等先进设备，这些康养项目的开展都需要相关专业人才，尤其是高级理疗师、高级营养师，以及相关的专家和康养业的高级人才等。息烽温泉疗养院要积极引进高级复合型康养人才，为今后高级康养项目的开展做好充足的准备，同时，有利于提高息烽温泉疗养院康养项目的知名度，吸引广大省内外游客进行体验和观光游览，有利于推动贵州康养产业的发展。

（五）积极普及康养意识

贵州地处西南部经济欠发达地区，相对于中部、东部地区而言，发展较为落后，人民群众康养意识比较淡薄。在这样一个大环境下，息烽温泉疗养院康养产业的发展就必须要普及树立全民康养意识，积极宣传健康、养生、养老的知识。政府要积极出台相关的文件政策，支持康养产业的发展，积极为普及康养文化知识做出贡献。息烽温泉疗养院要积极开展康养知识进社区、进养老院活动，为广大中老年人普及健康、养生的专业知识，提高中老年人对健康、养生的重视，同时，重在宣传息烽温泉，积极宣传泡温泉所带来的效用，重在打造温泉康养文化，培养潜在消费人群。

结　语

随着老龄人口的逐渐增多，康养产业的发展迫在眉睫，康养产业作为第三产业的重要组成部分，也将成为今后新的经济增长点。息烽温泉充分依托当地优质的气候条件、独具特色的温泉资源开展的温泉康养产业成为贵州康养产业发展的典型代表。尽管在其发展过程中还存在一些制约因素，如康养产业链条短、康养专业人才匮乏等，但其在发展过程中也为贵州发展做出突出贡献：首先，息烽温泉疗养院康养产业的发展能够有效解决当地的养老、健康服务业的供给问题；其次，息烽温泉疗养院康养产业的发展能够成为助力县区经济转型的驱动力，有效促进第一、第二产业的转型升级；最后，息烽温泉疗养院康养产业的发展能有效助推乡村振兴，实现乡村旅游经济的可持续发展。

当前息烽温泉疗养院正处于传统康养产业的转型升级之中，今后要继续完善产业结构、延伸产业链条，加强对外合作与交流，注重培养和引进人才，同时政府要继续加大对息烽温泉疗养院康养产业的支持力度，提高宣传力度、注重行业发展规范化，要把息烽温泉打造为省级重点温泉产业的龙头，重在提高知名度，扩大影响力，要重在把息烽温泉培育为中国温泉强省的重点产业和典型代表，助力贵州加快推进“中国温泉省”和国内一流康养目的地示范点建设，努力将息烽温泉建成“中国温泉省的高地、服务职工群众的阵地、服务劳模先进的基地、服务社会大众的福地”。

B.13 贵州“康养+旅游”产业发展成功案例分析

——以贵州盘州乌蒙大草原房车露营管理有限公司为例*

姜明芳**

摘　要： 康养旅游是结合旅游观光、休闲度假、运动康体、医疗保健、养心养颜、健康膳食等形式，以达到强身健体、修身养性、医疗康复、延年益寿等目的的一种新式旅游活动。乌蒙大草原旅游资源丰富、气候宜人，发展康养旅游有着巨大的潜力。文章以贵州盘州乌蒙大草原房车露营管理有限公司发展为例，通过探讨公司发展基本情况、公司定位、公司发展经验及发展中存在问题，从而进一步阐述该公司在发展康养旅游过程中具体解决对策。

关键词： 康养产业；康养旅游；盘州市；乌蒙大草原

乌蒙大草原位于贵州省六盘水市盘县北部，介于坪地彝族乡和四格彝族乡境内，是西南地区海拔最高，面积最大的高原草原之一。这里自然条件优越、空气清新，有一望无际的高原草场，有万亩杜鹃林，有高山湖泊，有浓郁的彝族风情，最高海拔为 2857 米，年平均气温为 11℃，是夏日避暑与发展康养旅游的胜地。随着社会不断进步，各地旅游业蓬勃发展，康养旅游作为康养产业中发展势头较强的产业，深受游客喜爱。乌蒙大草原自身独特的康养资源优势也成为其发展康养旅游的重要基础，贵州

* 本文涉及贵州盘州乌蒙大草原房车露营管理有限公司的相关运营资料及数据由课题组调研时该企业提供，特此说明。

** 姜明芳，女，苗族，贵州民族大学民族学与历史学学院研究生，研究方向为民族学。

盘州乌蒙大草原房车露营管理有限公司充分利用这一资源基础，在发展康养旅游中取长补短、展现自身特色，从而为贵州康养旅游业发展起到良好的示范作用。

一、贵州盘州乌蒙大草原房车露营管理有限公司基本情况

（一）公司简介

贵州盘州乌蒙大草原房车露营管理有限公司成立于2016年11月1日，注册地址位于贵州省六盘水市盘州市乌蒙镇百草坪，其注册资本为1000万人民币。从最初简单的房车摆放，通过贵州盘州乌蒙大草原房车露营管理有限公司不断地投入资金，现今的盘州乌蒙大草原建设成为有房车及移动木屋，配有餐车、咖啡车、餐厅、书吧、茶室、酒吧、露天电影、VR体验室、攻防箭体验、悠波球体验、木球体验、滑翔伞培训及体验、风洞、平衡车、漂移车、大型观景帐篷、自行车赛道、马拉松赛道、汽车拉力赛赛道等体育及娱乐设施的综合娱乐型营地，营地内还提供彝族歌舞、篝火烧烤、天灯烟花，占地面积达1千亩。

贵州盘州乌蒙大草原房车露营管理有限公司是贵州第一批专业以从事房车露营业务为经营定位，普及房车露营文化为目标，壮大房车露营产业为宗旨的公司，旨在推动国内房车露营的发展，让更多人能够了解房车、体验房车，宣传倡导一种健康、科学、时尚、休闲的生活新理念，同时宣传房车旅行与露营的休闲旅游方式。乌蒙大草原的自然佛光、云海等神奇景象，以及草原牧色，日出日落的美丽景观，给房车营地涂上一层美丽的色彩。贵州盘州乌蒙大草原房车露营管理有限公司主要经营的有房车露营地的规划、活动策划、房车托管、房车婚礼、房车自驾旅游、露营地用品的租赁、承办各类会议会展、体育运动项目服务、酒店管理及服务、餐饮管理及服务、自有设备的租赁等项目。在发展自身产业的同时，公司还紧跟时代发展的步伐，利用其自身的优势加入康养行业中，加强自身在康养方面的发展。

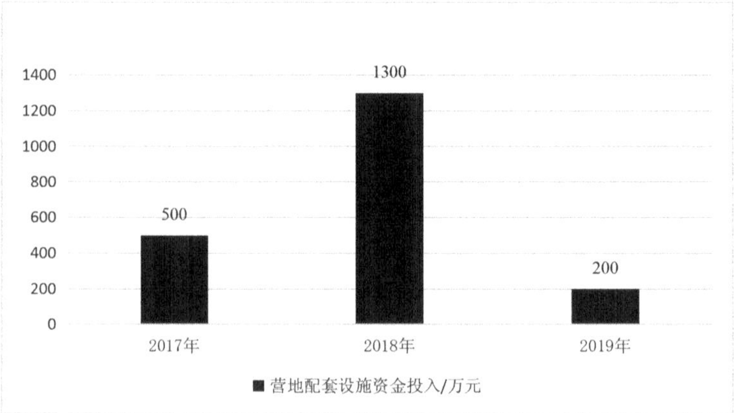

图1 贵州盘州乌蒙大草原房车露营管理有限公司 2017—2019年配套设施和资金投入情况

（二）公司在康养方面的发展情况

乌蒙大草原百草坪房车营地，目前是贵州最大型的房车露营基地。贵州盘州乌蒙大草原房车露营管理有限公司于2016年至2018年在乌蒙大草原不断投入房车摆放，至今该地共有72台房车，一台车可容纳2~6人。房车配备齐全，兼具“房”与“车”两大功能，满足人们的“衣、食、住、行”于一身，实现了“生活中旅行，旅行中生活”的时尚生活方式。营地于2016年获得中国汽车摩托车运动协会颁发的“汽车自驾运动营地”称号，2016年11月荣获贵州省政府颁发的“贵州省大健康医药产业示范基地（园区、企业）”等称号。

根据访谈公司负责人樊女士[①]得知，贵州盘州乌蒙大草原房车露营管理有限公司在康养方面发展主要包括四大板块，有文化板块、体育板块、演艺板块、应急板块，发展模式趋向于“康养+旅游+养生”以及“康养+旅游+运动”。“康养+旅游+养生”，现阶段的康养主要是针对亚健康群体，在康养方面主要涉及体育、苗医、苗药、针灸、艾灸等方面的疗养，通过

① 樊小卉，女，贵州省登山运动协会副会长，贵州省康养产业商会副会长，贵州省鹏图滑翔伞运动俱乐部主任，贵州盘州乌蒙大草原房车露营管理有限公司执行董事兼总经理。

量身定制康养计划，分为个人定制与团队定制两方面，时间为 3 至 7 天不等。定制前需先通过体检后，再由中医制定出适合的计划，在规定的时间内尽可能地养成好习惯，能够解决一些在日常生活中不好的习惯给身体带来不良影响；“康养+旅游+运动”，主要方式是每年举办“新·奇·特”丰富多彩的体育盛会。如滑翔伞、马拉松、百公里超级越野赛、骑行等体育赛事，不仅使游客能感受运动带来的放松，而且还能增强自身的身体素质。

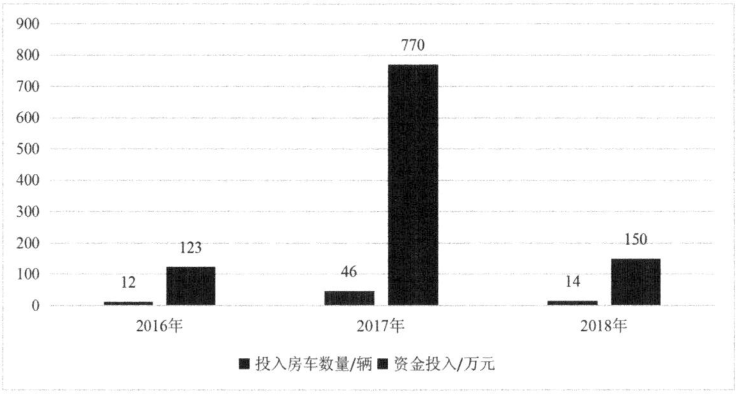

图 2　贵州盘州乌蒙大草原房车露营管理有限公司2016—2018 年房车数量和资金投入情况

二、贵州盘州乌蒙大草原房车露营管理有限公司定位

（一）目标消费人群

贵州盘州乌蒙大草原房车露营管理有限公司主要针对的消费群体为健康、亚健康人群。乌蒙大草原上空气清新、气候宜人，能使人情绪愉悦、心情舒缓，从而整个人放松下来；美丽的自然景观也使得人们精神状态得以调节，使焦虑、烦躁、悲观等情绪趋于平复，对于健康及亚健康人群的身心健康都起着重要调节作用。

公司对于健康与亚健康人群的康养服务也是采取不同措施。健康人群主要是注重保养，集中在身心方面，通过一些有氧运动、时间规划、休闲旅游以及一些体育赛事保持身心健康；亚健康人群主要是注重疗养，集中于身体健康检查、定制健康治疗规划，如中医、苗医、瑜伽等项目。

（二）盈利方式

1. 房车住宿

贵州盘州乌蒙大草原房车露营管理有限公司以旅游为出发点，带动其他相关产业的发展。其公司主要是通过在乌蒙大草原内摆放房车，供游客住宿。据调查了解乌蒙大草原一共摆放了72台房车，可容纳200人居住。其分为豪华房车、豪华大房车、豪华小房车、金冠大房车、金冠小房车、科斯大房车、木屋房车、小水滴房车。豪华房车价格为1580元/晚，可供4~5人住；豪华大房车价格为1298元/晚，可供6~8人或4~6人住；豪华小房车价格为988元/晚，可供3~4人或5~6人住；金冠大房车价格为988元/晚，可供3人住；金冠小房车价格为828元/晚，可供2人住；科斯大房车价格为1298元/晚，可供3~4人住；木屋房车价格为618元/晚，可供3~4人住；小水滴房车价格为188元/晚，可供1~2人住。每年举办的一些体育赛事和音乐节，吸引大批游客参加，高效带动了公司与乌蒙大草原周边经济的发展。

2. 餐饮

餐饮业作为旅游业的重要组成部分，一直以来都是旅游业盈利的重要突破点。贵州盘州乌蒙大草原房车露营管理有限公司在发展过程中也十分注重餐饮方面的发展，并将其作为盈利方式之一。在房车营地中配备有餐厅、宴会厅、咖啡车、书吧、茶室、酒吧等齐全的餐饮设备，打造了具有当地特色的餐饮业。

中国人自古就讲究“民以食为天”，一般情况下游客到达新旅游景点，自然都想去体验当地的特色菜品。贵州盘州乌蒙大草原房车露营管理有限公司结合草原上牛马成群的氛围感，利用乌蒙大草原本地的特色菜品作为招牌，以牛羊肉为主的各种样式菜品吸引游客。如营地特引进“鹿驿”放养基地的生态鹿肉、牛羊肉火锅、干锅牛肉、烤全羊等特色菜品，让游客们体验到正宗特色美食。此外，还为游客准备了早餐及烧烤，早餐主要有大米粥、馒头、鸡蛋、咸菜、米粉等；烧烤配备食材主要有各种肉类及蔬菜。贵州盘州乌蒙大草原房车露营管理有限公司打造的特色菜品使其餐饮业成为发展中一大亮点。

三、贵州盘州乌蒙大草原房车露营管理有限公司发展经验

（一）因地制宜，稳步发展

乌蒙大草原于2016年被评为贵州省省级旅游度假区，是贵州省生态体育（国家）公园和“100个旅游景区”重点建设项目之一。贵州盘州乌蒙大草原房车露营管理有限公司前期发展就已经为康养旅游的建设打下了重要基础。近年来在康养产业发展推动下，贵州盘州乌蒙大草原房车露营管理有限公司抓住发展优势，利用乌蒙大草原海拔高、气候适宜、环境质量高等优势促进自身在康养旅游方面的发展，助力贵州康养产业创新发展。

贵州盘州乌蒙大草原房车露营管理有限公司利用乌蒙大草原独特的地理优势，打造出多元化的健康体育赛事。如每年都会举办的“新·奇·特”丰富多彩的体育盛会，有滑翔伞、马拉松、自行车等项目，让游客们在体验美丽的自然风光时，也积极地参加到体育锻炼中，从而达到身心健康发展的目的。公司从最初的房车营地建设，到现在公司将以房车露营营地建设为主干，开枝散叶，着力打造“房车露营康养旅游基地”，后期建设还将涵盖恐龙公园、自由落体运动、跳伞运动、攀岩基地、直升机空旅、足球场、篮球场等，集合房车露营、体育运动、观光、度假、娱乐、探险、体验、休闲的“房车露营康养基地”。

（二）注重服务，设施完善

贵州盘州乌蒙大草原房车露营管理有限公司从成立至今，一直在加强完善自身服务，增强自身市场竞争能力，如在房车露营地基础设施、游客人身安全等方面都投入了较大的财力、人力和物力。为确保乌蒙大草原自然环境可持续发展，公司加强对环境卫生方面的治理，为游客提供了舒适

的居住、游玩环境。在房车居住方面，每辆房车都有独立的区域，外面有供人休憩的桌椅，可以称得上一个独立的“小家”；房车内部设施较完善，厨房、厕所、洗澡间、电视、会客厅、休息室等硬件俱全，兼具“房”与“车”两大功能，集“衣、食、住、行”于一身，其中还有一部分房车外部有可延伸的遮阳棚，内部有天窗，晚上可通过天窗观赏草原夜景。

在康养方面，贵州盘州乌蒙大草原房车露营管理有限公司除了利用乌蒙大草原自身得天独厚优势外，还在乌蒙大草原内配备有专门的苗医坐诊，专门的医生制定合理的私人计划，各种理疗设施和服务人员配置完备。在安保方面，贵州盘州乌蒙大草原房车露营有限公司也是做足了功课，每年举办的体育赛事和音乐节，都会制定相应的安全应急预案，在政府配备人员的基础上，再增加自己公司的安保人员，能够更好地维护秩序，同时也保障了游客安全。

（三）与时俱进，积极创新

目前我国老龄化问题日益加剧，亚健康人群与疾病人群比例均呈现较高状态，这些都成为康养旅游发展的机遇和挑战。2015 年以来，国家对人民健康问题高度重视，相继出台了关于养老和健康服务的支持性、引导性政策。2016 年，康养产业被多地列入“十三五”规划之中，并编制了详细的发展战略及指导性政策意见。在细分产业上，森林康养被纳入《全国林业“十三五”发展规划》；康养旅游也有了首个规范性文件——《国家康养旅游示范基地标准》[①]。至此，从中央到地方，从大康养领域到健康、养老、森林康养和康养旅游等，都有了完善的政策体系支撑。

表 1　2015—2019 年中国康养旅游相关政策

年份	政策
2015 年	“美丽中国”“健康中国”“平安中国”写入“十三五”规划
2016 年 1 月	《国家康养旅游示范基地标准》推动康养旅游示范基地建设

① 丁文珺：《健康中国视域下康养产业发展对策研究》，载《老龄科学研究》2020 年第 6 期，第 17—18 页。

续表

年份	政策
2016年2月	《关于启动全国森林体验基地和全国森林养生基地建设试点的通知》
2016年4月	《中国生态文化发展纲要（2016—2020年）》
2016年10月	《“健康中国2030”规划纲要》培育健康文化产业和体育医疗康复产业
2017年	中央一号文件：推进农业、林业与康养等产业深度融合
2018年	中央一号文件：建设康养基地
2019年	《关于促进森林康养产业发展的意见》

注：该表根据丁文珺的《健康中国视域下康养产业发展对策研究》及中央人民政府官网、国家林业和草原局政府官网相关数据整理而成，谨代表课题组观点。

在“健康中国”国家战略背景下，健康产业已经成为新常态下经济增长的重要引擎，大健康时代已全面来临。随着大众旅游时代的推进，追求健康和精神享受，也成为休闲度假旅游的主要诉求。在康养旅游快速发展及国家政策大力支持下，“康养+旅游”迎来黄金发展时期。贵州盘州乌蒙大草原房车露营管理有限公司也顺应时代发展，抓住了发展康养旅游的机遇。从成立之初，在政府政策支持和自身努力发展下，该企业利用自身发展的良好基础，与时俱进并开拓创新，为未来康养旅游产业发展打下较好的基础；通过利用乌蒙大草原自然的旅游资源，走“康养+旅游+养生”“康养+旅游+运动”多元化发展之路，为贵州康养旅游产业提供了可供推广的创新模式。

四、贵州盘州乌蒙大草原房车露营管理有限公司发展中的问题

（一）旅游产品发展薄弱，淡旺季对旅游影响较大

在文化旅游业快速发展时代下，各地旅游产品对于文化旅游业发展有着重要的推动作用，也成为吸引客源的重要突破点。当下贵州盘州乌蒙大

草原房车露营管理有限公司在康养旅游类产品的开发方面力度不够，对旅游产品的设计缺乏创新意识，一些延伸产品尚未出现，例如手工艺品、各种体育赛事周边产品等，但也说明贵州盘州乌蒙大草原房车露营管理有限公司在开发旅游产品上具有很大的空间与发展潜力。同时，旅游业发展易受各种因素影响，尤其是容易受到季节影响导致游客波动较大，乌蒙大草原景区也不例外，以至于其旺季淡季对比明显。受气候的季节性变动影响，游客的旅游目的地选择也随之变动，且乌蒙大草原属于高原山地气候，海拔高，昼夜温差大，其独特的地理位置及气候因素，也造成了乌蒙大草原“春秋季游客较多，秋冬季游客较少”的现象。如何在旅游淡季实现差异化发展，这也是贵州盘州乌蒙大草原房车露营管理有限公司在发展康养旅游过程中的一大难题。

（二）大众对康养产业认知不足

康养产业是朝阳产业，概念提出至今时间较短，且具体概念和内涵尚不统一。现今我国尚处于康养产业发展的初级阶段，尤其是对于康养旅游的理论研究也甚是缺乏，因此也就造成人们对康养旅游的认知并不高，对康养产品和服务购买欲望不足等问题出现。现阶段，人们对于康养旅游的认识阶段还处在游山玩水、欣赏美景等阶段，对于康养旅游的具体含义、功能及价值等等都无明确的认识，加之受年龄、性别和职业差异等影响，也造成大众对康养旅游的认知不同。如年轻人对康养旅游认知集中在放松身心、体育锻炼、休闲旅游层面；中年人认知集中在养生休闲、亚健康调理层面；老年人认知集中在健康检测、养生休闲、自身疾病的防控等方面。

（三）旅游康养资源整合度不高

乌蒙大草原拥有着丰富的生态旅游资源和人文景观资源，可开发的康养旅游资源也极其丰富。现阶段，康养旅游业发展尚以“观光旅游+养生”为主，康养旅游产品和服务的着力点尚集中在“游玩”阶段，其发展机制不健全，没有形成一条完整的产业链①。目前，产业界和学术界对于康养

① 陈琳琳、张颖熙：《康养旅游业的驱动因素、发展模式和对策建议》，载《中国经贸导刊》2021年第2期，第53页。

旅游有不同的看法，缺乏从全局角度提出的康养旅游产业的发展标准与未来规划，因此出现了各地在发展康养旅游产业中行业同质化竞争、产业链过短、有旅游无康养等问题。尤其是贵州盘州乌蒙大草原房车露营管理有限公司部分项目存在对资源过度的开发与利用等问题，亟待进一步整合资源以实现差异化发展。

五、贵州盘州乌蒙大草原房车露营管理有限公司发展对策及建议

（一）增加旅游产品开发

贵州盘州乌蒙大草原房车露营管理有限公司在旅游产品设计中可以以“养眼”“养身”“养心”为切入点，在旅游产品设计与开发中融入康养元素，打造更多类型的产品。在外观上要吸引游客目光，无论是色彩搭配还是外形设计，都要给游客以美的感受；在旅游产品设计过程中，围绕着乌蒙大草原康养旅游发展项目，加入一些养生小知识，设计出符合消费者需求的旅游产品；在文化方面要突出“文化”，立足于精神慰藉和思想放松，提高旅游产品的文化附加值。

第一，合理利用当地民族文化。乌蒙大草原位于两个彝族乡镇之内，还保留着纯朴的彝族民族风情。如每年隆重的彝族火把节，彝族同胞都会着盛装到草原上，跳着彝族达体舞，对唱山歌，共同庆祝他们的节日。贵州盘州乌蒙大草原房车露营管理有限公司可利用当地的彝族风情，结合当地草原风光及特有的康养旅游优势，延伸到旅游产品的开发与经营，结合当地的彝族风情打造出特色的旅游产品。

第二，增加房车售卖服务。贵州盘州乌蒙大草原房车露营管理有限公司对于旅行路线也需加强规划，制定出一些精品路线，打造出自己房车旅游产品品牌。利用自身在房车露营方面拥有的长期经验优势，增加房车售卖项目，要注重对市场调研，房车种类要满足多种不同类型旅游者，如家庭、公司、朋友、商务等小团体的需求以及新婚蜜月旅行的特色需求的来定制大中小型多款不同的房车。

（二）解决旅游淡旺季问题

针对旅游淡旺季问题，贵州盘州乌蒙大草原房车露营管理有限公司可以根据自身现有资源、条件等加以整合发展。

第一，实现康养旅游产业融合发展。贵州盘州乌蒙大草原房车露营管理有限公司康养旅游产业的发展属于起步阶段，未来还有着巨大的发展空间。在现阶段发展基础上，加强康养服务，应注重康养发展规划，如增加自己的康养项目，提供合理的饮食服务，增加更多的定制计划等，旺季重旅游、淡季重康养，以扩大自己康养产业发展规模，提升旅游淡季收入。

第二，合理规划未来发展方向。贵州盘州乌蒙大草原房车管理露营有限公司要注重康养产业人才的培养和培训，积极培养和调动管理者的创新思维，根据乌蒙大草原自身特色和市场需求及时调整发展定位。如采取灵活多样的方式抓住每个时间节点，运用一些多元化的营销策略和创意引流。

（三）加强康养旅游知识宣传

贵州盘州乌蒙大草原房车露营管理有限公司在发展过程中可利用自身的优势不断加强对康养旅游的宣传和营销力度。在宣传自身品牌时可以打破传统宣传方式，实施“引进来”与“走出去”的战略①。“引进来”是将一些发展比较成熟的康养旅游理念及一些适宜乌蒙大草原发展的户外项目引进到自身发展理念中；“走出去”则是将已有的体育赛事、音乐节、康养项目等推广出去，让更多的人了解到该地，提升品牌知名度。

现今高科技发展的时代中，数字化、网络化与智能化影响人们的日常生活，因此可以利用互联网、电视、广播等媒体作为传播康养旅游的工具。用信息化手段感知旅游发展态势，畅通信息渠道，从而实现旅游信息资源共享、互动互用：建立专门的信息共享平台；拍摄各种小视频，利用抖音、快手和小红书等视频 App 进行宣传；拍摄宣传片利用电视进行宣传；利用微信公众号、各大网站进行宣传。在具体宣传内容方面，应把养

---

① 黄晓强：《贵州山地户外运动发展的新思路——以盘县乌蒙大草原生态体育（国家）公园为例》，载《体育世界》（学术版）2018 年第 1 期，第 52 页。

生理念和康养旅游观念融入其中，让更多的人能够更清楚地了解乌蒙大草原的康养旅游产品及服务。在发展过程中，也应注重与其他康养企业之间的合作，形成优势互补，对资源进行全面共享，从根本上提升企业自身和行业营销能力，使康养旅游在社会范围内产生良好的影响力。

（四）大力发展康养旅游相关产业

积极践行“绿水青山就是金山银山”的发展理念，加快推进康养旅游的发展，以康养旅游为核心产业，推动发展康养旅游产品和服务，延长康养旅游产业链。依靠乌蒙大草原得天独厚的区位优势、特色旅游资源、人文资源和文化资源等优势，贵州盘州乌蒙大草原房车露营管理有限公司应以旅游为主线，以康养资源和民族文化为依托，发展特色的康养旅游相关产业，可从以下几方面发展：

1. 休闲旅游业。充分发挥乌蒙大草原特有资源优势，突出“避暑”“养眼”“养身”等主题，积极推进乌蒙草原景区建设，并通过不断开发相关的文化体验、营地旅游、运动休闲、避暑度假和康体养生等项目，逐步提升乌蒙大草原在旅游市场上的知名度，着力打造具有区域影响力的品牌景区。

2. 健康管理业。主要针对亚健康群体、康复群体、患病群体，加快综合医疗保健、健康管理功能区建设，在现有康养设施基础上，增加相关高科技设备，满足大众对康养的需求。

3. 文化旅游业。深度挖掘乌蒙大草原周围的彝族人文资源和文化元素，开发利用当地彝族民族文化，形成具有彝族特色的文化体验园，同时应添加一批富有彝族传统气息的民俗文化养生项目和地方特色演艺节目，增加游客体验感和获得感，延长游园时间，有效促进二次消费。

（五）加强区域景点合作，打造精品路线

六盘水市周边旅游资源丰富，其独有的气候也使之成为游客夏季旅游的首选之地。如盘州的韭菜坪景区、乌蒙大草原、哒啦仙谷和娘娘山等旅游景点，“这些景点在发展过程中可实现互动发展、互相借鉴、取长补短，并实现有限度的资源共享，以跻身为贵州乃至西南地区旅游精品线路中的

必经地或目的地，发展为连片效应”①。例如黔东南黎平县打造的“百里侗寨”旅游路线，将各侗寨连成一条旅游路线，实现了资源共享和共同发展。贵州盘州乌蒙大草原房车露营管理有限公司可借鉴相关成功经验，抓住自身发展优势，与其他旅游景点联合发展，打造出一批精品路线，实现互利共赢、共同发展。

结　语

康养旅游是旅游与康养产业相互融合的产物，它能够同时满足人们对于旅游休闲和健康疗养的双向需求。现今康养旅游作为人们当前旅游的新诉求，正日益受到社会各界的喜爱及重视。乌蒙大草原拥有着宜人的生态环境，得天独厚的自然人文环境，在“十三五”期间展现出发展康养旅游产业的明显优势。贵州盘州乌蒙大草原房车露营管理有限公司也应抓住自身发展优势，践行“绿水青山就是金山银山”的理念，大力发展乌蒙大草原康养旅游业，对乌蒙大草原康养旅游资源充分挖掘、开发和利用，将乌蒙大草原打造成贵州乃至全国的特色康养旅游胜地，也为贵州康养旅游产业发展提供可借鉴的宝贵经验。

① 杨晓勇、田野、徐兰：《大健康视野下乌江山峡康养旅游基地的开发与利用》，载《教育文坛》2020 年第 4 期，第 113 页。

B.14 贵州省"康养+中医药"产业发展成功案例分析

——以贵州宏宇药业有限公司为例*

杨　婷**

摘　要：随着老龄化社会的到来，结合当地丰富的中医药文化，以加快产业转化与创新作为发展思路，促进中医药与养老、养生康复、健康旅游等产业融合成为贵州康养产业发展的必由之路。中医药作为发展康养产业的一种重要资源，在养老、养生、保健、医疗、康复服务等方面发挥巨大作用。文章基于贵州宏宇药业有限公司在"康养+中医药"产业方面的成功经验，提出寻求政策支持、构建中医药康养品牌体系、实现融合发展及产业联动等未来发展对策。

关键词：康养产业；"康养+中医药"；贵州宏宇药业

贵州积极响应国家关于提高人民健康水平的号召，提出建设"健康贵州"的发展目标。结合贵州省的气候特征、地形地貌、中医药文化等资源来看，贵州发展康养产业具有独特的区位优势和发展潜力，如在2019年的首届中国康养大会开幕式及高峰论坛中，标准排名城市研究院联合中国康养大会组委会发布了"2019年中国康养城市排行榜50强"，贵阳、遵义、六盘水3个城市入选2019年中国康养城市。贵州省也立足自身资源优势和

---

* 本文涉及贵州宏宇药业有限公司的相关运营资料及数据由课题组调研时该企业提供，特此说明。

** 杨婷，女，苗族，贵州民族大学2021级硕士研究生，研究方向为非物质文化遗产。

产业基础实际，结合“健康贵州”行动，优化了康养产业布局与发展定位：如在六盘水地区发展气候康养，在铜仁地区发展阳光康养，在遵义地区发展森林康养，在贵阳市打造康养特色小镇等①。2020 年 6 月，贵州宏宇药业有限公司、贵州省多彩贵州文化康养运营有限公司等企业组成贵州康养产业商会，共同致力于贵州康养产业的发展。

贵州宏宇药业有限公司作为贵州省民营制药企业之一，是一家深入挖掘贵州省的民族医药配方，结合现代技术对民族医药进行开发，形成了民族医药产业化发展的企业，所研发的产品起到了治愈疾病、养身、康复作用。公司基于民族医药的核心产业，还进行产业链延伸拓展。文章以贵州宏宇药业有限公司作为案例分析，以期为公司推进康养产业发展提供参考。

一、贵州宏宇药业有限公司概况

（一）贵州宏宇药业有限公司简介

贵州宏宇药业有限公司位于贵阳国家高新技术产业开发区，1996 年注册成立，是一家致力于深入挖掘贵州少数民族医药文化，引进先进的现代技术，将少数民族中药材资源同现代高科技制药技术相结合，集科研、生产、销售为一体的民营制药企业。

公司成立以来，建成胶囊剂、喷雾剂、泡沫剂、气雾剂、颗粒剂五条 GMP 生产线，承担了国家发改委批复立项的“中药现代化重大专项——年产 500 万瓶保妇康泡沫剂高技术产业化示范工程”项目。在技术建设方面，建设了国内先进的超临界 CO_2 萃取线，配备了日本岛津制作所生产的高效液相色谱仪，双波长飞点扫描仪、紫外线、可见分光光度计等高级精密检测仪器；引进了瑞士帕玛索公司全自动泡沫剂灌装设备，建成年产 500 万瓶泡沫剂的现代化先进示范生产线，形成了以科学技术作为支撑产业发展的重要理念。

公司始终把企业发展立足于贵州，“敢打贵州牌，善打贵州牌”，拥有

① 徐雷、罗竹等：《老龄社会背景下贵州康养产业融合发展探析》，载《贵阳市委党校学报》2021 年第 1 期，第 9 页。

原产地种植基地近3000亩，并在科研、生产上有效地进行资源配置。贵州宏宇药业有限公司作为贵阳国家高新技术产业开发区重点企业，经贵州省科委认定为“高新技术企业”，被贵阳市人民政府授予“重合同、守信用”先进单位，连续几年被贵阳市乌当区人民政府评为纳税先进大户。目前，贵州宏宇药业有限公司在进一步扩展国内外市场，通过融资、加快高科技成果实现产业化，不断增强公司的竞争力，力争进入中国制药业先进企业的行列。

（二）贵州宏宇药业有限公司产品基本情况

1. 公司部分医药产品

公司作为制药企业，研发了“万金香气雾剂”“单味中药精制颗粒饮片”“金喉健喷雾剂”“保妇康泡沫剂”“强力天麻杜仲胶囊”等产品，产品的特性、成分、主治功能如表1所示。其中，“强力天麻杜仲胶囊”和“保妇康泡沫剂”两种药品进入《国家基本用药目录》；“保妇康泡沫剂”评为国家经贸委1999年国家重点新产品；“单味中药精制颗粒3CT技术开发项目”被列为国家高技术产业化推进项目。

表1　贵州宏宇药业有限公司部分医药产品

产品名称	产品特性	产品成分	主治功能
金喉健喷雾剂	中药	艾纳香油、大果木姜油、薄荷脑等	用于风热所致咽痛、咽干、咽喉红肿、牙龈肿痛、口腔溃疡等症状
保妇康泡沫剂	中药	莪术油、冰片	用于霉菌性阴道炎，宫颈糜烂
强力天麻杜仲胶囊	中药	天麻、杜仲、制草乌、附子、独活、藁本当归、地黄等	用于中风引起的筋脉掣痛，肢体麻木，行走不便，腰腿酸痛，头昏头痛
癃闭通胶囊	中药	穿山甲、肉桂等	排尿不畅，夜尿频多，尿细无力，淋漓不尽或尿频、尿急等症
万金香气喷雾	中药	杠板归、木姜子、艾纳香油、辅料为乙醇	用于蚊虫叮咬，红肿痒痛

续表

产品名称	产品特性	产品成分	主治功能
感冒清热颗粒	中药	荆芥穗、薄荷、防风、柴胡、紫苏叶、葛根等	用于风寒感冒，头痛发热，恶寒身痛，鼻流清涕，咳嗽咽干

注：该表根据“久久医药库”中贵州宏宇药业有限公司的医药产品整理而成。

2. 公司开发的周边产品

除了医药产品，贵州宏宇药业有限公司还立足于核心制药产业，加强对周边产品的开发，如对少数民族医药瑶族药浴开发和利用，以及将黎平县种植的芳香植物研发为瑶浴精华浸膏系列产品。

瑶族药浴是瑶族祖先独创，用药物进行洗浴，以达到活血、排湿、排毒、强身、健体等作用的传统医药，这种传统的养生方法在瑶族地区广泛使用，被专家称为“人类健康的古老传承”，与土耳其浴、桑拿浴并称为“世界三大沐浴文化”。[①] 在2008年由贵州省从江县申报，“瑶族药浴”被列入第二批国家级非物质文化遗产代表性项目名录。传统的瑶族药浴，是将生长在瑶族地区的药材和水一起煮，让药材通过高温水煮的方式制成药水，再将药水过滤出来，放木桶中，人坐桶内熏浴浸泡。贵州宏宇药业有限公司在深入挖掘瑶族药浴配方的基础上，引进先进技术，采用萃取的方式，提取传统瑶族药浴中药材的精华成分，制成易于保留、包装、运输并且质量在短时间内稳定的瑶浴制剂产品，所开发的瑶浴制剂产品经贵州省疾病预防控制中心检验、贵州省卫生厅中医药管理局审批，获得了保健用品卫生许可证。

在对芳香植物的利用方面，贵州宏宇药业有限公司在黎平县南部地区，利用丰富的芳疗植物种植基地打造了一个集“现代高效农业+精深加工+芳疗养生”复合型产业项目为一体的香产业园，以乡土芳疗植物提取物为原料，探索文化传承与科技创新融合康养发展之路，生产了一批植物精油、日用品、化妆品、食品等符合现代健康理念的时尚产品，如舒经活络瑶药精华、熏香精油、牙膏、洗手凝露等。

① 翁泽红：《贵州民族医药文化的挖掘、保护与开发状况思考》，载《贵州民族大学学报》（哲学社会学版）2018年第5期，第30页。

二、贵州宏宇药业有限公司发展经验总结

（一）定位精准：产品与贵州少数民族医药文化深度融合

宏宇药业有限公司在深入挖掘省内民族医药文化的基础上，以贵州省少数民族医药作为原材料，加强技术攻关，进行新产品的研发。如金喉健喷雾剂成分中的大果木姜子和艾纳香两种原材料，是贵州少数民族地区的民族药①。在调研过程中了解到：公司对国家级非物质文化遗产代表性项目——“瑶族药浴”进行开发和利用，是在对民族地区开展调研工作的基础上进行的。因为长期药浴的作用，当地婚后的瑶族女性很少有妇科病，并且产后的第三天就能从事适当农事劳动。贵州宏宇药业有限公司便有了开发瑶族药浴的动因，引进先进技术，借鉴东南亚地区的经验，提取了药浴中的精华部分，与现代 SPA 有机结合。在宏宇药业有限公司的有力推动下，“瑶香灵谷” SPA 示范基地投入运行。

“中医药康养”作为一种康养类型，是以中医药文化作为依托，在中医理论指导下利用药物和非药物手段、特性调节人体机能，使人群获得健康或愈疾防病的一种方法。贵州宏宇药业有限公司自主研发的医药适用于大众群体，在疾病治疗、康复、养生保健、健康养老等方面发挥着积极作用。如金喉健广泛在临床中应用、对小儿手足口病和呼吸道疾病有很好的临床疗效、瑶浴健康产品帮助产后修复、芳香植物产物的保健作用，一定程度上提高了人民群众的生活质量和健康水平。宏宇药业有限公司基于民族产医药研发这一核心产业，进行产业延伸，形成了以药品健康产品制造业、生态养生亚健康调理服务业、健康文化产业产业化为一体的健康产业，② 在推进少数民族医药产业化发展的同时，奠定了推进公司在中医药康养产业发展的基础。

---

① 徐德勤：《贵州省苗药产业化研究——以贵州宏宇药业为例》，华中师范大学硕士学位论文，2013 年，第 11 页。

② 董灵：《贵州黎平县芳香植物资源现状与发展方向研究》，华中师范大学硕士学位论文，2014 年，第 23 页。

（二）持续发展：加强对民族医药资源的保护

在实现民族医药产业化发展过程中，贵州宏宇药业有限公司提出了“贵州艾纳香野生变家种规模种植基地及产业化建设”的项目；2001 年在罗甸、荔波建立艾纳香野生变家种规模化种植基地；2016 年通过国家验收；2007 年，在黎平县南部地区进行艾纳香大生产试验。此外，还承接了“西部开发科技行动——贵州天麻、杜仲等地道药材示范化种植和示范”课题。另一方面，公司将药材种植基地的艾纳香进行提取和加工成天然冰片（艾片）和艾纳香油，为公司研发保健品及其相关产品提供优质的原料，一定程度上缓解了对珍稀原材料的紧张需求。公司在推进民族医药产业化发展的同时，也在加强对一些野生和稀缺的中药材的保护，推动民族医药的可持续发展。

（三）产业延伸：原材料种植基地产业化发展

贵州宏宇药业有限公司在延长产业链，挖掘发展周边产业方面也做出了一定探索。公司入驻黎平县，从事艾纳香、米槁等芳香植物引种和栽培示范，随着种植规模的扩大，在 2013 年全面启动黎平县“天香谷”园区农业转型升级、芳香植物加工和旅游各产业链的建设工作，在黎平南部地区打造的“集现代高效农业+精深加工+芳疗养生复合型产业”项目为一体的香产业园，产业园于 2014 年被纳入全省 100 个旅游景区和省级现代高效农业示范园区建设项目。园区培育了芳疗植物观光农业、芳疗家庭农场、芳疗走廊、香博馆、民族香文化体验中心、可参观式香工厂、香 DIY 坊、乡墅度假、芳疗森林浴等业态。同时，也将其研发产品与旅游业进行有机结合；在黎平县肇兴侗寨建设了今宕宫（民族香文化体验园），集芳疗产品展示销售、香饮、香餐、香眠、香 SPA 等多重体验功能为一体，将其作为“天香谷”香文化研究、香产品开发、香产品体验、营销为一体的综合性窗口。另外，公司还增加延伸产业上的投资；在仁怀市茅台镇打造酒文化传播基地，在酿酒过程中添加中药，不仅能保持酱香酒的纯正馥郁香味，同时还能减少饮者的醉意。

（四）与时俱进：研发新产品以满足群众的多样化需求

在发展过程中，贵州宏宇药业有限公司不断加强新产品研发的研发力度，以满足群众的多样化需求。以乡土芳疗植物提取物为原料，开发出植物精油、日用品、化妆品、食品等符合现代健康理念的时尚产品。在探索文化传承与科技创新融合大健康产业发展中，加强研发力度使产品趋于多样，从治疗口腔疾病的药物到产后、舒经活络的精油，再到驱蚊止痒、预防口腔疾病的药膏等，以及瑶族药浴的开发和使用和公司承担的国家发改委批复立项的“中药现代化重大专项——年产 500 万瓶保妇康泡沫剂高技术产业化示范工程”项目，这些产品的研发一定程度上满足了群众的多样性需求。据悉，贵州宏宇药业有限公司的研发人员还研究艾纳香提取物对瘴气、瘟疫等的治疗效果，深度对艾纳香开发进行科技攻关。

三 宏宇药业有限公司推进“康养+中医药”发展的制约因素

（一）行业政策落实力度不够

近年来，国家在中医药领域出台的政策也在不断地趋于体系化（部分已出台的政策和规划如表 2 所示）。我国在康养旅游、健康养老、医疗保健、健康管理、中医药康养、体育健身等康养产业的重点领域密集出台了一系列规划和政策。[①] 贵州是中药材大省，药用植物资源排名全国第四，在推进中医药产业化发展方面，也不断加快出台促进中医药产业发展的政策、发展规划和行业标准。康养产业在我国起步较晚，在“大健康”战略的推动和“健康贵州”发展目标的引领下，贵州省结合丰富的民族医药文化资源，以打造中医药康养产业品牌。在 2020 年，贵州省卫生健康委、省民政厅等 14 个部门联合发文以推动中医药康养服务，提到了要将中医药的

① 丁文琚：《健康中国视域下康养产业发展对策研究》，载《老龄科学研究》2020 年第 6 期，第 16 页。

治病理念、养生保健知识以及中医药的特色与健康养老相结合,[①] 促进中医药与其他产业融合与升级。此文件对贵州省推进中医药康养产业的发展有了一定的指示作用。但目前针对促进中医药康养发展方面的政策较少,导致贵州宏宇药业有限公司等康养企业在发展过程中的政策红利偏少,多在自我探索中稳步前行。

表 2 我国及贵州省近年来在中医药康养领域的出台规定、政策及行业标准

	颁布年份	中医药康养领域的规定、政策及行业标准
国家层面	2015 年	《国务院办公厅关于印发〈中医药健康服务发展规划〉(2015—2020 年)的通知》(国办发〔2015〕32 号)
	2016 年	《国务院办公厅关于印发中医药发展战略规划纲要(2016—2030 年)的通知》(国发〔2016〕15 号)
	2016 年	《"健康中国 2030"规划纲要》
	2016 年	《关于推荐中医药康养服务与互联网融合发展的指导意见》
	2017 年	《科技部国家中医药管理局关于印发"十三五"中医药科技创新专项规划的通知》(国科发社〔2017〕146 号)
	2018 年	国家中医药管理局 科技部关于印发《关于加强中医药健康服务科技创新的指导意见》(〔2018〕10 号)
	2019 年	《关于在医疗联合体建设中切实加强中医药工作的通知》
	2020 年	《关于推进中医药传承创新工程重点中医医院经典病房建设与管理的通知》
	2020 年	《中医药康复服务能力提升工程实施方案(2021 年—2025 年)》
	2021 年	《推进妇幼健康领域中医药工作实施方案(2021—2025)》

① 中国中医药报:《贵州 14 部门联合发文:推进中医药康养服务》,2020 年 8 月 6 日,http://www.satcm.gov.cn/hudongjiaoliu/guanfangweixin/2020-08-06/16318.html。

续表

	颁布年份	中医药康养领域的规定、政策及行业标准
国家层面	2015年	《国务院办公厅关于印发〈中医药健康服务发展规划〉(2015—2020年)的通知》(国办发〔2015〕32号)
	2016年	《国务院办公厅关于印发中医药发展战略规划纲要(2016—2030年)的通知》(国发〔2016〕15号)
	2016年	《"健康中国2030"规划纲要》
	2016年	《关于推荐中医药康养服务与互联网融合发展的指导意见》
	2017年	《科技部国家中医药管理局关于印发"十三五"中医药科技创新专项规划的通知》(国科发社〔2017〕146号)
	2018年	国家中医药管理局 科技部关于印发《关于加强中医药健康服务科技创新的指导意见》(〔2018〕10号)
	2019年	《关于在医疗联合体建设中切实加强中医药工作的通知》
	2020年	《关于推进中医药传承创新工程重点中医医院经典病房建设与管理的通知》
	2020年	《中医药康复服务能力提升工程实施方案(2021年—2025年)》
	2021年	《推进妇幼健康领域中医药工作实施方案(2021—2025)》
贵州省	2016年	《贵州省中药材产业发展规划(2016—2020年)》
	2016年	《关于促进医药产业健康发展的实施意见》
	2017年	《贵州省发展中药材产业助推脱贫攻坚三年行动方案(2017—2019年)》
	2020年	《2020年贵州省中医药工作要点》
	2020年	《贵州省中医药(民族医药)产业发展及脱贫攻坚2020年重点工作任务》
	2020年	《贵州省健康医药产业2020年工作计划》

注：该表根据"前瞻产业研究院"发布的中医药政策内容整理而成。

（二）群众对中医药康养认识有限

中医药康养产业在促进养老、医疗康复、养生等相关产业发展的同时，也有带动上下游及周边产业发展的作用。从目前的情形来看，对于“康养产业”的概念尚未形成统一的、权威的观点，使得对其研究范畴产生了不同的认识，影响了“康养产业”相关理论研究的深入开展。[①] 另一方面，康养产业作为一个朝阳产业，其发展受到政策碎片化、人才资源短缺等因素的制约。贵州康养产业处于初期发展阶段，中医药康养产业作为康养产业的一种类型，是中医药产业与康养产业的融合与创新升级。随着人们生活节奏的加快，中医在治疗疾病方面的见效速度不如西医，人们的选择会更加趋于西医。同时，中医药康养还没有形成具体的产业标准和建设模式，以至于人们对中医药康养的认识还停留在一定的阶段，对中医药康养的具体内涵、养生功能等认识不清晰，对新产业的定位难免会有所模糊，也避免不了群众会产生中医药康养是否等同于“枸杞泡水”这样初步养生范畴的质疑。近年来，学界对贵州康养产业的探讨大部分都集中在森林康养上，忽略了依托省内丰富的民族医药来发展中医药康养这一产业类型，一定程度上造成中医药康养产业化发展标准不明、定位不准和服务产品难以精准推广等发展障碍。

四、宏宇药业有限公司推进“康养+中医药”发展建议对策

（一）寻求政府康养行业政策的支持

康养领域内的规定、政策、行业标准为康养产业的发展提供了政策导向和动力支撑，如2019年贵州省在森林康养领域内出台促进森林康养产业发展的政策：《关于推进森林康养产业的发展意见》，有效地为省内森林康养产业的发展提供制度支持。新产业的推进与发展，离不开多方主体的参

① 房红、张旭辉：《康养产业：概念界定与理论构建》，载《四川轻化工大学学报》（社会科学版）2020年第4期，第7页。

与。政府部门应结合“健康贵州”的发展目标和中医药康养产业的发展实际，及时关注、了解企业或相关康养单位的发展诉求，出台实际可行的鼓励政策、行业标准，为中医药康养产业的发展提供政策导向。贵州宏宇药业有限公司应评估企业拥有的核心技术、生产市场的优劣势、发展潜力，及时关注康养行业内的政策、动态和规定，并在行业政策的引领下，不断探索和发展健康产业。

（二）挖掘自身特色构建中医药康养品牌体系

贵州宏宇药业有限公司应结合对民族医药产品的研发、中草药栽培与种植、发展原材料种植区休闲旅游健康体验等发展实际，不断挖掘省内各少数民族医药文化建设，构建自身特色；积极挖掘民族医药文化，推动中医药资源的综合开发利用，如加快开发针灸、推拿、刮痧、拔罐、艾灸、药浴、温泉疗养等可体验、可消费的养生保健旅游系列产品，加快规划建设集“游、医、养、学”为一体的康体旅游项目，打造具有民族特色康养品牌，构建品牌体系。同时注重中医药养生知识的宣传和教育，开展中医药文化交流活动，举办中医药康养学术研讨会，加大宣传力度，逐渐改变人们的传统思维，提升中医药康养模式的认可度，使中医药康养在全社会形成共识，以促进中医药康养产业取得长足的发展。

（三）将中医药文化知识与康养产品创意融合

贵州省丰富的少数民族传统医药资源是宏宇药业推进中医药康养产业化的优势，可以将中医药养生的文化内涵贯穿到中医药康养的全过程，如入选国家级、省级非物质文化遗产代表性项目名录中的传统医药，就为康养制造业提供了重要参考价值。贵州宏宇药业有限公司应当以丰富的少数民族传统医药资源作为开发康养产品的重要支撑，结合市场需求，以创意为主要着力点，形成自己独特的竞争优势；树立创新意识，明确中医药康养产品类别及其对应的产品；将民族医药的文化内涵与康养产品、服务有机融合，开发具有吸引力、独特性、多样性、实用性的中医药康养产品和服务。如可将在食宿类产品中融入中医药元素，形成药枕、药膳配方、中药饮品、药膳美食等系列产品；将民族医药与美容、瘦身有机结合，形成具有民族特色的美容产品。

（四）实现中医药康养与康养领域内各产业的融合发展

有关学者提出康养产业融合的概念，即康养产业与其他相关产业相互渗透、相互融合，从而使康养产业和相关产业获得新的发展机遇和更高经济效益的过程。[①] 根据自然资源的不同，可以将康养产业划分为森林康养、海洋康养、气候康养、中医药康养、温泉康养 5 个产业类型。[②] 贵州省的自然条件皆符合森林、温泉、气候等康养产业类型。中医药康养作为康养产业的一种类型，可以与康养产业类型进行有机融合，打造“康养+”相关业态的产业模式。如“中医药+温泉”的温泉药疗模式，“中医药+森林康养”，“中医药康养产品和服务+养老”，实现康养产业领域的有机融合，以此作为企业未来产业延伸或延长产业链的方向。

（五）借助“贵州康养商会”平台，实现产业联动

贵州康养产业商会的成立为康养产业的发展营造良好的外部环境，在整合优势资源、促进行业健康发展等方面发挥着积极作用。商会以企业抱团融合作为发展的起点，采取促进政企良性互动，增进会员沟通联系、同舟共济、艰苦创业、互帮互助、互利共赢等方式促进会员企业健康发展，打造康养产业品牌。商会的会员由不同的企业构成，如贵州省多彩贵州文化康养运营公司、贵州总工会息烽温泉疗养院、贵州龙善居健康管理有限公司……会员单位囊括休闲养生、温泉养生、滋补养生、康体养生等类型。贵州宏宇药业有限公司作为会员之一，在其推进“康养+中医药”产业化发展过程中，可以加强与其他企业的产业关联性，实现产业融合；公司的康养产品可以进入养老机构，构建中医药养老的发展模式，以丰富养老机构服务形式。此外，可以利用中医药的调理和温泉的疗养相结合，开发有利于改善人们的亚健康体质和身体机能的温泉药疗。这样，既可以有效地推动各企业之间优质资源互利共享，也能发挥各自企业的优势，营造

① 周永：《养产业融合的内在机理分析》，载《产业经济》2018 年第 9 期，第 160 页。

② 万新颖：《浅析我国康养产业发展的框架性问题》，载《产业经济》2019 年第 16 期，第 66 页。

良好的康养产业发展环境。

结　语

丰富的少数民族医药文化是推进中医药康养产业化发展的优势。在“健康贵州”行动逐步推行背景下，宏宇药业有限公司将自身的发展定位与时代发展同步；基于民族医药研发核心产业，加强对民族医药的保护，进行产业链拓展，促进民族医药向新业态、新方向延伸，形成了以民族医药为资源、以技术为支撑的健康产业，为推进“健康贵州”做出积极贡献。公司在未来的发展规划中，还应当总结发展经验、找准发展的制约因素，通过寻求康养行业的政策支持，构建自身的品牌体系，实现中医药康养与康养领域内各产业的融合，在“贵州康养产业商会”平台内实现产业联动，打造具有民族特色的中医药康养产业，进一步丰富贵州康养产业的类型，从而推动贵州康养产业发展，同时也将为贵州在今后推进中医药康养产业发展提供宝贵经验。

案例分析篇
技术支撑型案例分析

B.15 贵州省干细胞产业发展成功案例分析

——以贵州泛特尔细胞生物技术有限公司为例*

孙楠楠**

摘　要： 随着人口老龄化问题的不断加剧，健康养老逐渐成为人们关注的话题，康养产业也成为继互联网产业之后最具发展前景的新兴产业之一。贵州省“十四五”规划中明确提出“积极发展大健康和养老产业”，促进医养结合，推动贵州省“康养+”的发展。贵州泛特尔细胞生物技术有限公司作为贵州省康养产业发展的领军企业，融合了大数据信息服务与医疗技术服务。本文从贵州泛特尔细胞生物技术有限公司发展过程中所拥有的经验以及所面临的问题来探讨融合“康养+”的具体对策，促进“康养+医疗”产业的发展，从而为贵州省康养产业的发展提供参考。

关键词： 细胞生物；干细胞；康养产业

2017年党的十九大报告提出“健康中国”战略，并指出“要完善国民健康政策，为人民群众提供全方位全周期健康服务。”① 贵州省为响应“健康中国”战略，满足人民对健康、医疗、养生以及养老的需求，连续

---

* 本文涉及贵州泛特尔细胞生物技术有限公司的相关运营资料及数据由课题组调研时该企业提供，特此说明。

** 孙楠楠，女，贵州民族大学社会学与公共管理学院2021级硕士研究生，研究方向：民俗学。

① 新华社：《习近平：决胜全面建成小康社会 夺取新时代中国特色社会主义伟大胜利——在中国共产党第十九次全国代表大会上的报告》，共产党员网，2017年10月27日，http://www.12371.cn/2017/10/27/ARTI1509103656574313.shtml。

出台了《关于支持健康养生产业发展若干政策措施的意见》以及《贵州省健康养生产业发展规划（2015—2020年）》等政策，并明确提出“鼓励社会资本投资健康养身产业，吸引社会资本建设医疗、养老、体育健身、康复等设施”[①]，旨在全面支持贵州健康养生产业的发展。贵州泛特尔细胞生物技术有限公司是贵州省大健康发展战略中生物产业的领军企业，融合了贵州省的医疗服务技术以及大数据信息服务，其领先的生物细胞治疗技术对支撑与推动贵州医疗康养发展具有重要的意义。

一、贵州泛特尔细胞生物技术有限公司基本情况

贵州泛特尔细胞生物技术有限公司从创立之初就得到了贵州省、贵阳市政府的大力支持，2013年经贵州省卫生厅批准正式设立贵州泛特尔细胞库，是贵州省第一家经过省政府卫生厅批准的从事胎盘及脐带组织干细胞采集、储存服务的专业机构。

（一）贵州泛特尔细胞生物技术有限公司概况

贵州泛特尔细胞生物技术有限公司（以下简称“泛特尔细胞生物”）创办于2012年1月20日，坐落于贵阳市金阳国家高新技术产业园，是一家专门从事干细胞储存以及生物医疗技术推广的民营企业。泛特尔细胞生物从创立之初就秉承“技术领先，服务至上”的核心理念，致力于专业的细胞储存及生物医疗技术的研发与临床转化。[②] 该公司通过在干细胞技术、免疫细胞技术、基因工程等领域的持续研发创新，引进世界一流的生物技术，目前已形成了国内领先的干细胞免疫细胞制备储存、生物免疫细胞抗肿瘤、干细胞免疫细胞抗衰老技术服务体系，在造血干细胞扩增、胰岛β细胞治疗糖尿病等方面走在了行业的前列。泛特尔细胞生物依靠专家团队

① 贵州省人民政府：《贵州省人民政府印发〈关于支持健康养生产业发展若干政策措施的意见〉〈贵州省健康养生产业发展规划（2015—2020年）〉的通知》，贵州省人民政府网，2015年3月16日，http://www.guizhou.gov.cn/zwgk/zcfg/szfwj_8191/qff_8193/201709/t20170925_822015.html。

② 申雨婷：《“体育”与“生物”碰撞，将擦出怎样的火花?》，天眼新闻，2020年9月23日，https://baijiahao.baidu.com/s?id=1678626892586829226&wfr=spider&for=pc。

和员工队伍积极研发，并与美国克利夫兰医学中心、捷克舒迪安合作，引进世界先进的干细胞、免疫细胞治疗技术，运用现代的生物医疗技术服务于客户。由于干细胞在零下196℃左右的深低温冻存罐中可存储长达22年以上，所以当孩子及家人因疾病治疗需要干细胞，可在最快时间内制备使用。目前，该公司已拥有6项国际技术和26项自主研发专利技术，从细胞的层面去帮助人们解决疾病、延缓衰老、提高生命质量，从而达到健康的状态。2017年，泛特尔细胞生物通过了“成体干细胞及免疫细胞的标准化制备”ISO9001质量管理体系认证，2018年荣获中国科学家论坛“中国科技创新示范单位和中国创新发明优秀成果奖”；同年，在贵州省科学协会的支持下成立了“贵州省生命科学科普教育基地”，成为贵州省唯一的生命科学类科普教育基地。

1. 贵州省干细胞与组织工程技术研究中心

贵州省干细胞与组织工程研究中心，是在贵州省科技厅的支持下，由泛特尔细胞以产学研联合形式共建的省级科研单位，主要从事细胞生物学、再生医学和转化医学的基础研究工作，解决干细胞与组织工程开发研究领域的共性、关键性、前沿性技术难题，为贵州省干细胞与组织工程技术为代表的生物医药企业的发展提供技术支撑，实现贵州省干细胞与组织工程技术的产业化。

2. 公司运营状况

泛特尔细胞生物主要从事干细胞储存，免疫细胞储存，干细胞抗衰老，链式-CIK细胞免疫治疗肿瘤，胰岛细胞治疗糖尿病等。其中干细胞储存包括脐带间充质干细胞储存、脐血造型干细胞储存、胎盘蜕膜干细胞储存、牙髓干细胞储存、经血干细胞储存以及脂肪干细胞储存。

该公司的储存费用分为两种，一是脐带血储存，18800元储存22年，二是干细胞储存，23800元储存22年。据调研了解，泛特尔细胞生物的新生儿脐带储存率不到10%。泛特尔细胞生物2020年营业总收入816.11万元，其中主营业务收入814.86万元。

3. 发明专利及商标产品

目前，泛特尔细胞生物拥有6项国际技术，26项发明专利，包括脐带血造血干细胞的体外扩增方法、胎盘间充质干细胞的分离及培养方法、获取脂肪干细胞分泌蛋白的方法、美容抗衰老制剂及其制备方法等技术专利以及二氧化碳培养箱、生物安全柜、医用冷藏架等装置专利。如2007年泛特尔细胞生物与贵州医科大学谭俊教授联合开展卵巢抗衰科研项目，针对脐带间充质干细胞在女性卵巢早衰方面的应用展开研讨，研发一款针对女性卵巢早衰干预治疗的干细胞产品。

泛特尔细胞生物旗下注册的商标“元水”，其品牌的产品——干细胞活性精华液，如图1所示，产品中的干细胞活性因子对表皮层、真皮层细胞具有调节的作用，能加快细胞的新陈代谢，因此使用后有润泽皮肤、淡化色斑、改善肤质、增加皮肤弹性、消除痘痕等作用。

图1 “元水”干细胞活性精华液

（二）贵州省综合细胞库

贵州省综合细胞库是泛特尔细胞生物旗下最核心的细胞研制及储存中心，坐落于贵阳市金阳国家高新技术产业园白鹭湖畔，建有GMP标准实验室近2000多平方米，其中超净实验室800多平方米。据介绍，泛特尔细胞库二期建设将建成符合GMP标准的细胞制备实验室近4000平方米，库容为100万份干细胞冻存库，是中国技术标准最领先、技术装备最先进、贵州省规模最大的干细胞库（图2）。

图2 贵州省综合细胞库——细胞制备实验室

贵州泛特尔干细胞库依靠得天独厚的地理优势，保证了细胞储存的环境，且泛特尔细胞库所用试剂、培养因子全部选用进口药品级产品，并经过严格的试验检测，所有的细胞制备过程严格按照SOP标准执行，制备完成后再进行严苛的测试、检验。贵阳市区采集的干细胞能在1小时内入库，贵州省内能在6小时内入库，从而最大限度地保证了细胞的活性。

1. 细胞库的装备

贵州省综合细胞库的仪器设备95%是从国外一流品牌厂家直接引进，包括日本希森美康KX-21N全自动血液分析仪（图3）、法国梅里埃BacT/Alert3D全自动细菌分枝杆菌培养监测系统（图4）、美国Thermo RC3BP Plus大容量冷冻离心机、Therom Scientific -80℃超低温冰箱、BD FASCalibur流式细胞仪以及MVE 1536P-190液氮储存罐等。

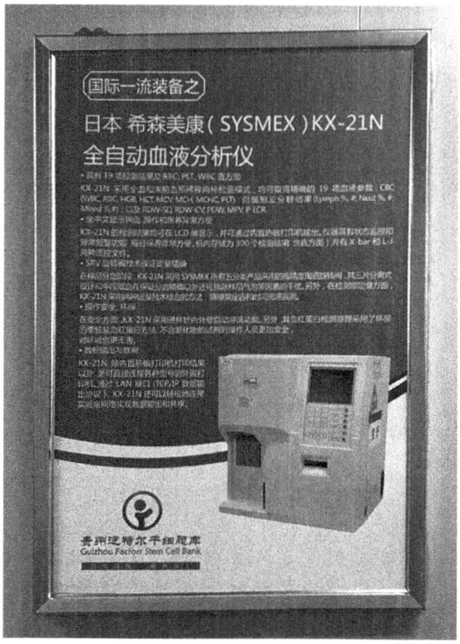

图 3　日本希森美康（SYSMEX）KX-21N 全自动血液分析仪介绍

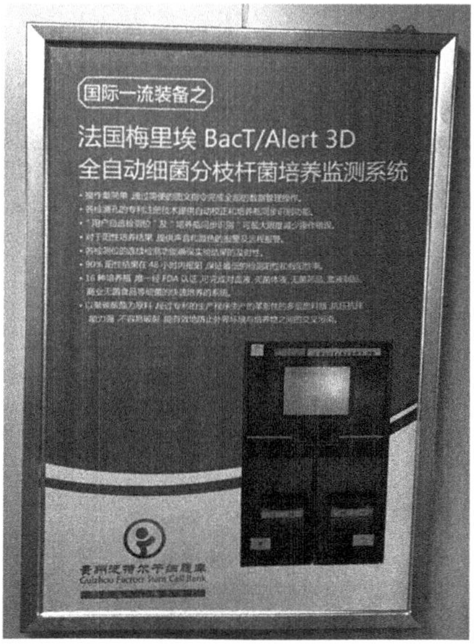

图 4　法国梅里埃 BacT/Alert3D 全自动细菌分枝杆菌培养监测系统介绍

2. 专业队伍

贵州省综合细胞库的实验技术人员须具备生物技术或生物工程专业学士学位以上，经由专业组考核之后才能上岗，入职后还需经过专业的培训，以确保实验室所有的技术人员都具备优秀的细胞制备能力。

二、贵州泛特尔细胞生物技术有限公司核心技术

贵州泛特尔细胞生物技术有限公司自 2012 年创立以来，通过自主研发和国外引进掌握了一系列世界领先的细胞技术，主要包括干细胞储存技术和细胞治疗技术。

（一）干细胞储存技术

干细胞是一种未分化的“元”细胞，具有自我复制和多向分化的潜能。医学界将干细胞称为“万用细胞”，可以分化为多种功能细胞，并在

特定的条件下转变分化成一种或多种构成人体组织或器官的细胞。干细胞的种类根据发育阶段可以分为胚胎干细胞和成体干细胞，二者皆具有自我复制、能分化成特异细胞、移植时有免疫排斥反应的特点①，其不同点见表1：

表1 胚胎干细胞与成体干细胞的区别

种类	胚胎干细胞	成体干细胞
胚胎来源	来源于胚胎着床前的干细胞	来源于成体组织，如外周血、骨髓、脑骨骼肌、皮肤、角膜、齿髓等
分化细胞类型	可分化为体内所有类型的细胞	自然条件诱导下倾向于分化所在组织的各种细胞，特定条件诱导下，可分化为其他组织功能细胞
受伦理争议	胚胎干细胞的来源受到伦理、道德的限制，取材较为困难	成体干细胞获取相对容易，受伦理学争议较少
增殖速度	增殖快、数量多	增殖慢、数量少

资料来源：根据雷永红、付小兵、盛志勇：《成体干细胞生物学的研究进展》，载《感染、炎症、修复》2005年第3期，第165—169页整理而成。

胚胎干细胞包含胚胎干细胞和胚胎生殖细胞两种，可以发育出近200多种细胞，但胚胎干细胞并不能运用于人体。而成体干细胞则存在于胎儿和成人的各种组织和器官中，当机体受到损伤或血小板活化时，组织生长因子被释放，并激活成体干细胞，形成具有生理活性的细胞来修复受损组织，维持身体功能的稳定，包含骨髓干细胞、神经干细胞、造血干细胞等。而贵州泛特尔干细胞库通过技术引进和自主研发建立了完整的细胞制备与储存技术服务体系，现提供的技术有脐带血造血干细胞制备储存技术、牙髓干细胞制备储存技术、脐带间充质干细胞制备存储技术、脂肪干细胞制备储存技术、免疫细胞制备储存技术、胎盘蜕膜干细胞制备储存技术以及造血干细胞体外扩增技术。

1. 脐带血干细胞储存

胎盘干细胞指通过胎盘组织采集获得的干细胞，新生儿降生之时，可

① 刘怡：《干细胞的研究进展》，载《北京口腔医学》2006年第4期，第289—293页。

以通过三种渠道获取胎盘干细胞，一是胎盘源提取胎盘多能干细胞，二是胎盘源提取胎盘造血干细胞，三是脐带源提取间充质干细胞。① 泛特尔细胞库的脐带血干细胞储存技术主要有脐带血造血干细胞储存、脐带间充质干细胞储存。

脐带造血干细胞相对于成体造血干细胞而言，具有更年轻的细胞生命、更高的细胞活性。储存的脐带血造血干细胞主要用于血液系统疾病的治疗，不仅可以保障孩子的健康，还可以保障家人的健康。据了解，宝宝自己与脐带血中的干细胞的配型率为100%，宝宝的父母使用的配型率为50%及以上，宝宝脐带血造血干细胞与兄弟姐妹的组织抗原吻合率为25%，而异体的配型概率则为二十万分之一。

目前，脐带间充质干细胞可以治疗人体神经、免疫、消化、运动等系统的80多种疾病，如小儿脑瘫、脊髓损伤、肝硬化、慢性肠炎、骨关节炎、系统性红斑狼疮等疾病，且脐带血间充质干细胞在人体抗衰老方面的研究已取得重大突破。

2. 胎盘蜕膜干细胞

胎盘蜕膜干细胞是一种专属于母体面的干细胞，是母亲自体间充质干细胞的重要来源，数量充足，应用比较广泛，可应用于神经系统疾病、心血管疾病、血液疾病、免疫系统疾病和代谢疾病。② 母体面的干细胞在美容、抗衰老、产后恢复、卵巢早衰、卵巢癌等方面均有显著效果，不仅如此，还可用于治疗女性盆底功能障碍性疾病，有效治疗老年女性压力性尿失禁，修复子宫内膜，修复皮肤弹性、改善皮肤黑化以及黄褐斑等受损组织。

3. 牙髓干细胞

牙髓干细胞也属于间充质干细胞，主要来源于儿童乳牙和成年人智齿，来源丰富，6—11岁的儿童自然脱落的牙齿以及成人的智齿中都含有丰富的牙髓干细胞。③ 通过儿童乳牙或智齿提取的牙髓干细胞，其生物活

---

① 齐鹏鹏：《人胎盘源间充质干细胞研究进展》，载《饮食保健》2016年第4期，第253页。

② 韩之波：《人胎盘底蜕膜间充质干细胞的分离及其生物学特性研究》，载《中国实验血液学杂志》2013年第3期，第754—759页。

③ 泓信干细胞：《牙髓干细胞的应用前景》，搜狐网，2019年7月19日，https://www.sohu.com/a/327874761_480767。

性高、再生能力强，因此经过不同细胞因子的诱导可以分化为肝干细胞、上皮干细胞、血管干细胞、成骨干细胞等。牙髓干细胞在治疗牙周炎、口腔骨缺损再生、生物牙根再生以及免疫调节等方面都取得较为显著的成果。除此之外，牙髓干细胞对帕金森症、阿尔茨海默症、脑出血、心肌梗死、糖尿病、肝病、眼病等疾病的临床治疗拥有无限的潜力。

4. 免疫细胞储存

免疫细胞俗称“白细胞”，是免疫功能的主要执行者，有维护人体健康的功能。[①] 储存免疫细胞，能对人体衰老、免疫功能下降、机体功能下降等问题进行细胞修复，重建免疫系统，能够让生命质量得到更好的提升，也能提高身体防御病毒侵袭的能力，及时清除各种致病的因素，尤其是致癌的突变细胞，从而达到抵抗各种疾病的目的。现在免疫细胞治疗技术已经成为继手术、放疗、化疗之后治疗肿瘤的第四大手段。

除此之外，免疫细胞在人体内分布十分广泛，常见的有 T 淋巴细胞、B 淋巴细胞、K 淋巴细胞、NK 细胞等。其中，NK 细胞，又称自然杀伤细胞，可非特异性直接杀伤靶细胞，这种天然的杀伤活性既不需要预先有抗原致敏，也不需要抗体参与。

随着人体年龄的增长，NK 细胞数量逐年下降，但泛特尔细胞生物已拥有相关的 NK 细胞体外扩增技术，可以采用相关的技术让 NK 细胞体外扩增，比如说采集 100ml 的外周血凝固 1000 亿细胞能扩增几百上千倍，扩增之后多余的部分就会冻存起来。该技术能极大地提升机体能力，改善亚健康，预防肿瘤，治疗高血压、高血脂。

（二）细胞治疗技术

细胞治疗技术是指利用某些具有特定功能的细胞进行治疗，即采用生物工程的方法获取细胞并通过体外扩增、特殊的培养等方法处理之后，促进组织器官再生和机体康复等，从而达到治疗疾病的目的。[②]

---

① 赵钢德：《对免疫反应介导的肝细胞损伤机制的新认识》，载《中华肝脏病杂志》2011 年第 1 期，第 73—75 页。

② 霍艳等：《细胞治疗产品的临床前安全性评价》，《2015 年（第五届）药物毒理学年会论文集》，2015 年，第 2 页。

泛特尔细胞生物通过自主研发以及国外引进的技术掌握了一系列世界领先的细胞治疗技术，主要包括干细胞治疗技术和免疫细胞治疗技术。在干细胞治疗技术中，该公司首席科学家胡振波教授研发的“利用自体脂肪干细胞诱导分化为胰岛β细胞治疗糖尿病技术”具有很好的临床疗效。目前，该公司掌握的细胞治疗技术有NK免疫治疗技术、DC-CTL技术、ACTL技术、链式-CIK细胞治疗技术、CAR-T技术、脂肪干细胞诱导的胰岛β细胞治疗糖尿病技术、干细胞抗衰老技术、免疫细胞抗衰老技术等。

1. DC-CTL技术

DC-CTL是在体外采用相关肿瘤细胞株提取的多肽作为抗原致敏DC细胞，使DC细胞负载上肿瘤特异性的抗原，再将该DC细胞与T细胞共同培养，刺激T细胞增殖分化为细胞毒性的T淋巴细胞（CTL），达到一定细胞数后回输给患者，实现CTL特异性识别杀伤肿瘤表面抗原阳性的肿瘤细胞。DC-CTL治疗具有特异性，只针对肿瘤细胞进行有效攻击，不伤害正常的组织细胞，并能消灭对放疗、化疗不敏感及转移的肿瘤细胞，彻底清除体内残留的肿瘤细胞和微小转移病灶。在对肿瘤进行消灭的同时，也能重建和提高患者的免疫功能，有效防止肿瘤的转移和复发。

2. ACTL技术

ACTL全称ACTL靶向性抗肿瘤细胞免疫技术（图5）。ACTL是通过抽取患者自身的静脉外周血，分离出外周血单个核细胞（PBMC），经过培养，PBMC被分离为淋巴细胞和单核细胞，淋巴细胞继续培养并备用，rAAV病毒感染单核细胞，并培养获得具有抗原特异性、杀伤抗原阳性肿瘤的细胞。ACTL技术是采用“自己的细胞杀灭癌细胞”的绿色疗法，安全性好、毒副作用低。同时，回输到体内后，会靶向性快速精准定位癌细胞的位置，杀灭癌细胞。

3. 链式-CIK细胞治疗技术

链式-CIK技术是指应用肿瘤病人的外周血树突状细胞和淋巴细胞进行治疗，具有活化树突状细胞能识别并传递肿瘤特异性抗原，使淋巴细胞获得对肿瘤细胞的特异杀伤功能，可以在体内特异性杀伤肿瘤细胞，能够深入组织和器官内部，清除化疗、放疗和手术治疗未能达到的区域的肿瘤细胞，具有更精准的靶向治疗。链式-CIK采用的是自体的免疫细胞，使用细

图 5　ACTL 细胞治疗肿瘤技术概述

胞因子激活免疫细胞，且免疫细胞的培养时间可缩短至 7 天，从而保证使用细胞的安全性与快捷性。

4. 自体脂肪干细胞诱导的胰岛 β 细胞（ADSCiβ）治疗糖尿病技术

ADSCiβ 中文全称自体脂肪干细胞诱导的胰岛 β 细胞。ADSCiβ 治疗糖尿病技术是指通过生物技术手段将自体脂肪干细胞在体外经过多种细胞介素诱导为胰岛干细胞并分化成胰岛 β 细胞，然后给病人进行回输，输入的 ADSCiβ 细胞可以不断补充并且修复胰腺内的胰岛细胞，再造胰岛素分泌功能，对胰岛素分泌障碍的 1 型糖尿病疗效更加显著。

糖尿病是一种慢性疾病，需要终身服药甚至长期注射胰岛素。[①] 目前，全球糖尿病的发病率越来越高，发病的年龄也逐渐下降。而 ADSCiβ 细胞

① 夏国芝：《糖尿病患者的社区护理》，载《临床合理用药杂志》2013 年第 6 期，第 123 页。

治疗糖尿病技术是从根本上治疗糖尿病，在临床应用中取得较好的治疗效果。该技术采用的是患者自体脂肪干细胞，材料来源充足，无须配型，不产生免疫排斥。经过一段时间的治疗之后，患者情况明显好转，ADSCiβ治疗技术可以从根本上杜绝并发症的发生，并对长期注射胰岛素患者的并发症有缓解甚至治愈的疗效。

5. 细胞抗衰老技术

随着年龄的不断增长，人体免疫系统逐渐下降，衰老的细胞不断在体内堆积，影响其他健康细胞的生存环境，因此加速了人体的衰老。也因如此，如何抗衰老是年轻群体或老年群体较为关注的一个话题，比如说食用的某些水果、蔬菜对抗衰老有效等。世界卫生组织对抗衰老的定义是“抗衰老的根本途径是修复、改善细胞代谢、激活衰老细胞的功能”。抗衰老的途径有多种，泛特尔细胞生物所拥有的抗衰老技术则是干细胞抗衰老技术、免疫细胞抗衰老技术。

干细胞抗衰老也是迄今为止发现的较安全、有效的抗衰老方法。干细胞抗衰老技术是采用受术者自体皮肤组织，经过相关技术的处理进行分离、纯化、培养、扩增，然后制成自体成纤维细胞注射液，之后再进行回输。回输的细胞对衰老的组织器官进行修复、代替，使衰老的细胞得到改善从而达到抗衰老的目的。

免疫细胞抗衰老技术是采用细胞工程技术，提取人体的免疫细胞并在体外进行定向诱导、激活、扩增，使其数量成百上千地增加，活性增强，再回输到体内，从而实现清除体内凋亡的细胞、癌变细胞以及各种病毒细菌等，使人体细胞充满活力，达到延缓衰老、增强免疫力、预防疾病等效果。

（三）人体干细胞的应用流程图及细胞治疗流程图

不同的人体干细胞对治疗各类疾病有不同的分类，根据泛特尔细胞生物的细胞储存技术整理出人体干细胞的运用流程图，并指出了各类细胞的主要来源，具体内容如图 6 所示：

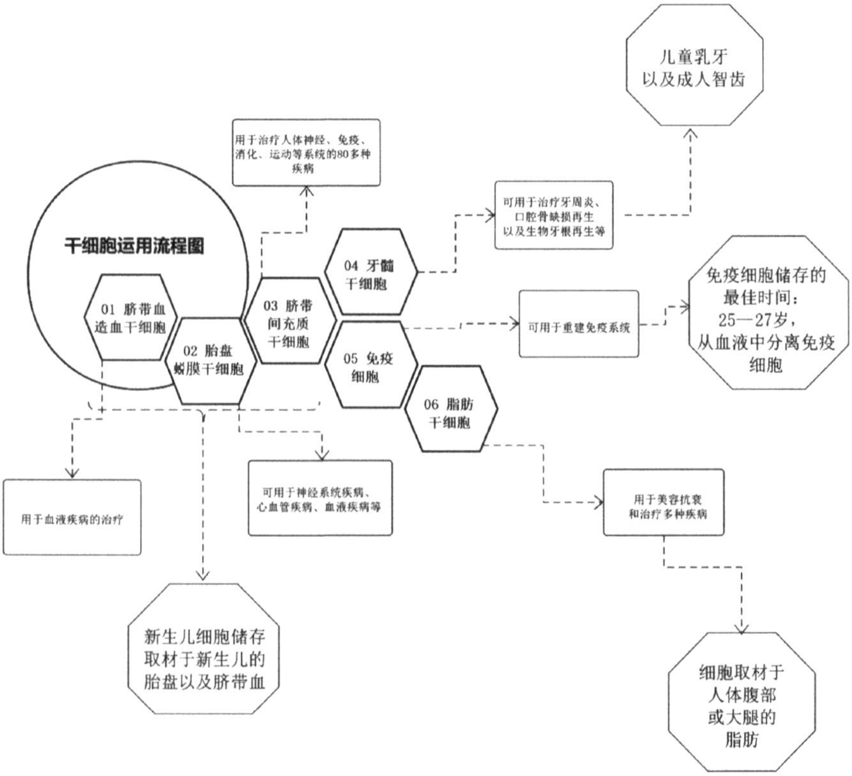

图6　人体干细胞运用流程

关于细胞治疗的主要过程，分为采集细胞信息、对细胞进行检测、检测合格后入库储存，以及在储户提出需要使用细胞治疗后取用，通过对细胞进行检测并培养，最后移植或回输到人体，具体流程如图7所示：

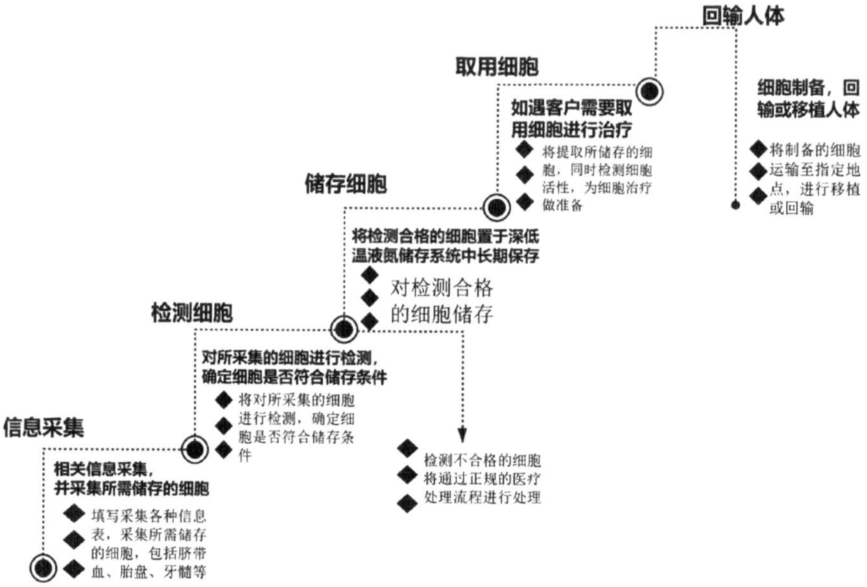

图 7　细胞治疗流程

三、贵州泛特尔细胞生物技术有限公司的发展经验

（一）不断完善的行业技术

生物医疗技术在国际上的定义是借助手术放射化疗之后治疗癌症最有效的方法之一。泛特尔细胞生物自从 2012 年创立以来，就不断追求“技术领先，服务至上”的理念，从最初的技术引进到如今的自主研发，该公司在技术方面不断地进步、完善，建立了贵州省高标准、高质量的生物技术体系，为推动贵州省生物医疗技术产业的进步和发展奠定基础。据泛特尔细胞生物公司的负责人介绍：“泛特尔细胞生物的技术在全国范围内有且不多，但在整个西南地区只有贵州，从细胞的提取、检测、储存、培养到回输，观察整个过程都是在严格的把控下进行的。”① 这也更好地体现了泛特尔细胞生物追求最前沿的技术和产品，追求更好的细胞制备技术和服

① 访谈人：孙楠楠，访谈对象：贵州泛特尔细胞生物技术有限公司负责人舒贤斌，访谈时间：2021 年 5 月 8 日。

务，不断地完善自身的行业技术，为人民健康事业做贡献的理念。

（二）权威的合作机构

泛特尔细胞生物与世界一流的生物医学研究机构与医学中心合作，坚持以自主研发与外部引进的策略为主，与美国的克利夫兰医学中心、捷克布拉格的舒迪安以及东方静港健康管理机构合作。据介绍，克利夫兰医学中心是美国顶尖的综合医疗机构，集医疗服务、学术研究于一体，在全美医院综合排名前三。

位于捷克布拉格的舒迪安是一家国际领先的生物技术公司，拥有最先进的细胞产品生产基地，致力于开发基于活性树突状细胞的新疗法。2016年，经由时任贵州省省长孙志刚引进，希望与贵州省实力和技术等各方面都优秀的企业进行合作，因此，泛特尔细胞成为首选企业。[①] 自此之后，舒迪安与泛特尔细胞库不断地开展交流，并于2017年1月与泛特尔细胞生物签约（图8），这也就意味着先进的生物抗肿瘤医疗技术落地贵州[②]，

图8 舒迪安生物（捷克）与泛特尔细胞生物合作签约仪式

（图片来源：贵州省泛特尔细胞生物技术有限公司官网）

---

① 汉方：《世界顶尖生物技术公司舒迪安与贵州泛特尔细胞生物开展细胞抗癌技术临床转化合作》，2018年8月27日，https://www.sohu.com/a/250260903_99947593。

② 王奇：《捷克“舒迪安”牵手贵州“泛特尔”》，人民网，2017年1月22日，https://www.sohu.com/a/124910007_114731。

泛特尔细胞生物是舒迪安在贵州省唯一一家合作的企业，此次合作也为生物细胞抗肿瘤医疗技术提供帮助，进一步提高贵州省的医疗水平。

而东方静港健康管理机构则是一家拥有医疗资质的高端健康管理机构，拥有行业资深的健康管理专家和专业的高级医护人员队伍。东方静港健康管理机构运用世界一流的生物医疗技术手段抗衰老、预防疾病等，致力于推动旅游医疗事业的发展。

泛特尔细胞生物所合作的机构在世界上均是一流的企业，各领域权威的合作机构成了泛特尔细胞生物发展的助力军。

（三）优秀的医疗团队

泛特尔细胞生物所拥有的医疗团队均是国际上技术前沿的专家团队、院士与行业顶尖，分别是来自抗衰老、医疗、细胞基础研究、细胞应用技术等领域，如首席科学顾问是北京大学衰老研究中心主任童坦君院士、细胞临床医疗首席科学家是美国克利夫兰医学中心教授胡振波以及抗衰老首席科学家何琪杨教授等，泛特尔细胞生物的技术战略、技术构架、技术发展主要由这些专家提出与制定，并为泛特尔细胞生物的发展出谋划策。泛特尔细胞生物在贵州省合作的有贵州医科大学附属医院、贵州省中医药附属医院、贵州省骨科医院等三甲医院，中西医合作形成了优秀的医疗企业团队。

（四）严格的质量控制体系

泛特尔细胞库建立了严格的质量管控体系。操作流程从干细胞的采集、运输、到分离、制备、传代、冻存，都制定了标准作业程序上千条，并确保严格按照标准执行，保证了技术操作流程的严谨与制备细胞的高品质。泛特尔细胞生物从成立之初就践行“做中国最好的细胞生物产品”的宗旨，从技术标准、技术方案到整个细胞的生产制备再到所使用的试剂因子都在严格的把控下进行。2015 年省发改委、卫计委、食药监局联合报告建立贵州区域细胞制备中心和综合细胞库，目的是让细胞制备生产的环境能得到更加有效的监管，同时，提高细胞生产制备的门槛，要想制备细胞就必须有标准的实验室、有卫生部门的认证，这为细胞生物行业的发展制定了高质量的标准体系。

（五）成功案例的正面影响

据了解，泛特尔细胞生物曾参与救治贵阳市一名患有地中海贫血的小朋友，其所选择的治疗方法是“妹妹救哥哥”，利用妹妹的脐带血造血干细胞来治疗哥哥，这也是贵阳市首例儿童脐带血造血干细胞移植手术，并且取得了成功。而在此次移植中，贵州省综合细胞库为患儿提供了脐带血造血干细胞制备储存技术服务。该案例的成功也意味着越来越多需要造血干细胞移植的患儿有能够得到更多治疗的可能。

除此之外，贵州省毕节市赫章县的一名肺癌晚期患者在无意间了解到泛特尔细胞生物的免疫细胞治疗，并通过该方法进行治疗，使生命周期得到了延长。经过检查，该患者的各项指标均正常，体内的癌细胞也已经消失，这也体现了细胞治疗的方式是继手术、化疗之后的绿色治疗方式，能够精准靶向杀伤癌细胞。泛特尔细胞所拥有的这些技术，也为寻找治疗的患者带来更多的机会，满足了群众对健康的需求愿景。

四、贵州泛特尔细胞生物技术有限公司发展面临的问题

（一）政策问题

科学技术水平的不断提高和人民追求健康的需求不断增加，推动着干细胞产业飞速发展。2015 年，国家卫生和计划生育委员会、国家食品药品监督管理总局联合发布《干细胞临床研究管理办法（试行）》，迈出了干细胞领域政策制定的第一步。① 但细胞来源的特殊性、行业标准的缺失以及政策的限制，导致贵州省干细胞产业的发展存在行业监管缺失、行业政策未放开等诸多问题。2020 年新冠肺炎疫情之后，干细胞发挥了其在生物医疗方面的潜力，并且科技部发布了《科技部关于发布国家重点研发计划

① 戴书缙：《我国干细胞产业政策的现状、问题及对策研究》，上海交通大学硕士学位论文，2016 年，第 28 页。

“干细胞及转化研究”等重点专项2020年度项目申报指南的通知》，推动干细胞产业的发展与进步。

1. 干细胞产业政策未完善

泛特尔细胞生物是由贵州省发改委、卫健委联合批准授牌“贵州省区域细胞制备中心”，但在干细胞产业的相关技术标准、质量标准、行业准入政策以及管理体系等方面都没有相对应的政策，如细胞的采集、提取再到最后细胞产品的制备的整个过程，应该用怎样的操作标准来进行衡量以及细胞制备所需的环境应该达到什么样的要求？这些相关的政策仍处于“真空”状态。而与贵州省相邻的重庆、云南等地都已经出台了相关的政策法规，如云南省为加快推进细胞产业的发展出台了《云南省人民政府办公厅关于建立云南省推进细胞产业发展联席会议制度的通知》，加强了对云南省细胞产业发展的指导，促进细胞产业发展政策措施的制订。因此，干细胞产业的政策问题是贵州省干细胞产业亟须解决的一个重要问题。

2. 干细胞产业的监管主体不明确

干细胞产业一直以来都是备受争议的产业，“细胞从何而来？”“采集细胞的渠道是否合法？”“采集而来的细胞用来做什么？”“储存的胎盘是否会被倒卖？”“细胞采集的渠道、采集方式到最后废弃细胞的处理办法是否受到相应的部门监管”等都是人们较为关注的问题。导致这一现状的原因则是干细胞产业没有相对应的监管主体。2015年所出台的《干细胞临床研究管理办法（试行）》第一章总则第五条明确指出“国家卫生计生委与国家食品药品监管总局负责干细胞临床研究政策制定和宏观管理，共同组建干细胞临床研究专家委员会和伦理专家委员会，为干细胞临床研究规范管理提供技术支撑和伦理指导”①，这也意味着干细胞的监管部门由卫生计生部门与食品药品监管部门共同承担，虽然明确指出了管理部门，但由于干细胞产业相关政策的不断调整，两个部门的联合管理也会相互推诿，出现“踢皮球”现状，让行业的从业人员不明白干细胞产业是由卫生部门进行监管还是由食品药品监督管理局进行监管，从而进一步导致干细胞产业的监管力度不严。

---

① 中华人民共和国国家卫生和计划生育委员会：《干细胞临床研究管理办法（试行）》，载《中国实用乡村医生杂志》，2015年第18期，第1—5页。

（二）行业问题

贵州泛特尔细胞生物是由贵州省卫生厅、省发改委、卫计委、食药监局联合授牌，从事生物与细胞的企业。近年来，尽管干细胞产业得到空前发展，但由于干细胞相关知识的普及率低以及消费群体大多是高端商务人群、高端女性群体等问题，致使干细胞产业的消费人群少，储存细胞的比例小。

1. 消费群体定位过高

据调查，泛特尔细胞生物的顾客来源主要是医院提供的储存顾问平台、协会学会的宣讲以及省外旅游团队的参观等。因此受众群体较少，所接触的群体均是“非富即贵”的群体，这也就导致了消费群体定位过高，进而忽视了中等收入群体在社会消费中所起的作用。

2. 知识普及率少

近年来，干细胞的飞速发展，不禁引起人们对这一行业的疑问：“干细胞是什么?”“干细胞有什么作用?”这皆是相关知识的普及力度低导致的。从互联网中搜寻有关“干细胞”的文章，在文章的末尾都会附上有关干细胞的知识，从细胞的基础知识再到成体干细胞、胚胎干细胞都有详细的解释，但能真正理解的人只占少部分。除此，泛特尔细胞生物是贵州省授权的科普教育基地，但与之相关的活动过少，这也导致了解相关知识的群体较少。

3. 宣传力度小

随着信息技术的不断发展，相关行业的宣传方式不断更新，从曾经的广告单到现如今的新媒体运用，多渠道的宣传方式成了各企业青睐的对象。但泛特尔细胞生物的宣传采用的是宣传册以及微信公众号上对干细胞的运用进行宣传，通过在新媒体上检索，所呈现的有关内容均无关细胞生物。因此，多元化的宣传方式是提高泛特尔细胞生物知名度的渠道之一。

对此，如何建立健全干细胞产业的相关管理政策，如何规范管理贵州省内干细胞产业的发展市场，如何更好地运用贵州省优越的地理优势来解决泛特尔细胞生物的发展等问题是目前发展中所需要解决的主要问题。

五、贵州泛特尔细胞生物技术有限公司“康养+”发展对策

干细胞产业作为继手术、放射、化疗之后的最佳的绿色治疗手段，在许多传统手术无法攻克的疾病中让人们看到了希望。2021年《贵州省国民经济和社会发展第十四个五年规划和2035年远景目标纲要》中明确指出“加快发展生物医药，积极发展大健康和养老产业，积极培育健康服务新业态、积极发展健康养老服务产业，深入推进医养结合，发展预防保健、疾病治疗、慢病康复、长期护理为一体的医养服务业，培育发展医养结合市场主体”，泛特尔细胞生物秉承“最先进的生物医疗技术服务于客户，从细胞层面去帮助人们解决疾病、延缓衰老、提高生命质量”的理念，以储存细胞的方式为健康做保障，因此，基于对泛特尔细胞生物发展过程中问题的分析，依托贵州省积极发展“康养+”产业，提出泛特尔细胞生物发展的对策建议，促进细胞产业与康养产业相融合的发展。

（一）完善行业政策，确保行业规范发展

根据调研所知，干细胞作为高速发展的产业，相关政策出台与产业发展的速度不相匹配，有关干细胞的相关政策还处于起步阶段，进而导致干细胞产业存在质量难以衡量、环境监管力度不足等问题。因此，完善干细胞产业的政策可从以下几个方面着手：一是明确有关行业的政策，促进行业的发展，如重庆、云南的细胞治疗已完全放开以及浙江已有四个政府部门完全批准细胞注射。二是建立健全细胞储存管理体系，确保行业规范发展。目前我国对于干细胞产业的管理体系还未有明确的政策出台①，可借鉴国外对于干细胞产业的管理体系，确保细胞的采集、运输、检验和储存都在严格的管理下进行，杜绝非法买卖扰乱市场秩序。三是成立干细胞产业的监管部门，经由卫生计生部门与食品药品监管局共同成立干细胞监管

① 戴书缙：《我国干细胞产业政策的现状、问题及对策研究》，上海交通大学硕士学位论文，2016年，第37页。

委员会①，从干细胞的储存、制备技术以及实验室的标准进行监督，提高干细胞产业的准入门槛，让细胞制备生产的环境能得到更加有效的监管，促进干细胞产业发展与进步。

（二）医疗康养+旅游的发展模式

世界卫生组织将医疗旅游定义为以医疗护理、疾病与健康、康复与休养为主题的旅游服务。② 而贵州省得天独厚的环境优势、气候条件以及旅游资源，为打造医疗康养+旅游的发展模式提供了天然的条件。借此围绕贵州省的资源优势打造贵州高端的旅游医疗目的地，让客户在享受旅游的同时也能接受高端的医疗技术，以此吸引更多的消费者。借助优良的旅游资源来提高细胞储存的数量，从而带动相关产业的发展。

（三）加强行业的宣传力度

细胞储存本身属于“高端”的产业，目前所接触的群体皆是“高端消费”人群，基于此，可通过有关的知识普及、学术讲座，以及新媒体的运用来加强对行业的宣传。例如，泛特尔细胞生物可借助“教育知识普及基地”开展知识普及活动，吸引贵阳市大中小学的学生学习细胞知识，科普有关细胞的内容，加大对细胞储存优势的认知。其次，可在贵阳市各高校开展学术讲座，从高学历的层次去进行宣讲，也更易于群众对这一行业的接受。最后，利用新媒体定期或不定期投放有关干细胞的内容，提升全民的认知，从而加强泛特尔细胞的宣传，提升其知名度。

（四）探索多元化的消费群体

贵州省康养产业商会于 2020 年 6 月 29 日在贵阳成立。在贵州省康养产业商会登记注册的会员企业共有 61 家，会员单位的业务涉及休闲养生、温泉养生、滋补养生、康体养生等四大类，各企业所涉及的消费群

---

① 戴书缙：《我国干细胞产业政策的现状、问题及对策研究》，上海交通大学硕士学位论文，2016 年，第 39—40 页。

② 卢晓靖：《医养结合背景下中老年群体医疗旅游的认知及态度调查》，载《吉林广播电视大学学报》2020 年第 1 期，第 143—145 页。

体覆盖较为广泛。康养产业商会的成立，将贵州省的各资源优势整合。因此，可通过商会成立平台，发挥“桥梁纽带”的作用，将商会的会员企业相互连通，把各企业的消费群体连接在一起，进而拓展多元化的消费群体，促进泛特尔细胞生物的发展，也进一步完善贵州省康养产业的发展。

B.16 贵州省健康管理产业发展成功案例分析

——贵州龙善居健康管理有限公司为例*

杨孝军**

摘　要： 为进一步了解贵州康养产业的发展现状，推动贵州康养产业的优化升级，报告选取由贵州龙善居健康管理有限公司运营管理的全国首家红色智慧康养小区项目“龙善居红色 AI 康养社区”作为研究对象，通过实地调研，对该企业的成立背景、公司定位、组织架构等进行了解和汇总，对其在康养方面的智能化的健康 AI 服务系统、多元化的健康服务项目、合理的健康服务项目定价、居家健康养老研究示范基地、整合能力强大的供应链系统等实践探索和公司的消费者定位及盈利模式进行总结和分析，探索出其发展的成功经验，以期对相关企业能有所参考，对贵州康养产业的未来发展建言献策。

关键词： 康养产业；健康服务；社区康养；可持续发展

2013 年国务院发布《关于加快发展养老服务业的若干意见》，2016 年 10 月发布《“健康中国 2030”规划纲要》提出了“健康中国”的口号，标志着我国将“制定与实施健康政策”正式提上国家日程；2017 年习近平总

---

* 本文涉及龙善居健康管理有限公司相关运营资料及数据由课题组调研时该企业提供，特此说明。

** 杨孝军，穿青人，贵州民族大学 2021 级文物与博物馆专业研究生，研究方向为文化资源保护与利用。

书记在十九大报告中明确指出“实施健康中国战略”，2018年起国家开始进行健康政策改革，提倡医养融合，并将“构建有序共享、功能合理的健康养老服务网络”作为发展的目标，同时整合医疗、护理、康复等资源促进该目标发展，鼓励条件达标的养老机构举办医务室、护理站等健康服务站；后国家又相继出台一系列的指导性文件予以规范和引导，一时间健康政策在全国范围内迅速普及开来，各级政府纷纷响应，在推进“健康中国”战略的过程中，更多的是依托地方资源因地制宜发展康养产业。

贵州近年以来正在不断加大自身旅游文化宣传，目前“爽爽的贵阳、避暑胜地、中国凉都”等城市品牌已在全国打响，除此之外，“十三五”以来贵州的交通条件发生了实质性的变化，并且正在持续改善，正在加快推进高速公路、高速铁路、航空等交通设施建设，形成了连通全国各地的立体交通网络，此外贵州的传统民族医药源远流长，长期以来形成的苗药、侗药等民族医药种类丰富，效果奇特，拥有得天独厚的气候、医药资源和强大的交通条件使得贵州发展康养产业恰到好处，贵州省正成为安居乐业、投资兴业、康养度假的目的地。文章将立足国家“健康中国2030”目标和贵州气候、医药、交通的资源优势，选取贵州龙善居健康管理有限公司旗下的“龙善居红色AI社区康养中心”（以下简称“龙善居”）作为康养案例进行分析，探索贵州康养产业发展现状和经验。

一、贵州龙善居健康管理有限公司概况

龙善居红色AI社区康养中心项目是贵州龙善居健康管理有限公司根据党的十九大精神、国发〔2013〕35号文件、黔府发〔2014〕17号文件精神和2016年7月18日遵义市人民政府出台的《遵义市关于加快全市养老服务业发展实施意见》为政策引领，立足于“居家养老，社区养老”而创立的全新品牌，是于2020年4月14日全国首家落地的红色智慧康养小区项目。该企业采用全新的智能生态链，运用AI人工智能、IoT物联网技术，联合房地产开发商、社区物业管理公司，打通小区家庭对健康、养老、生活服务的单一性和壁垒，跨界融合让小区互通，通过借助小区的多方位系统（门禁、周界、监控、智慧家庭终端等）对社区每个人的健康指

数进行监管，以形成 AI 健康档案，与此同时，在社区内开设康养中心店铺，对社区居民进行健康追踪，对社区居民进行有效的身心健康调理和健康干预，以更精准、更贴心的健康服务，让社区老人足不出户也可以在家庭中生活得安心，使其子女更放心，以实现“善养天下父母”的使命和中华民族传统的“老吾老以及人之老”的和谐理念。

龙善居红色 AI 社区康养中心项目目前在贵州省遵义市港湾国际社区落地 1 家，也是公司总部，投资规模达到 300 万元，门店总面积为 500 平方米，分为活动区和理疗服务区两大区域，细分为产品展示区、中西医热成像检测区、慢病区、中医区、康复区、专家医生和家庭医生办公区、AI 运动训练区、亲子区、等候区九大功能区。公司组织架构为直线型，从上到下分别为“董事会—董事长—总经理—执行总监—八大职能部门（人力资源部、客服部、市场部、行政部、企划部、教育部、财务部、法务部）”五个层级，龙善居门店的标配人员由 1 名健康顾问、1 名正店长、2 名副店长、1 名健康管理师、1 名康复理疗师和 1 名坐诊医师构成；公司目前的消费人群定位主要为社区老人、退休人群、社区物业公司、房地产公司和公司加盟主，在此基础之上，通过招商加盟、政府支持、销售分成、股权回购和社区直营 5 个渠道获取收益使公司盈利，成功为社区康养产业的进一步推进做出了身体力行的实践。

二、贵州龙善居健康管理有限公司初步探索经验

（一）智能化的健康 AI 服务系统

龙善居在发展的过程中，形成了一套独具特色的智能化的健康 AI 服务系统。龙善居 AI 康养社区，是依托目前国内发展趋势蒸蒸日上的 AI 技术和大数据的应用，通过以龙善居 App 或微信小程序为线上服务端口，以社区实体店为客户体验和服务供给端口，围绕社区健康、照护、安防、社交、情感 5 个场景，以社区实体店为客户体验和服务供给端口，以专家型的社区医、康、养、生活、公益、文化、教育 6 个服务品类，提炼出 12 个产品线，实现线上线下相融服务的模式（简称 OMO 模式，ONLINE -

MERGE-OFFLINE），通过该模式构建出全新的社区健康服务新生态，为社区的居民构建出健康的生活方式。

实地调研了解到，该企业从 2016 年已经在北京开始组建自己的 70 人专业研发团体，历经 3 年时间研发出了公司自己的 App“龙善居”，用户使用该 App 可以查看自己的健康报告、进行每日舌诊、查询便民电话、进行临时密码开门、在线咨询医生、家庭维修、了解社区报事、了解公司智能设备 5 项服务。其次，龙善居拥有智能门禁、智能体征检测、智能运动、智能行车泊车、智能道路、智能电梯、智能报警、入户智能门锁、智能家居等配套齐全的一系列智能应用系统，使用这些智能应用系统进行社区场景全覆盖，从个人终端、家庭终端、公共区域、IoT 设施等渠道进行生活健康数据全搜集，经 BI 经营决策进行相关数据的云管理，大数据和云计算中心通过智能收集、整理、分析等环节，结合公司整合的康养运营商、医疗机构、公益组织、政府部门、服务提供商、物业、投资商等社会资源所搭建的服务生态，经由个人 App、服务 App、医生 App、管理后台工具端从云端为社区居民提供健康管理服务、医疗服务、社区基础服务等多种服务模式，以打造信息化、智能化的服务平台。

（二）多元化的健康服务项目

所谓健康服务业，国务院《关于促进健康服务业发展的若干意见》给出的健康服务业产业范围是指健康服务业的内涵外延，即以维护和促进人民群众身心健康为目标，主要包括医疗服务、健康管理与促进、健康保险以及相关服务，涉及药品、医疗器械、保健用品、保健食品、健身产品等支撑产业。贵州龙善居健康管理有限公司立足自身发展需要，自主推出了健康管理、养老服务、医疗服务、生活服务、文化教育、公益及其他服务等 6 大特色服务项目，健康管理包括智能检测、动态电子健康档案、智能健康评估和干预方案、慢病管理、亚健康管理、健康教育、中医特色理疗、康复训练 8 个方面，养老服务包括老年营养餐、老年日间照料、适老化辅具适配和租赁、适老化居家改造、生活照护 5 个方面，医疗服务包括家庭医生、专家坐诊、医疗咨询、就诊绿通、远程会诊 5 个方面，生活服务包括社区家庭保洁、社区家政、上门维修、出行协助、送货上门 5 个方面，文化教育包括文娱活动、社区大学、健康教育 3 方面；公益及其他服务包括心理咨询、法律咨询、医疗咨询、上门服务咨询、老年政策咨询、紧急呼叫救助 6 个方面。

（三）合理的健康服务项目定价

定价是市场营销中最重要的组成部分之一，是研究商品和服务的价格制定和变更的有效策略，在康养行业中合理的服务项目和产品定价同样是康养企业能否留住客源和客户是否进行二次消费的影响因素之一，能够使得企业获得最佳的营销效果和收益。龙善居从成立之初发展到现在的规模，形成了较为丰富的健康服务项目，以居民健康为中心的十几个大类共 180 多种单品中，涉及智能穿戴类、家庭检测类、家庭网关类、中医保健类、慢病理疗类、智能训练类、智能门禁类、智慧家居类、耗材类、智能检测类、功能食品类、生活用品类、老年食品类、农副食品类、健康设备类、药膳食疗类等健康服务类产品，涉及范围广泛，种类齐全且服务质量好，各服务项目和产品定价普遍低于同类行业中市场价格，且一些健康服务项目还提供免费体验。以下为龙善居的部分服务项目（产品）的收费标准统计：

表 1　龙善居健康服务项目（产品）收费标准统计

项目（产品）名称	收费标准	市场价格
量子能量仓	非会员体验：398 元/次	800—1200 元/次
	公司会员：免费拓客名额每月限 3 人；2 次办卡，1000 元/5 次；新会员办卡可申请再赠送 1 次	
	公司员工：100 元/次；	
光谱检测仪	非会员：800 元/次	9800—12800 元/次
	公司会员：500 元/次	
	公司员工：300 元/次，每月限 2 次，超出次数按 500 元/次收取，特殊情况额外申请	

续表

项目（产品）名称	收费标准	市场价格
光波桶	非会员：25元/次	30—50元/次
	公司会员：150元/10次，免费拓客名额限5人	
	公司员工：10元/次	
艾灸	9.9元/次	—
促销年卡	199元/年	
健康管理师套餐	3999元/年	
高血压理疗服务	33元/次	
中医四诊仪	免费体检	
远红外热成像仪	免费体检	
健康一体机	免费体检	

注：以上表格为实地调研所得数据和龙善居企业提供的相关数据资料整理而成。“—”表示无数据。

以199元每年的促销年卡为例，据龙善居董事长毛海①介绍，该卡为会员卡，办理该体验年卡的客户每年可以到公司进行4次量子能量仓健康检测，每次检测费用成本不到100元，而在医院做1次这样的量子能量仓的检测费用在800—1000元，非常昂贵，相比之下公司的价格较为亲民。公司正是以这种亲民的价格和做公益的情怀服务小区居民，因此在7000多人的小区中，办理199元年卡的会员就达到了1000多户；此外，小区居民到公司还可以在工作人员的帮助下，通过中医四诊仪、远红外热成像仪、健康一体机等先进医疗仪器做免费体检。龙善居为小区居民提供的健康服务项目，不仅质量有保障，而且价格较为合理。

① 毛海，男，生于1976年，湖南人，1997年就读于中南大学，2000—2009年就职于多家大型企业，擅长商业模式的设计与应用，现为湘鑫汇健康咨询有限公司董事长、贵州龙善居健康管理有限公司董事长、贵州康养产业商会副会长。

（四）居家健康养老研究示范基地

面对人口老龄化难题，传统的家庭养老、机构养老已无法满足社会发展带来的挑战和人们的需求，而龙善居正在做的居家健康养老无疑是一种健康养老的新尝试。从成立到目前共 2 年多的发展过程中，龙善居健康管理有限公司在 2020 年 9 月被北京幸福城互联网网络信息技术有限公司授予“社区居家养老模式研究”成果转化示范推广实施单位，双方合作共建“社区居家健康养老模式研究”成果转化示范基地。据悉，北京幸福城互联网技术有限公司成立于 2017 年 2 月 24 日，是一家从事技术开发、技术推广、软件开发、健康管理、健康咨询、销售医疗器械Ⅰ类、医疗器械Ⅱ类等多个领域的资深企业，有多年的健康服务经验；后来龙善居健康管理有限公司又在 2020 年 10 月正式成为国家发改委体改司“社区居家健康养老模式研究”的示范基地。

（五）整合能力强大的供应链系统

龙善居成立以来，以 AI 为工具，以康养为抓手，以社区为场景，构筑适合社区居民的康养和生活服务体系，为居民提供优质便捷服务的同时，构建高质量的流量池，以口碑、品牌和管理体系促进康养生态和谐发展，在健康服务项目和健康产品供应上，龙善居以其强大的整合能力有效整合各方资源，形成了具有独家特色的供应链系统。首先，龙善居抓住了国家发展大健康产业的政策红利应运而生，得到地方政府大力支持，顺应时代发展需要，整合了政策资源；第二，目前龙善居红色 AI 康养社区已经先后与遵义萌源医院、贵州航天医院达成战略合作，是医院（社区康养）定点培训中心，并且开通了“120 急救绿色通道”，为病人看病节省了更多宝贵时间，除此之外公司汇集了较多具有检测报告或者专利的民间古方、药方，整合了医疗资源；第三，公司的每个门店团队都配备有健康管理师、康复理疗师、坐诊医师，实行“三师共管”原则，并且有专业的护理员工，从而为社区老龄化人群、亚健康人群、慢病人群提供有保障的健康评测、健康风险评估、慢病管理、中医保健、康复理疗、就医绿色通道等健康服务，且团队成员都具有职业医师资格证或健康管理师证书，拥有专业的能力和热忱态度，另外公司有专门的研究团队，专门研究智能体征检测、智能家居、智能运动、智能门禁等，为健康服务的AI智能设备和智能健康管理系统，整合了人才队伍资源；第四，公司为广大社区居民群众、社区物业公司和加盟者提供吃、住、行、游、购、娱等健康商品，提供健康检测和监测等产品和设备，品相齐全，种类丰富，并且公司的商品、产品、设备都有直接的供应商家。据悉，该项目已有超千家全国及区域行业服务合作伙伴，由工厂到终端，厂家直销，依此形成全面、优质、经济的复合供应链系统，节省了开店运营的建设成本。

三、龙善居在康养方面的主要经验和措施

（一）与时俱进，把握国家政策导向

随着我国老龄化程度加剧，国家越来越重视老龄化问题，各地学者和专家积极寻求我国老龄化问题的解决之道，发展康养产业成为解决该问题的重要举措之一。自国家颁布《“健康中国2030”规划纲要》以来，衍生出康养产业这一新兴行业，贵州目前已进入老龄化社会，在国家“提高人民健康水平”的政策号召之下，提出了建设“健康贵州”的发展目标。当前，贵州省已在贵阳市、铜仁市、遵义市、六盘水市等地发展康养产业①。基于此，2016年7月18日遵义市人民政府出台《遵义市关于加快全市养老服务业发展实施意见》作为政策引领，一时间带动了一大批遵义地区从事健康服务的企业兴起，而贵州龙善居健康管理有限公司正是其中之一，其发展紧扣发展大健康产业的时代强音，是国家政策红利的结果。

（二）合理定位，守住社区流量入口

在国家提倡大力发展大健康产业的正确指引下，康养产业这一概念逐渐被人们所熟知，越来越多的地区和企业都开始从事这一行业，贵州省立

① 徐雷、罗竹、杨倩等：《老龄社会背景下贵州康养产业融合发展探析》，载《贵阳市委党校学报》2021年第1期，第7—10页。

足于自身特有的资源、气候、地形地貌等优势，逐渐形成了如苗医药康养、温泉森林康养、休闲度假森林康养、避暑休闲森林康养、阳光森林康养、与生态旅游景区联合打造的康养基地和康养小镇等的康养模式。贵州龙善居健康管理有限公司不在此列，该企业敢于创新和探索新的康养发展模式，公司立足于社区，专注于做“社区康养”和“居家养老”，是康养产业的一个新的领域。之所以选择社区作为公司发展康养产业的突破口，优势之一是一直以来国家鼓励发展社区养老。如 2017 年 2 月国务院颁布《关于印发“十三五”国家老龄事业发展和养老体系建设规划的通知》，该文件明确指出“要大力发展居家社区养老服务，加强社区养老服务建设”；优势之二是因为社区人流量较大，趋于稳定，人民对于健康服务的潜在需求量非常大；优势之三是由于在社区建设康养服务实体店的投资费用相对于其他地方偏低，只需要几百万元的投资便可以按照公司标准打造出一个新的门店。龙善居已经在贵州遵义市港湾国际社区落地 1 家，目前运作良好；未来将要在遵义市汇川区吴江恬苑社区与新蒲新区中建幸福城社区各落地 1 家，未来将继续在全国中西部省份城市开设更多门店，紧紧把握住社区这一切入点，守住社区庞大的客户流量，为公司发展社区康养产业提供强大的客源支撑。

（三）服务至上，有专业人才与技术

随着我国国民经济素质和综合国力的提高和社会主义市场经济体制的日趋完善，服务业蓬勃发展越发受到国家高度重视。一方面服务业是我国人民生活水平提高的重要体现，另一方面服务业的迅猛发展在很大程度上解决了大部分人的就业问题，缓解了我国的就业压力。据中国经济网记者统计，2013 年我国的第三产业生产总值首次超越第二产业①。龙善居已经形成了完善的针对社区康养的健康服务项目和产品体系，并且每一项健康服务项目和健康产品都有专业的人才储备和技术支持。

① 中国产业经济信息网：《中国第三产业增加值首次超过第二产业》，2014 年 1 月 21 日，http://www.cinic.org.cn/site951/jrpd/2014-01-21/716012.shtml。

表 2　龙善居健康服务项目（产品）统计

所属类别	项目（产品）名称	子项目（产品）名称	服务内容
医疗服务（与 AI 结合）	私人医生	私人医生（医师级）	线上问诊、线下面诊、上门巡诊、AI 病例档案管理、干预方案制定、阶段评估服务、用药指导、个人定制保健服务、个性化运动保健计划、日常营养指导、急诊辅助、医疗干预、个性化体检设计
		私人医生（专家级）	
	无忧绿通	危重症转诊	根据客户病情提供就医绿色通道或专家绿色通道，办理转诊手续，陪同就医，协助挂号；紧急垫资、三甲医院预约，远程专家会诊
		大病导医	根据客户病情预约专家门诊、专家就医咨询、三甲医院预约、陪同就医、远程专家会诊
	高端定制医疗	私人高端定制医疗	根据客户需求，提供基因检测、国内外精细化体检、干细胞治疗、抗癌治疗、抗衰老治疗、医美服务等
健康服务（与 AI 结合）	健康管家	健康管家（中医）	根据客户个人的健康检测结果，评估健康风险，建立健康档案，并出具针对客户健康风险的中医健康管理方案，持续监测健康方案的执行情况、跟踪健康执行和数据变化，持续反馈效果和优化建议
		健康管家（西医）	
	康复管家	康复管家（传统医学）	根据客户慢性疾病情况进行评估，建立 A 康复档案，出具传统医学康复方案，指导康复计划执行，观察、记录康复数据，反馈康复效果及优化建议
		康复管家（现代医学）	

续表

所属类别	项目（产品）名称	子项目（产品）名称	服务内容
健康服务（与AI结合）	中医调理小站	中医调理特色处方	根据客户个人健康检测结果，出具定制中医调理处方（包括但不限于三高防治、疼痛、睡眠、骨骼、心脑、神经、呼吸、消化系统、产后等功能调理）
		中医调理特色手法	根据客户个人健康检测结果，应用特色调理技法，对身体进行针对性调理（包括但不限于三高防治、疼痛、睡眠、骨骼、心脑、神经、呼吸、消化系统、产后等功能调理）
		中医调理特色设备	根据客户个人健康检测结果，应用特色调理技法，对身体进行针对性调理（包括但不限于三高防治、疼痛、睡眠、骨骼、心脑、神经、呼吸、消化系统、产后等功能调理）
	康复理疗小站	康复理疗设备	根据客户个人健康检测结果，应用特色康复理疗设备（OT），对身体进行针对性康复理疗调理（包括但不限于三高防治、疼痛、睡眠、骨骼、心脑、神经、呼吸、消化系统、产后等功能调理）
		康复理疗技法	根据客户个人健康检测结果，应用特色康复理疗调理技法（PT），对身体进行针对性康复理疗调理（包括但不限于三高防治、疼痛、睡眠、骨骼、心脑、神经、呼吸、消化系统、产后等功能调理）
		康复运动指导	根据客户个人健康检测结果，应用特色调理运动技法，对身体进行针对性康复运动指导（包括但不限于三高防治、疼痛、睡眠、骨骼、心脑、神经、呼吸、消化系统、产后等功能调理）

续表

所属类别	项目（产品）名称	子项目（产品）名称	服务内容
养老照料	老年生活商城（刚需痛点产品）	生活照料服务	提供助餐、助洁、助浴、助行、助急、助医等居家养老服务
		居家适老改造	提供居家地面、客厅、卧室、厨房、卫浴、洗手间、生活辅助空间的用具设备、照明等安全性的适老化改造
		居家适老产品	提供老年人居家生活中与衣、食、住、行、用、健康相关的安全性适老商品
生活服务	幸福生活严选商城（算法推送的核心盈利产品）	物业服务	严选优质的维修检测、管道疏通、防水防漏、安全急救等相关物业服务
		家政服务	严选优质的家装开荒保洁、室内深度清洁、家电清洁、厨卫空间清洁与整理、消毒除螨、大件物品清洗、换煤气罐、换送桶装水、保姆服务等家政服务
		商超服务	严选优质健康的生活日用品，并提供上门配送服务
		形象设计	严选优质的形象设计。美容、美发、SPA等个性化形象设计服务
		营养美食服务	根据客户家庭成员营养测评情况，由营养师针对性制定家庭营养方案，并制定家庭成员营养饮食计划，同时提供相应饮食计划的配餐（成品、半成品）配送服务。
		旅游服务	严选优质的近郊游。国内游、国外游、个性化定制线路等旅游产品
		营养保健服务	严选安全、优质、健康的家庭营养保健产品
		服饰服务	严选优质、健康的家庭服饰品牌产品
		装修服务	严选优质、健康的家装及家具品牌产品

续表

所属类别	项目（产品）名称	子项目（产品）名称	服务内容
公益文化传播教育培训	幸福之约家庭健康“五个一工程”公益行动（线上线下结合）	读一本传统文化养生书籍	以年度为单位，开设《黄帝内经》《伤寒杂病论》等传统文化养生著名经典节选公开课，宣传健康理念，传授健康知识，弘扬中医传统文化
		学一项健康技能	以月度为单位，组织健康技能培训，包括常用家庭健康设备的应用（电子血压计、血样仪等），健身运动（八段锦、健身操/舞等），提高健康技能
		享一餐营养美食	根据中国家庭营养膳食宝塔，提供家庭养生健康食谱，并应用食材进行加工工艺制作。学会营养搭配，正确加工，科学饮食
		用一个智慧健康 App	幸福城 App 应用公益讲座，拥抱智慧生活，用好健康软件
		做一次家庭健康检查	幸福城健康一体机检测、远红外热成像检测仪健康检测，摸清身体健康家底，守住家庭健康门户
	幸福之约健康俱乐部（营销道具和客户运营产品）	幸福之约健康文化艺术团	俱乐部吸收现有社区艺术团（包括但不限于合唱、舞蹈、书画、茶艺、朗诵、棋类、园艺、手工、美食、形象设计、运动、器乐等兴趣社团）加入，给予专业的艺术指导和交流场所，提高艺术社团的水平，通过艺术活动，愉悦性情，提升健康水平，同时传播健康文化艺术，扩大品牌影响
		幸福之约健康文化艺术大赛	俱乐部举办健康文化艺术大赛，通过竞赛的形式搭建健康文化艺术展示平台，扩大健康理念的传播，以赛促交流、以赛促健康
		幸福之约健康文化艺术节	俱乐部举办各类主题健康文化艺术节，通过书画、摄影、健身运动等专题健康文化艺术节的组织，展示社区健康文化艺术成果，展现健康风貌，提升客户黏性和活跃度
		幸福之约创客孵化中心	俱乐部吸收在医疗、康复、文化艺术、“非遗”等领域具有知识、技术实用新型的知识产权所有人或传承人，支持创客孵化服务

续表

所属类别	项目（产品）名称	子项目（产品）名称	服务内容
公益文化传播教育培训	幸福之约健康学院（营销道具和客户黏性产品）	幸福之约职业技能培训中心	组织专业认证培训，包括但不限于健康管理师、康复技师、中医推拿技师、营养师、心理咨询师、护士/护理员、社工师、评估师、红十字急救员等职业，提升社区公民健康专业技能和学员的就业职业能力
		幸福之约健康微课学院	以线上视频微课为载体，提供传统中医文化、礼仪类、运动类、美食类、声乐类、舞蹈类、书法类、绘画类、摄影类、模特类、瑜伽类、茶艺类、园艺类、形象设计类等视频微课课程，以月度课程计划为单位，组织线上课程学习，传播专业健康知识和技能，提升学员的健康生活能力
		幸福之约家庭健康学堂	以家庭成员为对象，开设线下精品健康课程，传授节气养生、中医穴位、艾灸、太极养生导引功法、水疗、芳香疗法、园艺疗法、音乐疗法、饮食营养、心理调适等线下实操技能课程，普及健康文化和理念，推广健康技能应用，提升幸福康养社区的健康能力，培养健康生活方式
公益养老	常规活动项目	—	（1）日常保健运动（每天一次），（2）生命体征监测（每周一次），（3）长者兴趣小组（手工、音乐、舞蹈、书法、摄影），（4）长者日常娱乐活动（棋牌娱乐、读书、看报、上网、书画、乒乓球等），（5）健康知识讲座（每季度一次），（6）老年营养餐每日中午 12：00 开餐（根据需求开展）
	公益类项目		（1）长者日常保健活动，（2）社区长者档案建立，（3）长者文娱康乐活动，（4）长者心理慰藉服务，（5）社区长者互助支援服务，（6）长者生活服务信息咨询，（7）社区长者志愿者服务，（8）其他长者公益活动

续表

所属类别	项目（产品）名称	子项目（产品）名称	服务内容
公益养老	有偿服务项目	—	(1) 外出就医陪同，(2) 居家上门服务，(3) 日托照料，(4) 保健性康复服务，(5) 老年人营养就餐服务，(6) 市内、异地旅游，(7) 社会老年大学等
	年度大型主题活动		年度大型主题活动从长者健康维护、休闲娱乐、社会参与社区融入等基本需求的角度进行策划，报送社区审核后由中心承办，由社区主办并提供活动资金支持。为保障社区长者的参与度，在每次活动开展前5天进行相关活动宣传；尽量组织更多的社区居民参与其中，每次活动开展后与社区召开总结会，对活动相关方案、图片等进行存档
	政府购买服务项目		龙善居红色AI康养社区居家养老服务项目包括助餐、助洁、助浴、助学、助乐、助行、助聊、助医、助急

注：以上表格为实地调研所得数据和龙善居企业提供的相关数据资料整理而成。“—”表示无数据。

龙善居健康服务项目（产品）统计表统计显示，龙善居健康服务项目（产品）囊括“医疗服务、健康服务、养老照料、生活服务、公益文化传播教育培训、公益养老”六大类别，可为社区居民提供“私人医生、无忧绿色通道、高端定制医疗、健康管家、康复管家、中医调理小站、康复理疗小站、老年生活商城（刚需痛点产品）、幸福生活严选商城（算法推送的核心盈利产品）、幸福之约家庭健康‘五个一工程’公益行动（线上线下结合）、幸福之约健康俱乐部（营销道具和客户运营产品）、幸福之约健康学院（营销道具和客户黏性产品）、常规活动项目、公益类项目、有偿服务项目、年度大型主题活动、政府购买服务项目”共17种健康服务项目（产品），同时为保障公司的这些种类丰富齐全的健康服务项目（产品）能够正常开展和供应，每一个领域都配备了相应的专家和技术团队，可以说完全消除了客户的后顾之忧。

（四）数据优势，自主研发管理系统

除了传统的在小区开设健康服务实体店的经营模式，龙善居善于抓住互联网的时代发展趋势，建立了一支适应公司发展和管理需求的自主研发团队，已研发出能够满足公司运营需要和客户服务跟进的完备管理系统。通过与公司主动提供的智能手环、智能门禁、智能家居等设备以及微信小程序、手机 App 等结合使用，实现线上线下对社区男女老少居民健康数据的实时监测。公司根据智能监测设备和健康管理系统得到的后台数据，利用大数据的优势对使用者的健康情况进行全面分析和测评，及时为处于亚健康或不健康的社区群众提供健康咨询和进行康养干预，以实现公司打造康养社区的宗旨。实地调研访谈得知，从公司成立以来，由于公司处在起步阶段，截至 2021 年 5 月，在人口 7000 多的遵义市港湾国际社区，到店体验者达到 2000 人次以上，已经在门店使用微信小程序和 App“龙善居”建档的用户达 1000 人以上①，占到了到店人数的 50%，而未来龙善居还将在贵州省各个大小城市和在国内中西部省份一、二线城市建成更多康养门店，而相对来说处于一、二线城市的人群对于健康管理的需求量更大。

（五）资源优势，供应链条较为齐全

无论是健康服务、健康产品，还是健康检测、健康监测设备，龙善居都可以为社区群众和公司加盟者提供必要的资源给予帮助和支持，因为公司与超过千家的全国及区域行业服务伙伴有相关合作，形成了齐全的资源供应链条，这样强大的复合供应链整合能力，继而形成全面、优质、经济的复合供应链系统，使得龙善居做社区康养具有独一无二的资源优势。正如前文所说，一方面节省了龙善居企业在其他城市开店并运营的建设成本，另一方面更是大大降低了开店的时间成本和机会成本，是可借鉴可复制的发展贵州省康养产业的新模式。

① 数据由访谈人员杨孝军在贵州龙善居健康管理有限公司实地调研访谈所得，访谈对象：贵州龙善居健康管理有限公司董事长毛海，访谈地点：贵州省遵义市港湾国际社区贵州龙善居健康管理有限公司，访谈时间：2021 年 5 月 24 日。

四、龙善居康养产业发展的对策和建议

国务院发布的《"健康中国 2030"规划纲要》第十八章"发展健康服务新业态"中指出，"积极促进健康与养老、旅游、互联网、健身休闲、食品融合，催生健康新产业、新业态、新模式"①。而龙善居创立之初的初心是立足于做社区康养这一板块，契合了健康新产业、新业态、新模式的时代主题。2020 年伊始，一场突如其来的疫情浪潮席卷整个世界，新冠病毒对人们的健康和生命安全构成严重威胁，使得全民越来越意识到健康的重要性，作为从事健康管理行业的地方企业，龙善居未来如何在"健康中国"建设大背景和人民对于健康生活需求中更上一层楼，为贵州康养产业发展贡献自己的力量，或可通过以下措施实现。

（一）强化"PPP"模式的带动作用，发展公共康养产业提高公众认知度

在广东、福建、上海等东部沿海发达地区，政府部门对于健康的重视程度相对较高，并且大力普及康养的概念和常识，加上在一、二线城市各类公共基础设施较完善，能够基本满足城市和社区居民的日常健康生活需要，因而康养产业在东部沿海城市发展较好，大众对于自我身心健康的关注已经常态化，有众多企业从事康养产业。而贵州省作为康养产业的后起之秀，虽然拥有众多潜在的康养资源，但很多地方供民众健康消遣的基础设施依然薄弱，公众对于康养的认知不足，政府部门在大力发展康养产业的同时，需要加大对相关企业的正确引导与合作扶持，发挥企业的带动和辅助作用以促进社区康养新业态。

地方政府可通过强化"PPP"模式的作用，以社区养老服务为例，鼓励社会资本参与社区公共硬件和软件配套基础设施建设以提升社区养老服务水平，通过政企合作完善社区老旧公寓、托护所、日间护理照料中心等基础配套设施，以此来大力普及康养知识和发展社区康养产业，当康与养

---

① 中华人民共和国中央人民政府官网：《中共中央国务院印发〈"健康中国 2030"规划纲要〉》，2016 年 10 月 25 日，http://www.gov.cn/zhengce/2016-10/25/content_5124174.htm。

成为社区居民的一种自觉行为，便能为如龙善居一样的相关企业带来客源，产生盈利，达到政府企业之间的双赢。

（二）拓宽与省内外高校合作渠道，提升企业的协调创新和产业化能力

在国内一些具有前瞻性的高校已催生出很多与康养相关的新专业，有的省份成立了康养大学，让培养康养人才有了理论和技术保障，康养产业的出现已经成为一种不可阻挡的新趋势，未来必将带动大部分人成功就业。如西南财经大学天府学院 2012 年开始成立康养护理学院，开设有护理学、社会工作、健康服务与管理三个本科专业和护理、老年服务与管理、社区康复三个专科专业；四川文理学院二级学院康养产业学院，下设健康服务与管理等本科专业和老年服务与管理、护理等专科专业；四川省攀枝花学院 2016 年成立了全国首个康养学院，是全国第一所以康养为特色的学院，目前该学院开设有护理学、健康服务与管理两个本科专业，开设有护理 、康复治疗技术、助产、老年服务与管理四个专科专业；2019 年南京城市职业学院成立江苏省首个国际康养学院；2021 年贵州省更是成立了第一所全日制公办的本科职业学校贵阳康养职业大学。

龙善居在做社区康养的过程中已经形成了自己的特色优势，与众多企业和一些省内专科学校建立长期合作关系，组建了一支服务于公司的 AI 技术研发团队，拥有多元化的健康服务项目和产品，有健康管理师、康复理疗师等外聘专家坐诊，但目前公司落地实施的门店只有遵义市港湾国际社区一家，可复制的康养模式还可进一步完善以加快公司规模化进程。龙善居是被地方政府承认的居家健康养老研究示范基地，可凭借这一优势拓展与省内外康养高等院校的交流合作，高校拥有更为专业的师资队伍，有丰富的理论实践经验，校企合作不但有利于校方办学和研究，也有利于公司根据自身理论和实践的实际取长补短，提升公司的协调创新和产业化能力，进一步提高公司自身的成果转化效率和服务升级，适应未来国家康养行业发展大环境。

（三）提高企业自主知识产权意识，以“品牌效应”来提升核心竞争力

龙善居强大的资源整合能力使其坐拥资源优势，通过其他行业发展伙伴合作关系，解决供应健康产品和智能设备的后顾之忧，在同行业领域中遥遥领先。前期阶段这不失为一种成熟的企业经验，然而此种依赖其他服务商提供产品和设备作为公司后续补给毕竟不是长久之计。随着公司规模进一步扩大，企业也需提高自我知识产权意识，注重研发企业自己在吃、住、行、游、购、娱等方面的健康产品、智能穿戴和智能家居等设备，注重知识产权的积累，最好可以打造出能够代表龙善居的标志性品牌产品，塑造企业 IP，以品牌效应提升企业价值和在同行中的核心竞争力。

（四）做好全盘规划和顶层设计，协调好商业化和康养领域的关系

我国面临着社会高龄化现象，加之亚健康问题出现在各个年龄阶段，滋生出的是一个庞大的康养产业消费市场，因此我国多个地区将康养产业作为新的经济发展方向，积极推动康养产业的发展。然而市场是一个自发形成的过程，尤其是康养产业的市场还未成熟，在形成过程中容易滋生市场乱象，因此需要政府部门发挥其职能，做好康养产业市场走向的全盘规划和顶层设计，出台相关法律法规规范和净化市场，整治市场乱象，协调好商业化和康养产业的关系，正确引导从事康养行业的社会企业，避免因为过度商业化而削弱康养产业的社会效益，发挥社会主义市场经济主导地位。

（五）与省内康养组织和企业加强合作，实现康养行业之间的资源共享

2020 年 6 月，贵州省康养产业商会正式成立，目前已经在商会注册的会员企业达到 107 家以上，会员企业涉及医、养、健、管、食、游六大类，分布在贵州省九个市州，商会自成立以来始终立足于贵州需要、行业需要、企业需要，充分发挥桥梁纽带作用，为推动贵州省康养产业发挥着积

极作用，受到党委政府和社会各界广泛关注。商会是市场经济条件下实现资源优化配置不可或缺的重要环节，贵州康养产业商会的成立，为实现政府与企业、企业与企业、企业与社会之间相互联系提供了重要平台和保障，是必不可少的重要纽带；在贵州省康养产业的发展壮大过程中，单个企业的单打独斗难免会遇到用户与消费者、用户与媒体、用户与同行业等众多竞争干扰，但是通过商会的群体力量，不仅可以在以上这些问题出现的时候有应对条件和平台，而且可以通过商会构建信息整合服务网站实现行业信息的整体全面化，进一步实现企业之间资源共享和交流合作，事半功倍。龙善居已经成为贵州省康养产业商会的副会长单位，因此，未来龙善居更要加大和贵州省康养产业商会的合作力度，和商会中的其他企业一起“抱团取暖”，通过康养商会这一窗口进行资源和经验交流，寻求公司未来在社区康养的新机遇和新机会，为贵州省康养产业新发展积累实践经验。

结　语

随着国家对国民健康的重视程度加深，康养产业发展越发趋于成熟，然而中国人口数量众多，随着新型城镇化建设的进一步推进，社区越来越成为人口密集之地，在国内社区康养还处于萌芽状态，什么是社区康养至今未成定论。而贵州龙善居健康管理有限公司所打造的“龙善居红色 AI 社区康养中心”实践进一步证明，把握国家政策导向、守住社区流量入口、有专业人才与技术、自主研发管理系统、供应链条较为齐全可以使得企业在从事社区康养产业时实现与时俱进、合理定位、服务至上、数据优势、资源优势等有效经验，是社区康养的可取之道，能够形成可复制的社区康养模式。此外，政府部门通过强化“PPP”模式的带动作用，发展公共康养产业提高公众认知度，引导康养企业拓宽与省内外高校合作渠道，提升企业的协调创新和产业化能力，让企业提高自主知识产权意识，以“品牌效应”来提升核心竞争力，做好全盘规划和顶层设计，协调好商业化和康养领域的关系，推动企业与省内康养组织和企业加强合作，实现康养行业之间的资源共享，是为发展贵州省康养产业增添更多风采的有力途径。

B.17 贵州“医疗+康养”产业发展成功案例分析

——以贵州福万康康复医院为例*

王　菲**

摘　要： 近年来我国残疾人口和老年人口数量增长迅速，随之而来的康复和养老问题已经成为社会公众关注的热点。目前传统的康复医疗已经满足不了患者日益增长的康复需求。在国家大力倡导发展大健康产业的背景之下，康养产业也迎来了新的发展机遇。与此同时，“康养+”的概念层出不穷，报告选取贵州福万康康复医院作为案例调研地，通过了解医院基本情况、发展经验及规划，面对医院在发展“医疗+康养”等方面存在的问题和挑战，提出了相应的对策和建议。

关键词： 康养产业；贵州福万康；康复；医养结合

《“健康中国2030”规划纲要》中指出我国大健康产业要“立足全人群和全生命周期两个着力点，突出解决好妇女儿童、老年人、残疾人、低收入人群等重点人群的健康问题”。① 而康复环节就像守门员，对于促进民众的健康具有关键性的作用。我国第七次人口普查显示，截至2020年我国60岁及以上人口的比重达到18.70%，未来20~30年会是我国人口老龄化快速发展期。到2022年左右，中国65岁以上人口占比将达到14%，正式

* 本文涉及贵州福万康康复医院相关运营资料及数据由课题组调研时该医院提供，特此说明。

** 王菲，女，贵州民族大学硕士研究生，研究方向：民俗学。

① 《“健康中国2030”规划纲要》，载《中国预防医学杂志》2019年第8期，第770页。

进入老龄社会，康复需求也随之上升，可是我国医疗资源、尤其是康复资源远远不能满足康复需求。① 各行业抓住人们对健康的需求，大力倡导发展康养产业，将“康养+”的概念不断延伸，将其发展到相关行业当中，并在探索过程中寻找到多元化、多层次的发展模式。

近几年，全国各地大大小小的康复医院吸引了大量社会资本的关注和投资。通过医养结合，康复医疗与养老并肩发展的推行，为传统的康复医院带来了新的活力，注入新的生机。而贵州福万康康复医院利用国家政策及资源优势，积极发展“医养+康养”的模式，为贵州康养产业的发展做出了相应贡献。

一、贵州福万康康复医院简介

贵州福万康康复医院成立于 2015 年 12 月 18 日，是贵州省卫生健康委员会批准的二级康复专科医院，位于贵阳市乌当区。该医院的注册资本为 1500 万元人民币，属于私人投资民营企业，治疗范围包括儿童康复和成人康复。康复专科特色包括：中风偏瘫康复、关节创伤术后康复、颈肩腰腿痛康复、老年性疾病康复、小儿脑瘫康复等。目前，该院具有独立的康复治疗部、一流的康复医疗设备和专业的康复医疗团队。

（一）贵州福万康康复医院发展概况

贵州福万康康复医院是贵州省第一家二级康复专科医院，是贵州省残疾人联合会定点医院、贵阳市残疾人联合会定点医院。近年来，在上级部门指导下，通过实施精准扶贫康复项目、救助服务及义诊活动等，积极助力医疗卫生健康扶贫工作的深入开展，为群众提供了一个科学的诊断平台及明确的诊疗方向，且荣获多项荣誉（详情见表 1）。

① 李静、刘倩倩、王倩倩：《医养结合养老模式及问题分析》，载《中国农村卫生》2021 年第 23 期，第 9—11 页。

表1 贵州福万康康复医院所获荣誉

获得时间	获得荣誉
2016年12月	贵州省大健康医药产业示范（园区、企业）示范基地
2017年9月	2017年中国医院竞争力—康复医院60强
2018年8月	乌当区重点优护对象定点医院（包括短期疗养项目）
2019年10月	贵阳市“拥军优属先进单位”
2020年5月	贵阳市标准化规范化建设示范党支部

医院自成立至今，共设有各种门诊、检查、治疗功能性科室15个，配有相应的医技科室，床位245张，员工134人，已经达到了二级医院的建设标准。一流的康复医疗设备、专业的康复医疗团队为贵州福万康康复医院的病患者提供了优质的服务基础。贵州福万康康复医院作为贵州省“大健康”项目的一个建设单元，它的发展填补了区域卫生医疗项目针对康复医疗的服务空白，满足了区域医疗市场对康复医疗的需求；为贵阳市和周边地区的残障人士及特殊儿童提供了便利的康复场所和专业的治疗机构，真正、切实地为有各种康复需求的患者提供优质服务，帮助更多人提升生活水平，重拾健康身体。

（二）贵州福万康康复医院服务主体

1. 儿童康复

贵州省福万康康复医院加强与省、市、区残联的对接联系，承担了贵阳市及其他地区患儿的康复治疗，使周边地区的残疾儿童都能够享受健康精准扶贫政策。凡是有医疗、康复需求的残疾儿童、少年医院都接诊治疗。自医院开办以来，贵州福万康康复医院通过实施精准扶贫康复项目，共计救助300多位患儿，成功帮助部分患儿回归家庭和学校。目前，该院儿童康复的诊疗范围主要包括运动障碍、语言障碍、认知障碍、心理行为异常四个方面。

图1　儿童康复治疗过程（王菲摄）

2. 成人康复

残疾人是一个特殊困难的弱势群体，他们也渴望与社会的其他成员一样拥有健康的身体，享有平等的工作机会。而康复属于治疗中的关键环节，对于残疾人缺失的部分功能起着重塑功能，是其返回社会、家庭、工作的重要途径。贵州福万康康复医院针对每一位康复患者提供个性化、系统化、动态化的康复方案，患有中风偏瘫、高血压、糖尿病、老年性疾病，术后康复等成人群体，相关康复医师会根据患者的个人情况给予适合患者的治疗方法，利用康复医疗器具和中医草药配合治疗。

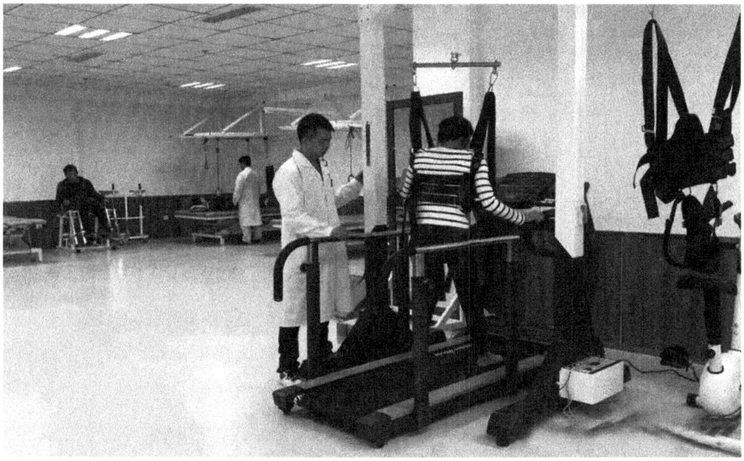

图2　成人运动康复　（图片来源：贵州福万康康复医院微信公众号）

3. 老年养老人群（规划建设中）

近年来，我国人口老龄化呈上升趋势，失能半失能老人数量逐年增多，加之空巢率的居高不下导致传统居家养老难以为继，社会的养老负担持续增加。[①] 贵州福万康康复医院将自理、半自理、失能失职老人的康复和养老纳入发展规划中，申请并获得了养老院的许可证，由于医院的环境和面积受限，新规划建设的医院分为康复板块和养老板块，为当地的残疾人和老年人提供优质的医疗资源。在我国"未富先老""未备先老"的背景下，如何解决老年人的养老与医疗问题，成为当前养老服务体系建设和医药卫生体制改革面临的重要议题。[②] 康养产业的涌现，为解决这一重要议题带来新的切入点，贵州福万康康复医院把医养作为核心发展方向，将"康养+医疗"的模式作为医院近几年探索和打造的发展目标。

（三）贵州福万康康复医院特色服务

目前，贵州福万康康复医院提供体检、康复、护理三个方面的服务，以物理治疗为主要手段，以中西医结合为治疗特色，早期康复干预疾病为理念。后期医院借助大健康产业的发展，进一步拓展福万康康复医院的服务类型和种类，积极响应"康养+"的政策，打造"全龄化"+"一站式"康复服务和专业养老照护服务。康复能够对患者缺失的功能起到很大恢复作用，康复医师和康复技师从心理和生理两方面双管齐下，力使患者丧失的功能重新恢复，争取早日重返家庭、重返工作、重返社会。

（四）相关康养产品

1. 中医药材

贵州福万康康复医院所在的贵阳市乌当区是贵阳市重点规划发展现代制药的主要区域，是贵州省医药产业最集聚、优势最突出、潜力最巨大的地区。[③] 全乌当区依托得天独厚的生态及资源优势，医药种植面积广且种

---

① 邓勇：《康复医院建立医养结合养老模式问题研究》，载《中国医院院长》2020 年第 11 期，第 68—71 页。

② 黄佳豪、孟昉：《"医养结合"养老模式的必要性、困境与对策》，载《人口与健康》2014 年第 7 期，第 63—68 页。

③ 金俊彦：《乌当区医药产业发展对策研究》，载《农家参谋》2018 年第 2 期，第 151 页。

类多，并于2016年被评为贵州省大健康医药产业示范基地。为福万康康复医院提供了丰富的中药材资源，在患者康复时配合中药外敷内治、针灸、按摩等进行系统规范的康复治疗。

图3　传统的跌打损伤、活血化瘀药酒（王菲摄）

2. 康复器具

康复器具对一些特殊的患者来说起着辅助、支撑和恢复的作用，康复器具配合相应的运动，会使肌肉萎缩的患者慢慢地恢复一些知觉。贵州福万康康复医院具有康复设备60余台/件，包括电动起立床、减重步态训练器、痉挛肌治疗仪、脑循环治疗仪、德国VOCASTIM-MASTER吞咽治疗仪、中频治疗仪、低频脉冲电疗机、超短波治疗机、磁疗机、等速肌力训练设备、上肢机器人、下肢机器人等。正在规划建设中的养老院，建设完成后会根据养老院的配置设施添加相应的器具。

二、贵州福万康康复医院的发展经验及规划

（一）发展经验

1. 大健康医药产业示范基地

在大力发展大健康产业的背景下，乌当区以医药产业集群发展为导

向，初步形成了集医药研发、制造、包装、物流、医疗服务、健康养生、医药种植等于一体的大健康医药产业链。① 贵州福万康康复医院位于贵阳市乌当区，乌当区属于大健康产业示范区，并与2016年12月被评为贵州省大健康药业示范基地，为贵州省“康养+”产业的发展助力。医院充分利用药业产业的示范基地的优势，坚持“始终坚持高水平的服务质量，人性化的服务环境，便捷温馨的服务流程”的服务理念，不断地探索医院的发展模式。

2. 传统康复模式的转型升级

随着医疗技术的逐步提高和社会老龄化不断加剧，患者的康复需求不断增大，对康复服务能力的挑战也在逐渐增大。仅依靠传统的康复手段已经不能满足当前康复患者的需求，福万康康复医院采取中西医结合，并利用国外先进的康复设备和药品，长期为慢性病患者提供特色的中医药服务，积极投身到康养产业探索实践中，引入“康养+”的发展模式融合到医院的未来规划中。根据每位患者的自身情况，采取不同的医疗服务方式，用人情、用心、用爱照料需要康复的患者。此外，医院还采用特色治疗项目，主要有物理因子治疗、减重步态训练、心理疏导治疗，能够为各种需求的患者提供优质的服务，让更多的残疾儿童在医院里看到希望，一步一步地走进社会、走进家庭、走进工作，让更多的老年人体会到健康的老年生活。

3. 对农村地区残疾儿童进行筛查

为了让更多残疾人及家属认识康复、了解康复，造福更多的贫困地区儿童，福万康康复医院每年都组织医疗专家团队，深入到各乡镇社区，通过上门走访的方式，开展健康扶贫义诊活动，对现有患者人群进行服务，对需要进行复健人群进行筛查。在筛查过程中，发现农村地区患有先天性疾病和后天性疾病的残疾儿童，以及患有唐氏综合征、脑瘫和自闭症儿童的人口数量较多。同时，还不定期地在各地区开展健康检查、预防残疾讲座、积极宣传减少残疾儿童的人口数量等活动，对残疾儿童及家属给予最大限度的帮扶。医院还设有婚前检查，对预防遗传性疾病或者孕期进行定

① 邓万里、周大茂：《打造大健康医药产业示范区》，载《当代贵州》2016年第18期，第36—37页。

期检查，进行系统性、全方位的筛查，实现早发现、早治疗，越早发现治疗效果就越好，恢复的可能性就越大。

（二）发展规划

1. 打造“全龄化”+“一站式”医养型服务

在福万康康复医院的规划蓝图中，医院设置独立的康复板块和养老板块，其中，康复板块面向现有人群和需要进行康复的人群，不限年龄、性别、身份。医院目前设有专门的临床科室、治疗科室、医技科室和职能科室，科室种类较齐全，而康复患者有儿童、成人、老年人，几乎每个年龄阶段的人群都涵盖，努力打造“全龄化”服务康复板块。医院打破人们对以往康复医院的认识，尝试从“低门槛专科康复治疗”到“多元化私人定制康复疗养”。① 养老板块还处于规划建设当中，主要针对自理、半自理、失能失职老人专门设置的，制定专业化的养老服务模式，以养老服务为核心，以康养和康复为依托，提供老年人体检、护理、医疗、康复、饮食等“一站式”服务。结合福万康康复医院的规划蓝图，打造“全龄化”+“一站式”医养型服务，为残疾患者和老年人口提供便利的服务。

2. 多样化医养结合的服务体系

传统的“医养”结合，更多注重“康复”，忽视了“养”的重要性。传统的、单一的康复治疗手段和服务模式，已不能满足患者的康复需求。福万康康复医院借助大健康、大数据和当地优质的中医药资源优势，顺势发展多样化医养结合的模式，积极主动发展“康养+”的发展模式。一是专业化养老照护服务。新规划建设的养老院，分为养老板块和康复板块，可为残疾人和老年人提供疾病预防、康复治疗、长期护理、临终关怀等全过程医养结合服务。二是养老区与康复区合作模式。依托现有的优质医疗资源，开展康复治疗、养老等相关康养医疗服务，借助“省医养结合领域示范基地”的东风医养健康小镇，利用当地的大健康产业示范区，发展多元化医养结合的服务体系，实现养老板块与康复板块合作发展，并由专业的医师制定专业化、一体化的服务，为入住养老区的老年人提供便捷的医

① 赵淑婧：《多元模式下的康养产业发展趋势分析——基于养老、康复、养生三方面》，载《农村实用技术》2020 年第 2 期，第 115—116 页。

疗康复服务，做到“医中有养，养中有医”的“医养结合”服务体系，全力助推医养结合服务体系发展。

三、医院发展“医养”产业存在的挑战

（一）相关的体制机制不健全，医养支撑条件不成熟

康复既代表康复重建，也意为功能补偿，是以残疾人为对象，在进行康复治疗与培训的同时，利用辅助器具让其恢复部分已失功能的过程，康复过程通常较长、费用较高。① 由于我国康复医疗起步较晚，而全国各地经济发展水平差异化大，较发达的地区康复医疗较为成熟，但欠发达地区大部分民众的康复意识薄弱，对康复医疗也存在一定的误解，认为康复医院就是养老院等传统的观念根深蒂固。目前，贵州省内康复医院的仪器设备比较欠缺，与康复医疗相关的组织结构和管理机制也不够科学，专业的康复医疗人才匮乏。在政策、人才、资金和技术等方面都存在着巨大的挑战。因此，发展“康养+医养”产业的新思路，需要政府出台相应的扶持政策以及资金上支持，明确康复养老行业的行业标准，加强康复医疗的宣传，完善相关的体制机制。

（二）政府财政支持力度不足，基础设施建设不完善

贵州福万康康复医院在运行过程中，时常会遇到资金不足的情况，比如政府的补贴资金、残联的补贴和医保报销等费用未及时到位等情况，基本上都是医院进行垫付。因此，在资金方面政府需要进行大力的支持，才能更加有效地帮助医院正常运行。基础设施是发展医养产业的重要基础，完备的基础设施能够促进康养产业和康复医院的发展。贵州福万康康复医院目前存在的主要问题有：接诊收治能力不足、床位数量紧缺、建设面积有限。医院目前占地面积仅 870 平方米，开发床位 245 张，员工 134 人，每年患者的接诊收治能力远远不够，患者康复需求无法得到满足。总的来

① 徐阳：《彭州市构建残疾人精准康复服务体系的案例研究》，电子科技大学，硕士学位论文，2020 年，第 38 页。

说，目前福万康康复医院的康复在基础设施、现代康复设备、康复人才等方面的问题比较突出。

（三）“医养”产业专业人才不足，服务水平质量不高

对于发展“康养+医养”产业而言，人才是最重要的保障。康复医师和康复治疗师对于整个康复行业来说都是比较缺乏的，康复行业内人才队伍存在以下几方面问题：一是薪资待遇低。康复是一个长期的、缓慢的过程，整个康复医疗行业的薪资水平相对较低，相比于其他类型的医院，康复型医院的收入都偏低。二是社会认同度不高。我国的康复医疗行业起步较晚，人们的康复意识弱，认为康复医院就是养老，传统的观念在民众心中早已根深蒂固，导致民众对康复医院有所误解。三是康养意识未普及。康养产业是一个新兴产业，国际学术界认为康养是健康和养生的结合，是对人的全生命周期中不同阶段的健康养护，重点在生命养护。健康管理以预防和控制疾病发生与发展，降低医疗费用，提高生命质量为目的，以最小投入获取最大的健康效益。① 现阶段福万康康复医院中各类康复医疗人员数量不足，且现有康复人员学历偏低，从 2015 年到 2021 年，本科学历从 48 人到 35 人，大专学历从 79 人到 84 人，研究生学历从 0 人到 2 人，康复医疗人员的数量也在逐年变化。正如上述所说到的，康复行业的薪资待遇水平和社会认同度不高导致拥有更高学历的人才流失（详情见表 2）。

表 2　贵州福万康康复医院的医护人员构成

年份	职称	学历
2015 年	主任医师 2 人，副主任医师 2 人，主治医师 8 人，执业医师 5 人，护士 50 人，康复治疗师 55 人，药师 2 人，检验师 1 人，技师 2 人	48 人本科、79 人大专
2018 年	主任医师 2 人，副主任医师 6 人，主治医师 11 人，执业医师 3 人，主管护师 2 人，护师 3 人，护士 36 人，高级治疗师 10 人，中级治疗师 5 人，初级治疗师 39 人，药师 4 人，检验师 1 人	34 人本科、88 人大专

① 闫丽、赵晶：《康养专业：构建康养人才培养全体系》，载《考试与招生》2021 年第 2 期，第 42—43 页。

续表

年份	职称	学历
2021 年	主任医师 2 人，副主任医师 5 人，主治医师 5 人，执业医师 5 人，医士 4 人，主管护师 4 人，护师 9 人，护士 45 人，初级治疗师 40 人，药师 2 人，主管技师 1 人，技士 1 人，检验师 1 人	2 人研究生、35 人本科、84 人大专、3 人中专

（四）“医养”产业融合力度不足，宣传模式单一

贵州福万康康复医院现在的患者客源大多是靠病人之间的口口相传和兼有治疗性的养老机构及医院推荐，并没有专业的广告和平台来推广，宣传推广力度不够，且养老部门正处于规划建设当中，“医养”产业融合发展的整合力度不够。传统的康复医疗更多的注重“医”，而现代康复医学强调“医”“养”并重，在对患者的身体进行治疗康复的同时也要注重患者的身心健康发展。如何高效地将“医养”融合发展，需要相关政策、基础设施、人才，也需要优质和专业的平台来推广宣传，这样才能做到真正地融合发展。

四、贵州福万康康复医院发展医养产业的对策建议

（一）健全体制机制，政府提供政策支持

当地政府部门应该建立健全医养结合工作机制，制定专业化、系统化和规范化的相关政策体系，并出台相关优惠政策，充分利用当地优势资源，打造全国一流的康养目的地。根据患者的人口数量和类别，划分医疗康复和养老服务设施的资源配置，发挥政府部门的作用。贵州福万康康复医院应结合医院的发展规划，建立一套完善的、个性化的服务体系。党的十九大报告中提出的“发展残疾人事业，加强康复服务”的要求，政府需主动承担起责任，要提供平等的基本公共服务产品和公共服务，充分保障残疾人权利，提升残疾人民生福祉，提高残疾人自我发展能力，促进残疾人平等参与社会。各级政府需要共同努力，切实履行统筹领导的职责，建立高效的体制机制，做好工作安排，充分调动残联、卫生局和社会保障等

部门以及社会力量，各司其职，并发挥应有的作用。

政府要坚持“以人为本”的服务理念，不断完善保障残疾人生活的制度和措施，落实残疾人基本医疗保险，扩大残疾人康复医疗保险机构报销范围，同时，落实现有残疾人福利政策，为残疾人康复创造更好的条件。

（二）加大政府财政支持力度，探索“医养”发展新思路

《“健康中国2030”规划纲要》《“十三五”国家老龄事业发展和养老体系建设规划》《“十三五”健康老龄化规划》等都将医养结合作为重点内容，医疗卫生服务体系、慢性病防控、癌症防治等专项规划中也突出强调医养结合。康复是一个长期的、连续的过程，且治疗费用较高，这给无数残疾家庭带来沉重的打击，康复设备、辅助器具都需要大量的资金投入，各级政府部门应该根据康复工作的实际需求出台相关的政策，建立康复服务资金保障机制，优化康复资金使用，加强监督作用，保障并落实到位。近年，贵州发展康养产业和旅游产业以得天独厚的资源优势和厚重的文化底蕴为基础，得到了较好的反响。政府和各行业应紧跟时代更迭，在大力发展康养产业的机遇下，积极探索“康养+”的延伸链条，加大政府部门对“医养”产业的投入，切实为人民谋利益、谋幸福。

贵州省制定并出台医养结合产业发展规划，这进一步体现政府对医养产业的支持力度和重视。探索“医养”产业的发展，需要从引导者入手。首先，需要通过政府部门购买公共医疗卫生服务的方式，系统化地推进贵州“医养”发展新思路的服务模式。其次，政府部门要时刻关注并落实相关补贴到位情况，以实际行动的方式，积极助力发展“医养”发展新思路。

（三）加快人才队伍建设，提高服务水平质量

首先，各类院校要加大康复和康养人才的培养力度，进一步加大对医疗、康复、护理、康养等人才的培养和培训；其次，提高服务行业人才的薪资待遇。建立一岗位多薪资的竞争模式，以服务态度和自身能力决定薪资待遇，在竞争中生存发展；再次，提高社会认同度。我国康复行业起步晚，民众对传统的康复概念固定。需打破传统康复在民众意识中的观念，

结合康养产业发展，融合“康养+”理念，为传统的康复医院注入新的活力，吸引更多的人主动去了解、接受。与此同时，政府应发挥引导者的作用，在政策支持的力度上给予重视，制定并出台“医养”产业相关的政策，以政策为源头，牵引民众对现代康复医院有进一步认识。还需加大宣传力度，开展康养产业和康复医疗相关的讲座，加强建立和完善医养人才的合作机制，鼓励执业康复医师和康复护士、康复治疗师到相关行业服务，建立一套完善的留住人才的模式；积极培育和引进名医名师，为推进“医疗+康养”产业发展提供智力支持；用专业的、至上的服务态度和服务模式吸引更多具有康复需求和养老需求的人群，打造专业的服务特色，给予患者优质的服务。

（四）加强“医养”产业融合度，建立专业的平台宣传

医院应找准患者需求，打造不同层次的医养服务项目，满足各类收入人群需求；打造医养智慧平台，在康养、医疗、康复等方面实现信息共享；培养“医养”行业的相关人才，如康复医师、康复治疗师、康养产业等人才的培养。“医养”产业是“康养+”产业的延伸产业链条，“康养+”产业的延伸链条涉及房地产、体育、旅游和养老等各个行业，有服务型、技术型等涉及面广，几乎涵盖各大行业。而“医养”产业的发展需要提高其产业融合度，充分利用资源优势发展“医养”产业，加强相关产业融合度。

于2020年成立的贵州康养产业商会对推动贵州康养产业发展意义重大，商会要积极整合资源，通过大数据打造康养商会大IP，做好康养宣传工作。目前商会企业数量较为庞大，贵州省康养产业商会要共同打造一个新的商会发展模式，立足于推广康养产业，为康养产业的发展提供平台。此外，残联组织、相关医疗部门等要落实并积极地开展残疾人康复的优惠政策、目的、意义的宣传，可以定期开展义诊、筛查、健康检查、讲座等宣传活动，提升残疾人及家属的康复观念，改变传统的康复偏见，主动接受康复治疗，减低残疾程度。贵州福万康康复医院需要充分利用资源优势、大数据优势，根据患者在院治疗的恢复效果，建立患者康复的相关数据库，建立独立的专业的平台进行宣传工作。

总 结

随着经济的快速发展、生活水平的不断提高和人们健康意识的不断增强，尤其是残疾人群的康复需求逐渐上升，发展康养产业，成为满足人们基本生活需求层次上的进一步的提升，积极应对中国社会结构、人口老龄化变化的重要举措。专业化康复服务和长期照护的养老服务将是“康养+”产业发展模式的有效突破点，贵州福万康康复医院要抓住大力发展大健康产业的机遇，依托贵州的气候条件、大数据技术等优势，立足乌当区发展做大做好做强康复医疗服务，争当贵州康复医院样板，嫁接发达地区的优质的康复医疗资源打造完整的产业链条，提供更多的高水平的康养产品和服务，从而探索“医养融合”的产业发展新路子。

案例分析篇
服务导向型案例分析

B.18 贵州省康养小镇建设示范案例分析

——以“纳具·和园”康养小镇为例*

黄丽丽**

摘　要：近年来，随着康养产业的不断发展，“康养旅游”“康养小镇”“智慧养老”“旅居养老”等概念层出不穷，越来越多的商家和企业顺应市场需求，积极投身于康养产业的发展建设当中，有效推动了农村产业发展升级，为乡村振兴目标的实现增添了活力。本文通过实地调研，就贵州椅山康蕊酒店管理有限公司的基本概况、竞争优势以及相关的康养产业项目“纳具·和园”康养小镇进行分析，提出了相应的对策与建议，以期为实现乡村振兴及康养产业的发展提供新思路和新方向。

关键词：康养产业；康养小镇；旅居；纳具·和园

2021年是全面推进乡村振兴的第一年，也是“十四五”规划实施的开局之年，更是康养产业发展之势实现跨越式发展的重要阶段。① 自2016年《“健康中国2030”康养规划纲要》印发并实施以来，贵州省依托现有资源以及相关政策支持，大力发展康养产业，鼓励康养相关企业与高等院校、科研院所进行合作，推动康养产业与其他产业紧密结合起来，加快康养产业的发展速度，促使康养产业向着高质量、高品质的方向发展，力求

---

* 本文涉及“纳具·和园”康养小镇相关运营资料及数据由课题组调研时该项目提供，特此说明。

** 黄丽丽，女，汉族，贵州民族大学民族学与历史学学院研究生，主要研究方向：民族学。

① 管弦：《贵州康养产业商会成立一周年》，载《中华工商时报》2021年8月11日，第7版。

打造具有贵州特色的康养品牌，带动经济发展。

报告选取贵州椅山康蕊酒店管理有限公司的康养项目“纳具·和园”康养小镇作为案例，并从自然环境和社会环境两方面对其进行简要的介绍，且通过市场 SWOT 分析其发展康养产业的潜力。贵州椅山康蕊酒店管理有限公司充分利用现有资源，把握市场发展机遇，促进贵州康养产业以及经济高质量发展。

一、贵州椅山康蕊酒店管理有限公司简介

（一）企业概况

贵州椅山康蕊酒店管理有限公司于 2019 年 11 月 21 日成立，注册地位于贵州省黔西南州兴义市则戎镇纳具村三组。该公司注册资本为 500 万人民币，属于商务服务业，经营范围包括酒店管理、住宿、会议服务、餐饮服务、餐饮管理、组织社会实践活动、中药草种植、职工疗休养策划服务、养生保健服务（非医疗）。

（二）康养项目

贵州椅山康蕊酒店管理有限公司的康养项目“纳具·和园”康养小镇是黔西南州招商引资引进的一个重要康养产业项目，由贵州桓源建设工程有限公司总投资 8.5 亿元，分三期建设，一期工程总投资约 2.5 亿元，目前项目已陆续完成；二期总投资约 2.3 亿元，现正处于建设之中；三期总投资约 3.7 亿元，还未正式动工。

（三）竞争优势

贵州椅山康蕊酒店管理有限公司注册地址为贵州省黔西南布依族苗族自治州兴义市，该地区物产资源、旅游资源、人文资源等较为丰富，商务服务业企业稀少，与其他同行相比，该企业进入市场时间相对较早、资金较为充足，具有良好的地域和资本优势。目前该公司对外投资的企业有兴义市纳具和园疗养有限公司，投资占比 99%。

二、“纳具·和园”康养小镇项目概述

（一）项目介绍

1. 文化渊源

“纳具·和园”康养小镇主要以黔西南州兴义市则戎镇纳具村这一具有600多年历史的布依族古村寨建设和优秀的传统文化为核心，并将村寨内丰富的森林资源、人文景观和历史古迹等融入项目建设当中，瞄准健康旅游、养老休闲、健康管理等领域，深入实施乡村振兴、文旅兴州的战略，着力推动康养产业与旅游产业、乡村振兴有机融合。

2. 项目概况

“纳具·和园”康养小镇位于兴义市则戎镇纳具村，该项目是由州、市两级政府密切关注并进行招商投资的重点项目，总投资8.5亿元，主要目标是构建一个具有中医疗养、中医养生和中草药种植、智慧养老和旅居养老、文化交流和文化传承等一体的能够养身、养胃、养眼、养心的康养小镇。康养小镇顺利建成后，将成为贵州省康体养老基地，并以中医调理为主要特色，以艾草、金银花等中草药种植为主，大力发展中医药养生产业。该项目由贵阳市多个协会、商会和公司共同投资建设，主要通过贵州椅山康蕊酒店管理有限公司进行运营管理。据了解，“纳具·和园”康养小镇项目自开工建设至今，累计用工约6万余个，均来自周边村寨的群众。一期项目建成后，可常年解决160个岗位用工，人均年收入可达8万元，进一步助推了当地群众务工增收。①

3. 主要康养项目

目前，“纳具·和园”康养小镇项目以“康养+休闲旅游”“康养+医养产业”“康养+养老产业”为重点，主要分为三期，一期以一心、两轴和四片区作为项目建设的主战场。其中，一心指接待中心；两轴即景观发展轴和生态发展轴；四片区包括中医养生区、森林康养区、智慧养老区和药

① 杨健萍：《纳具·和园：栖居生态 乐享康养》，载《黔西南日报》2021年8月30日，第5版。

图 1 “纳具·和园”前厅（杨朝敏摄）

膳食疗区。一期项目占地 194 亩，主要涉及 43 栋旧房、26 个宅基地改造，森林占地约 6000 亩。现如今，一期项目已经进入了试运营阶段，开放试运营的项目包括中医康养中心和中医养生区、产品展示区、森林康养区和药膳食疗区。二期项目建设主要以休闲娱乐为主，以中草药的种植、研究、生产、加工和销售为辅。三期项目主要围绕民俗表演、中草药展览、智慧养老和康养公园等建设为主。①

（二）项目定位

1. 市场定位

康养产业是一个集诸多业态于一身的产业，包含了养老、医疗、科技、体育、文化等。在“十四五”期间，要推动康养产业高质量发展，必须要大力培育康养产业人才，贯彻新发展理念。康养小镇主要以“健康”

① 《黔西南日报》、中国黔西南：《将“纳具·和园”打造成“四养”最佳去处》，澎湃网，2021 年 1 月 31 日，https://m.thepaper.cn/newsDetail_forward_11032589。

为前提，将休闲旅游、养老和养生等相关产业进行融合发展形成环境良好、资源充足、设备齐全、多元化的特色小镇，游客和居民可以根据自身的需求进行选择，比如健康疗养、医疗美容、体育运动、文化体验、休闲度假等项目。[①]“纳具·和园”康养小镇依托有着六百年历史的布依族古村寨，将民族文化和自然环境有机融合在一起，以打造独具特色的康养小镇。

图2　精心改造后的客房（杨朝敏摄）

2. 目标消费群定位

一直以来，业界始终认为中老年群体是康养产业的主要目标消费群，由于目前中国正处于老年化加速增长的时期，能够为康养小镇发展营造良好的发展环境和创造新的发展机遇。基于市场需求，“纳具·和园”康养小镇的目标消费群主要是针对退休老干部、中高端层次等人群：一是工作压力较大，急需放松心情；二是经济条件较为宽裕；三是人脉较广，宣传较快。

① 张严凡、孙娜：《绿色生态探究》，北京：群言出版社，2018年版，第204—205页。

（三）环境条件

1. 自然环境

兴义市隶属贵州省黔西南自治州，地处贵州、云南、广西三省区结合部，历来就是三省交会区的商业集散地和通衢要塞，有“三省通衢”之称。兴义地理位置优越，交通便利，是全州政治、经济、文化和信息中心，境内有多个湖泊，如：万峰湖、兴西湖、木浪湖、围山湖，且北盘江，黄泥河等20余条河流纵横交错。地势特点呈西北高、东南低，森林覆盖率高，喀斯特地貌显著。地理坐标为东经104~105度，北纬24~25度，一般海拔在1000~1400米之间。兴义属亚热带山地季风湿润气候，冬无严寒、夏无酷暑，雨水充沛，气候资源得天独厚，是旅游度假、休闲养老的风水宝地。①

2. 社会环境

兴义居住有汉、布依、苗、彝、回、侗、壮、蒙、白、黎等27个民族，文化底蕴深厚，如住房、饮食、服饰、语言文字、节庆活动等文化形式多样，特色鲜明。② 区域内交通发达，信息畅通，公路网络四通八达，教育、卫生、文化、科技等事业与时俱进，基础设施完备。境内人文景观也比较丰富，如古人类遗址、万屯汉墓群、威舍红军战斗遗址、名人故居、古建筑景观及非物质文化遗产等。据统计，2020年1—4季度兴义市生产总值493.23亿元，同比增长5.0%。其中，第三产业增加值268.71亿元，同比增长4.1%。③ 2020年兴义市城镇常住居民人均可支配收入37358元，同比增长5.4%；农村常住居民人均可支配收入14533元，同比增长8.4%。④

---

① 兴义市史志编纂委员会编：《兴义市志（1978—2006）》（上册），贵阳：贵州人民出版社，2008年版，第4—5页。

② 贵州省兴义县史志编纂委员会编：《兴义县志》，贵阳：贵州人民出版社，1988年版，第3—4页。

③ 兴义市统计局：《2020年1—4季度兴义市生产总值》，兴义市人民政府，2021年2月1日，http://www.gzxy.gov.cn/zwgk/zfxxgk/fdzdgknr/19/1066/202102/t20210201_66631981.html。

④ 兴义市人民政府：《2020年1—12月全市主要经济指标运行情况》，2021年2月3日，http://www.gzxy.gov.cn/zwgk/zfxxgk/fdzdgknr/19/1067/202102/t20210203_66672598.html。

三“纳具·和园”康养小镇项目SWOT分析

（一）S——优势

1. 资源丰富

兴义市是一个山地自然景观资源、民族文化资源和生态环境资源都比较丰富的地方。近年来，旅游资源尤其是独具特色的地文景观、水域景观、遗址遗迹、人文资源等，给康养小镇的建设与发展带来了巨大的机遇，引发各大企业、商家的争相投资。结合兴义市自然景观和文化特色，以“康养”为主题，项目建成后能够将康养小镇打造成贵州省“康养+旅居”式发展的特色小镇。

2. 项目投资充足

“纳具·和园”康养小镇项目由多个经营者联合起来共同投资，每个投资者都投入了相应比例的资金，大大减轻了项目前期开发费用、项目固定资产投入和流动资金等问题。既保证了项目能够正常运营，又在一定程度上减少了不必要的麻烦和负担。贵州桓源建设工程有限公司作为康养小镇的主要投资商，具有很强的区域综合实力。据了解，在康养小镇的建设过程中该公司不仅提供了专门的技术人员，而且还给予了一定的技术和设备支持。

3. 发展前景较好

康养小镇处于兴义市这样一个具有优越地理位置和美丽自然风光的地方，不仅在资源方面减少了很多成本，而且有相应的优惠政策帮扶，并在运行机制和管理机制方面有专业团队进行指导。目前，贵州还没有类似的康养小镇，该项目在市场开发和创新等方面具有较大的潜力。

（二）W——劣势

1. 前期投入大，周期长

据了解，“纳具·和园”康养小镇项目计划总投资8.5亿元，分三期建设。由于该项目工程量比较大，所以前期的土地开发成本、配套设施开发成本和其他开发成本等都相对较高。而此类项目又属于高投资、高风险项目，短时间内回报率也较低。因此，在项目的规划、投资、开发、运营等方面必须要统筹规划、全方位了解，充分发挥资源优势，扩大投资范围。

2. 康养专业人才匮乏

目前，全国范围内专业的康养人才明显欠缺，在医疗、养生、养老、休闲等各方面的科研人才和创新型人才也普遍匮乏。康养小镇的建设需要各个领域的高端人才，但目前学科带头和康养专业人才总量不足，且还存在着“引不进、留不住、用不好”等问题，高层次项目经营人员、管理人才和专业规划人才、营销人才短缺造成项目在运营的过程中存在着巨大的挑战，需要不断地完善和加强。

3. 传统古村落改造难

由于传统古村落年代久远，破损程度不一，是坚持保护原生态建筑还是进行适当的修改完善等诸多问题层出不穷，在改造的过程中不仅要考虑原有建筑和现有景观的未来规划，更多的是要保护好布依族原村落的建筑特点和文化特色，能够在则戎镇纳具村建设出具有黔西南州少数民族特色的文化建筑群。

图 3　修缮好的小院（杨朝敏摄）

（三）O——机会

1. 政策支持

自《“健康中国2030”规划纲要》出台以来，我国先后围绕健康战略又出台了一系列政策，2019年贵州省出台的《贵州省2019年大健康产业发展工作要点》中明确提出要加快发展大健康产业，推进大健康产业高质量发展，坚持把人民健康放在优先发展的战略地位，努力把大健康产业培育成为贵州省新的经济增长点和重要支柱产业。①

2. 服务业发展势头向好

如今，随着社会经济水平的提升，人民日益增长的美好生活需要也不断提高，对于高品质生活的愿望也越来越强烈，健康更是成为人们对生活的一种普遍追求。虽然我国还处于轻度老龄化阶段，但无论男女老少对健康的关注度和参与度都比较高。健康的身体、愉快的心情、完备的养老体系等已经成为人们对幸福生活的基本诉求。正因如此，康养小镇的建设更能有效满足人们对于养老、休闲、文化、旅游、养生、医疗等项目一体化服务和一站式服务的日常需求。②

（四）T——威胁

1. 易受突发事件影响

康养小镇的发展受外部环境影响较大，在发展过程中，很难完全避免一些不确定性因素和突发事件的干扰。例如在新冠肺炎疫情暴发期间，隔离是最有效的预防和控制手段，人们除了重要事情外，几乎不会选择出门，而康养小镇的发展离不开人群的聚集与社交。因此，一旦遇到此类问题，短期内营业收入就会受到影响。

2. 易受季节性因素影响

我国幅员辽阔，南北方气候差异巨大。在一年中随着季节的变化，我

---

① 贵州省发展改革委：《贵州省2019年大健康产业发展工作要点》印发实施，贵州省发展和改革委员会官网，2019年4月1日，http://fgw.guizhou.gov.cn/zwgk/xxgkml/zcfg/zcwj/201904/t20190401_62138776.html。

② 张霄：《康养产业：全民关注的新兴产业》，今日中国，2016年9月28日，http://www.chinatoday.com.cn/chinese/local/shrd/201609/t20160928_800068432.html。

国多数旅游目的地的客源状况会呈现出有规律的消长变化，因而旅游业在每年都会形成相对固定的旺季和淡季。贵州省旺季通常在5月至10月，在此期间游客相对较多，有很多游客会过来避暑或者旅游，收入较好。但是在淡季11月至次年4月期间，游客就会相对减少，收入降低。

四、“纳具·和园”康养小镇发展建议及展望

（一）整合资源，构建康养产业链

康养小镇投入的周期比较长，投入大，需要整合当地优势资源，大力发展养生、医药、养老、旅游、休闲和保健等相关产业，全面布局康养产业链，形成产品研发、生产、销售、人才培养、健康管理和医疗服务及其衍生的上下游多种业态的集聚，构建康养全产业链，搭建一个健康、高品质、可持续发展的“智慧康养生态圈”，推进康养产业的创新发展、多元发展。再加上目前贵州省康养产业尚处于“摸着石头过河”的探索发展阶段，政府的配套政策以及行业标准都还不够明晰，现成的政策和成功的案例较少。因此，在这种情况之下，要多借鉴国内外尖端康养产业资源，构建一个全方位、全覆盖的康养小镇。同时项目运营者要具有一定的经济实力和社会资源，在保证资金充足的情况下，还要多方联动，共享资源，以实现共同发展，逐步完善康养产业体系。

（二）加强康养人才培养，助推康养产业发展

随着人们生活水平的提高，越来越多的人开始追求高品质的生活，加之新型城镇化、人口老龄化等众多因素影响，出现了康养服务从业人员供不应求的现象。当前，我国康养产业方面人才短缺、质量不高、能力不强等问题也层出不穷，亟须完善康养产业人才培养体系，加快推进康养服务技能人才培训工作，为康养产业输入优质人才资源，提升康养产业人才培养规格和层次。着力发挥高校资源的比较优势，建设涉及康养产业跨学科交叉学科专业。推动国内外康养产业交流平台建设，加强人才交流，引进并培养一流专家团队，提升人才培养质量。

（三）加大政策扶持力度，吸引社会资本参与

国家政策支持是推动康养产业发展的重要保障，仅靠企业本身很难持续发展下去，需要国家出面。政府出台相应的政策加以引导，农户积极参与，企业与合作社积极响应，才能吸引更多的社会资本参与，为康养产业创造更多的发展机遇。一是加大政策宣传力度，保障政策实施效果；二是完善产业扶持政策，强化投资者的信心。三是利用公益宣传渠道，提高社会各界对健康养生的关注度，增强人们异地养老的观念，扩大消费人群。通过全面、集中、有效的宣传，让健康养生政策内容辐射到全国的各个角落，让人民群众了解政策、吃透政策，真正让广大人民群众得到实惠，有效促进消费，推进康养产业的健康发展。

（四）着力推进示范基地建设，带动地方经济发展

“纳具·和园”康养小镇是州、市两级政府招商引资的重点项目，在文旅兴州、文旅兴市的大环境下，将地方名医、中医、名药、中药进行更好地推广，并把它们带向全州，带向全省，甚至于带向全国，把中医康养的魅力和特色发扬光大。立志做一个面向全国的中医康养小镇，努力将其打造成整个省的乡村振兴示范点和康养产业示范基地。同时，小镇建成后，需要大量工作人员运作，康养小镇优先吸纳当地农户、大学生等，为他们提供一个家门口就业的机会与平台，带动周边群众就业增收。

（五）打造特色康养小镇，引领康养产业发展

兴义市的气候条件、生态环境和地理资源有着较好的优势，能够满足人们对健康生活的基本需求，对于康养小镇的建设具有得天独厚的优势。从“纳具·和园”康养小镇的总体规划来看，整个项目以布依族文化为核心，主要分为四大板块，将康养小镇与生活、生态结合起来，打造多元化生活、休闲功能板块等，极大地满足了消费者的便利需要。除此之外，还应增加体验项目。在节庆活动或者平日里，组织系列娱乐活动，融入人文关怀，给予大家暖心的陪伴。立足于小镇自身特点，以市场化开发为主导，打造特色康养小镇，推进健康产业链的高效发展，实现小镇的经济效

益增长。

结　语

随着“健康中国”战略概念的提出与实践，人们对于健康的追求已经开始有了新的目标和方向。在乡村振兴的背景下，要积极发展乡村康养产业，加强全民健康教育，提高全民健康意识和健康生活方式的行为能力。因此，康养产业作为前景可观的新兴产业，正吸引着国内文旅业界相关企业争相投资布局。“纳具·和园”康养小镇充分利用当地自然资源和人文资源，并利用区位优势精准定位，打造全方面、多层次的康养业态。项目建成后，能更加有效地促进旅游产业与康养产业的融合发展、多元化发展，从而推动乡村振兴目标的实现。

B.19 贵州体育康养产业发展成功案例分析

——贵州中天体育发展有限公司*

廖玉莲**

摘　要：体育产业作为我国的朝阳产业之一，具有良好的发展前景和巨大的潜力。近年来，随着“健康中国”战略的提出，国家越来越重视体育产业的发展，积极发展健身休闲运动产业，引导社会力量参与体育休闲设施建设运营。文章以贵州中天体育发展有限公司作为案例，总结企业发展成功的经验，分析该产业在发展的过程中存在的问题，并提出相关的建议，以期能给未来贵州体育康养产业发展提供借鉴。

关键词：贵州；中天体育；体育+康养

体育产业是社会各部门开展的与体育有关的一切生产和经营的总和，即体育产业不仅包括向社会提供体育服务的各部门，而且还包括提供有形体育物质产品的生产部门。① 在全面建成小康社会的进程中，人民生活水平日益提高，国家重视对体育产业的发展，积极发展健身休闲运动产业，引导社会力量参与体育休闲设施建设运营。各省市开始加大对体育产业的投入，贵州省出台了《贵州省“十三五”体育发展规划》《贵州省全民健

---

* 本文涉及贵州中天体育发展有限公司相关运营资料及数据由课题组调研时该企业提供，特此说明。

** 廖玉莲，女，贵州民族大学民族学与历史学学院 2021 级硕士研究生，研究方向为中国少数民族史。

① 曹可强：《体育产业概论》，上海：复旦大学出版社，2004 年版，第 10 页。

身实施计划》《贵州省体育产业发展“十四五”规划》等相关政策，并明确提出“要大力推动健身休闲、竞赛表演、智能体育和体旅、体医、体教等融合产业发展，”旨在全面支持贵州健康养生产业的发展，解决制约贵州体育产业发展的难点、痛点问题，释放体育产业的发展潜能。① 因此，文章研究以贵州体育产业中具有代表性的中天体育发展有限公司作为案例进行分析，探讨其体育产业与康养产业的融合发展模式，以期能为贵州省体育康养产业的发展探寻可行之路。

一、贵州中天体育康养产业的概况

贵州中天体育发展有限公司是一家体育康养健身服务型的企业，拥有专业的管理团队、教练团队及一流的健身运动设备。中天体育用专业而全面的服务，从场馆的人性化到品牌的个性化设计，满足消费者多样化的运动需求。

（一）贵州中天体育康养

贵州中天体育发展有限公司成立于 2006 年 7 月 16 日，现开设有 12 家店，20 个健身运动场馆，门店经营面积超 1 万平方米，场馆会员有 35000 名。② 公司主要包括贵州健身第一品牌“中天健身”、全智能健身品牌“Smart Soul 智灵”、专业跑团品牌“Acme Runner 极跑者”和儿童体适能运动品牌“Monkey Jump 星跳”等，主要分布于贵州省贵阳市的观山湖区、南明区以及云岩区。其中具有代表性的场馆是“Smart Soul”智灵健身房和中天青少年综合训练中心，场馆下设有有氧器械区、固定力量器械区和自由力量区，有氧器械区通常采用较多的器材是跑步机、椭圆机、划船机等，适合健身零基础的人群，固定力量器械区一般采用带滑轮类的器材比较多，适合有基本健身基础的人群使用，而自由力量区主要是以杠铃哑铃

① 吴锋、陈康清：《2021 年贵州省体育产业工作座谈暨体育企业联席会议在贵阳召开》，人民网，2021 年 9 月 13 日，http://gz.people.com.cn/n2/2021/0513/c389367-34723217.html。

② 申雨婷：《大咖会客厅 朱俊：做专业的健身场馆》，天眼新闻，2020 年 8 月 28 日，https://baijiahao.baidu.com/s?id=1687390798013870154&wfr=spider&for=pc。

为主，适合有基础的人群使用，以便更全面地训练到身体的各个部位肌肉。场馆主要包括大众运动健身健美项目的服务、相关运动场馆的经营、专业项目的培训、体育赛事的举办等，满足了贵阳市部分民众、中天房地产小区及周边小区大多数人群的健身需求。

中天体育
ZHONGTIAN SPORTS

图1　中天体育标志图（图片来源于网络）　　**图2　实体健身店（廖玉莲 摄）**

贵州中天体育发展有限公司位于云岩区中天花园小区，交通便利，紧邻高中档小区，停车位较充足。且中天体育立足于中高端定位，选址在中高档小区、商场和商业圈，聘请拥有专业认证的教练团队和管理人才，结合有一定销售能力的会籍顾问开始逐渐发展。

（二）贵州中天体育康养的相关产品

贵州中天体育发展有限公司是体育康养健身服务型的行业，主要包括健身健美服务、场馆经营出租管理等经营活动。与体育康养有关的健身产品主要是为特定人群做服务，精准定位到健身人群，其中“Smart Soul”智灵健身馆以白领、骨干和精英等具有一定消费能力的群体为主，以及有相关健身意识的青年和少数学生群体，而“Children Young Team”是以青年和学生群体为主。此外，中天健身房的顾客年龄均在20到55岁，主要集中在20到30岁，其中女性占60%左右，男性占40%左右。下面主要介绍贵州中天体育发展有限公司具有代表性的服务品牌产品。

1.“Smart Soul”智灵

“Smart Soul”智灵是贵州中天体育发展有限公司旗下的健身品牌，开办有2个店，位于贵阳市观山湖区，每个店约占1800平方米，场馆面积相对适中，设在贵阳地铁站的途经点，交通便利。该店相对于其他中天体育的店铺经营模式有所区别，主要是以私人教练的服务为主，实行一对一或一对多的有偿上课服务制度，盈利模式以客户办理月卡、季卡、年卡等会员付费形式为主。该品牌主要以有健身意识的中高收入群体为主，年收入多在20万以上，主要针对青年中的上班群体和爱好运动健身的群体。

从运动生理学的角度看，青年群体加强体育健身的锻炼，不仅能促进心血管机能的成熟，还能够促进神经系统、呼吸系统以及运动系统的发育和完善。在健身房中，瑜伽深受青年女性群体的喜爱，瑜伽训练中的推、拉、扭、挤、伸等动作能有效地矫正日常上班生活过程中劳累和不良坐姿造成的脊柱变形，改善人体形态。此外，瑜伽还能使人集中注意力，缓解生活工作的压力，使人平心静气，保持良好的积极向上的健康心态。因此，体育健身不仅能增强人的体质，还能提高人们健康生活的水平。

图3　智灵（图片来源于网络）

图4　私教区（廖玉莲 摄）

2. “Children Young Team”

“Children Young Team” 即青少年运动成长俱乐部（以下简称CYT），是中天体育发展有限公司的年轻项目品牌。于2019年1月正式开展青少年体训培训班，主要以学生的体育培训为主，辅之以对应的大众体育运动项目服务，主要包括篮球、足球、羽毛球、乒乓球、游泳和中高考体育项目培训等。其场馆项目下开设有篮球馆、羽毛球馆、青少年训练中心、儿童体育培训中心、跆拳道馆以及儿童体适能馆。贵州省贵阳市的体育培训主要针对中高考需要参加升学体育考试的人群，如果从儿童阶段就开始培养基本的运动素养，协调四肢，能为青少年阶段的体育考试做准备。

图5　青少年成长俱乐部（廖玉莲 摄）

贵州省体育考试的改革，将体育考试纳入升学考试中，提高青少年参与体育运动的自觉性和积极性，增加学校、家庭和社会对学生体质健康的关注度，一定程度上促进了CYT品牌的发展，而考试中的跑步训练是最考验人的耐心和体能的。跑步是一个循序渐进的过程，其间不仅需要调整跑步时的呼吸节奏，还需要注意跑步姿势和步伐的协调，避免跑步过程中摔倒造成手臂和膝盖的摔伤。此外，跑步还能促进青少年骨骼的增长。因此，体育培训不仅能增强学生的运动技能，提高青少年社会的适应能力，在一定程度上，还能促进青少年的德育和智育共同发展。

（三）贵州中天体育康养的宣传

目前，贵州中天体育旗下共有450名员工，企业运营主要分为管理层、私教部、会籍部和运营部，其中门店主要由私人教练、会籍销售、后勤以及店员构成。中天体育的运营主要是以会员制营销为主，以广告营销、体验营销和口碑营销为辅。其中，对于中天体育的投资宣传相对较少，主要依靠自媒体运营和新兴的广告宣传方式，通过企业工作人员和会员的朋友圈、微信公众号、微博和抖音等平台来宣传，传统广告主要以会员卡置换的宣传方式，通过在小区电梯、车站、地铁设置广告宣传点，以及在商场发放健身传单和卡片来宣传，进而在健身会所售卖会籍（即卖健身卡），再间接售卖私教课、健身设备、保健食品和饮料产品等。

二、贵州中天体育康养发展的成功经验

贵州中天体育发展有限公司运营 15 年来，在发展的过程中不断总结经验，与时俱进，结合自身的资源优势，设计人性化的场馆，定位准确的消费群体，制定清晰的发展方向，推动企业从单一体育健身向综合体育健身服务转变。

（一）正确的资金管理

资金充足是企业发展的关键要素之一，且现金流是体育健身行业发展中至关重要的要素。贵州中天体育发展有限公司隶属于中天城投集团，集团主要是做房地产的开发，自身拥有充足的资金和周边的资源。但随着房地产市场的逐渐饱和，集团开始将资金投向体育产业的开发。因此，中天体育发展有限公司的前期资金主要来源于中天城投集团，资金充足，集团管理层合理规划资金的流向。首先，是将部分资金作为体育健身的前期宣传费用，为后期企业的发展奠定基础，在此过程中，不断积累实践经验；其次，资金是开拓市场的必备条件，中天体育合理规划资金使用，同时，随着人民生活水平的提高，大众对健身的认知和需求不断提升，中天体育保持每年一到两个店的扩张速度增长；最后，中天企业管理者能准确把握国家对体育健身行业出台的一系列政策，随着“健康中国”战略的提出，了解到政府大力支持贵州体育产业的发展，中天体育把大量的资金投入到贵阳市观山湖区的未来方舟城市运动中心，推动中天体育从传统的健身服务逐渐向综合性的健身场馆转变。因此，企业拥

有充足的储备资金，正确使用不仅能提高企业在发展过程中的抗风险能力，一定程度上还能促进企业的长远发展。

（二）聘请专业的管理团队和教练团队

体育人才是体育产业发展的基础。贵州中天体育的运营离不开专业的管理团队和教练团队，对于管理团队，从企业创立初期，中天体育就明确自己的企业文化精神，即是“发现不一样的自己”，或是“发现更好的自己”，制定清晰的经营理念，从健身小作坊花5年时间做市场宣传，再到花5年时间建设健身连锁品牌，其间每年以1~2个店的扩张速度增长；①对于教练团队，中天体育企业对外长期坚持与贵阳周边的体育院校合作，最初基础的合作是去院校做讲座和招生，进而加深体育生对体育行业的认识，对内加强培育场馆的从业人员，鼓励教练在岗期间考取教练资格证书，聘请具备较强销售能力的会籍顾问。此外，企业促进行业内教练之间的交流和学习，实习的教练多向优秀教练请教沟通，以此增加经验和阅历，并定期派遣优秀教练到省外进修学习，提升自身的综合素养，拓宽视野，带动团队的综合能力提升。

（三）设计人性化的场馆

中天体育的场馆基本都设有吧台服务区、休息区、更衣淋浴区、泳池区、综合格斗区、私教区、康复区、有氧训练区、固定力量器械区以及自由力量区等等。对于场馆的建设，始终坚持“以人为本”的原则，聘请国内顶尖的场馆设计师，根据场馆周边区域的实际健身需求，对要开业的新场馆进行个性设计，制定方案，进而通过管理层择优筛选，再邀请场馆中有经验的店长和总健身教练进行交流讨论，发现不足及时修改完善，最后再确定实施方案。此外，对于场馆中的健身运动设备，严格按照质检部门出台的标准，选择国际一流的健身运动设备，以确保建设一个安全舒适、高效的运动场馆，使得场馆的整体设计更加的舒适和人性化。

---

① 陈曦源、胡春霞：《丰富体育市场供给 探索产业发展新模式》，载《贵州体育报》2021年2月9日，https：//baijiahao. baidu. com/s？ id=1691191487474383179&wfr=spider&for=pc。

图 6　休息区（廖玉莲 摄）

图 7　有氧训练区（廖玉莲 摄）

（四）定位准确的消费群体

中天体育主要是做体育服务的，其场馆主要开办在中高档小区，准确定位小区和商业圈区域的消费群体。且针对有不同健身需求的消费人群实行相对应的方案，其中消费人群主要分为青少年群体和青年群体。针对青少年这部分群体，2019 年成立专业的青少年体训培训班，从儿童阶段开始培养基本的健身素养，促进青少年的骨骼增长，提高青少年锻炼的自觉性和积极性。针对青年群体，主要包括有健身意识的上班人群和爱好运动健身的群体，该群体具有一定的消费能力，目的是减脂塑形，增强体质，改善心态，缓解生活或工作中的压力。例如中天体育旗下建立的“智灵”健身品牌，主要特色是以私教课的一对一或一对多服务为主，因此中天体育在发展的过程中，定位准确的消费群体，从青少年到青年实施不同的消费需求方案，不仅能提高场馆的营业额，获得经济收入，还能提高区域内人群运动的积极性。①

（五）制定清晰的发展方向

中天体育在发展的过程中不断总结经验，与时俱进，制定正确的企业发展方向。首先，在策略上，实行社会机构+教育机构的机制，进行线下实体面对面开班授课，为青少年做培训，实现体教融合优势互补。其次，在人员管理上，坚持与体育院校的长期合作，引进体育专业的人才，为消费者提供专业的指导和建议，为体育行业不断注入新的活力。因此，在中天体育的发展过程中，从最初少年消费群体的体育培训，到青年中年的减脂塑形，再到中老年的体育康复，中天体育的发展思路不断更新，并制定清晰的发展方向，逐渐全面覆盖全社会的消费人群。

三、贵州中天体育康养在发展中存在的问题

随着“健康中国”战略的提出，国家越来越重视体育产业的发展，政府也出台一系列的政策来推动体育产业的发展。中天体育从成立初，就秉着立足于贵州，服务体育产业的宗旨，不断扩大企业的发展，但在发展过程中也存在一些不足之处。

（一）政府的政策扶持力度不够

随着“健康中国”战略的推行，国家越来越重视体育产业的发展，各

① 申雨婷、胡春霞：《中天体育：尽全力比满分更重要》，载《贵州体育报》，2020 年 12 月 29 日，https：//baijiahao. baidu. com/s? id = 1687390798013870154&wfr = spider&for = pc。

省市政府也响应号召，出台相关支持发展的政策，但由于部分其中条例细节的规定还不够周全与合理，政策法规制度缺乏可操作性，这就导致相关政策在执行过程中会遇到一些矛盾问题。且在现阶段中，贵州颁布的有关体育产业发展的各项扶持政策法规中，很少有围绕“康养+体育”产业制定的专项扶持政策法规，例如，国家体育总局制定的体育政策与地方政策实施之间的矛盾等类似的问题，导致最后落到企业的制度准备不充分，对企业发展的支持力度不够。造成企业在发展过程中缺乏宏观政策层面的规范和引领，出现企业发展不合理，甚至是违规的现象，不能得到及时合理的解决。

（二）行业的监督管理体制尚未形成

目前，体育健身行业的市场竞争激烈，秩序混乱。中天体育健身俱乐部以连锁经营为主，其连锁经营的条件是可复制的，一模一样的复制多了，就会出现同质化的现象。且目前健身房主要的产品销售模式是“会籍卡+私教”，其中会籍卡在开店初期以提前售卖的形式销售，售卖形式有年卡、季卡和月卡。有时健身房为了抢占市场，吸引客户，时常出现打价格战的现象，比如在每年的年末，诸多健身房以年终巨惠为由，推出全民惠民卡，年卡半价回馈给新老客户，便会出现很多销售人员为提高业绩，采用“免费体验”或“赠送体验卡”的方式来吸引顾客办卡，只注重绩效，而不注重后期服务。再者就是健身教练的专业性水平低，在对中天健身俱乐部教练的调查过程中发现，体育类专业毕业的教练占比远低于非体育类专业毕业的教练，而参加过健身健美比赛的教练更是少之又少。因此，健身行业市场准入资质的低标准，不仅没有提高就业率，反而非专业的指导只会让人们越来越抗拒健身房。这种预售的形式虽然能使资金回笼，健身房纷纷扩张，但健身行业市场没有形成规范的市场秩序和监督管理体制。

（三）企业的发展规模不完善

企业的创新发展模式不健全主要体现在以下几个方面。首先，经营模式出现雷同现象。在体育健身行业中，大多健身房主要以售卖健身卡和私教课的形式盈利。体育 BANK 认为体育场馆生态产业链模式、城市体育服务综合体开发模式、体育场馆PPP模式和体育小镇模式是目前最成功的场馆建设发展模式。但中天体育康养依然是以对外出租、以租代管等简单的发展模式为主，在连锁经营的情况下，造成场馆在经营中出现雷同现象严重。其次，场馆的申办筹办能力不足。赛事是体育产业的核心，据调查，中天体育对举办赛事的创新动力弱，体现在没有承接大型的综合性体育赛事的能力，自主的品牌赛事没有形成品牌效应之上。最后，体育人才的吸引力不够。人才是体育产业发展的核心要素之一，当前，中天体育没有形成完备的体育人才体系，缺乏制度吸引优秀的人才队伍，比如专业水平较高的领军型教练员等。2017年出台的《北京市引进人才管理办法（试行)》在体育人才引进方面就有较多的政策支持，值得贵州学习和借鉴。

（四）消费者的体育运动意识薄弱

随着社会的发展和人民生活水平的提高，人们倾向于购买实体性的消费品，对于体育健身服务这种看不见摸不着的东西少有人问津。据调查，有60%到70%的人通常认为“上班就是体育”，“走路就是体育”，认为去健身房没有必要。比如在社区中，大众体育运动的场馆少，设备年久失修，且存在体育项目实用性不强的现象，导致社区成员接触不到运动器械，也不愿意花钱去健身房健身。此外，据贵州省统计局相关资料显示，2020年在商品零售总额中，体育、娱乐类消费位于倒数。因此，消费者的体育运动健身消费意识相对缺乏，总体运动意识有待进一步提高。①

四、贵州中天体育康养发展的对策

基于具体问题具体分析的原则，在中天体育发展的过程中，因地制宜地解决制约体育产业发展的难点、痛点问题，一定程度上，能释放体育产业的发展潜能。诸如政府可找准目标定位，构建服务型政府，实行点对点的精准定制化扶持，建立健全相关的行业法规，规范市场监督管理机制，同时企业要完善发展规模，推动“体育+康养”融合发展，丰富体育文化，

① 肖雪、田广、郭朝廷、田密：《新时代背景下贵州省体育产业发展SWOT分析》，载《体育科技》2020年第2期，第99—100页。

提高体育运动意识，推行医疗保险卡健身，进而推动体育康养产业的多样化发展。

（一）找准目标定位，实行定制化扶持

中天体育的发展需要政府政策大力的支持。贵州应立足于当下实际的体育市场，找准市场定位，优化管理地方的政策法律法规，提高政策的合理性和可操作性，并成立地方体育的行政部门，以便于能够及时有效地解决突发问题。此外，贵州政府应当转变职能，构建服务型的政府，实行精准的定制化扶持方式。政府要转变办体育的传统管理方式，建立以体育产业政策为主的体育产业宏观管理体制，并及时根据疫情变化情况及企业最新的问题，研究制定符合企业需求的优惠扶持政策，针对不同的企业实行不同的政策，实行精准的“一业一策、一企一策”的定制化扶持措施。[①]一定程度上，能提高措施的针对性、有效性和连续性，这不仅有助于推动贵州体育行业的复苏，还有助于贵州体育康养产业的高质量发展。

（二）建立健全相关法规体系，规范监督管理机制

首先，应当明确法律法规建设的主体，比如体育行政部门、体育卫生管理部门以及相关的企业组织等，明确自身的责任和义务。其次，建立健全自上而下的法律法规体系，一是建立与体育产业发展有关的法律规范和引导政策等，二是建立与企业发展有关的法规，设立地方的体育产业信息交流反馈机制，加强地方与上级之间的沟通协调。最后，要明确体育产业市场监管的主体及其职能，建立有效的监督管理机制，成立体育行业的市场监管部门，寻求合理的体育产业地方性法规，进而维护体育市场的健康有效运行，促进体育康养产业的长远发展。比如，在健身卡的销售市场上，规范健身卡的预售模式，完善体育健身行业的准则，提高工作人员的专业水平。在市场监管下，使市场价格在一个可控的范围内，杜绝恶性回笼资金。此外，加强体育生产和服务经营性活动的监管，政府在采纳群众建议的同时需派遣调查专员实际了解行情后，制定体育健身行业市场准入

---

① 吴林：《新时期厦门市体育产业高质量发展中存在的问题及对策》，载《哈尔滨体育学院学报》2021 年第 4 期，第 76 页。

机制、行业标准服务以及质量认证制度等，进而规范体育康养产业的秩序。

（三）完善发展规模，推动“体育+康养”融合发展

创新是引领发展的第一动力。企业的发展需要创新，运用创新思维来完善企业的发展规模，推动体育与康养的融合发展，发展体育康养产业，有助于体育产业转型升级。首先，对体育场馆进行规划和建设，在场馆经营的过程中要与时俱进，如借鉴上海的健身房经营发展模式，运用互联网技术，分析设计出符合区域内人们生活方式的服务产品，打造独特的健身产品，建立智能化的健身俱乐部，先设立直营店的发展模式，后进行加盟连锁的发展，再进行招商引资，与合伙人协同绿色发展，形成完善的发展模式，满足年轻健身群体的需求。[①] 其次，提高体育赛事的申办筹办能力，基于现有的场馆，增加行业间交流的机会，加强赛事的研究开发能力，在以往举办的赛事中积累设计开发和运营的经验，扩展体育企业的业务办理范围，发展线上与线下体育服务运营相连接，承接体育有关的赛事和野外拓展活动，比如承接绿道骑行、徒步慢跑、定向越野、环城马拉松等休闲体育活动，进而培育自主的品牌赛事。再次，增强体育人才的吸引力，基于行业实际情况，建立完备的体育人才体系，政府出台有关体育人才的吸引政策，企业员工实行等级薪水制度，引进专业的管理人员和教练团队，满足体育康养产业发展的需求。最后，探索体育产业的新发展模式，推动“体育+康养”融合发展，体育与康养可为对方提供技术资源、自然资源、社会资源，二者融合、互利共存，一定程度上能推动体育产业和康养产业的互惠融合发展，丰富体育康养的市场供给。[②]

（四）丰富体育文化，提高体育运动意识

体育文化按照场所划分，可分为企业体育文化、学校体育文化、社

---

① 易明亮：《互联网+背景下智能健身俱乐部发展模式研究》，硕士学位论文，上海体育学院，2021年，第40—41页。

② 王明明：《四川省休闲体育与康养产业融合的发展策略》，载《中阿科技论坛》（中英阿文）2020年第6期，第23—24页。

区体育文化、农村体育文化以及部队体育文化等。中天体育则是属于企业体育文化，文化精神是“发现更好的自己”，坚持以人为本的原则。企业以身体练习为基础，组织休闲体育的团建活动，增强体质的同时也能增加员工工作的积极性和团体意识。此外，培育正确的体育运动意识是改变消费意识的基础，政府与企业协同在社区开办体育运动讲座或宣讲会，呼吁大众参加体育活动，政府在社区建立合适的体育运动场所，为居民参加体育活动提供便利，从而提高居民参加体育运动的自主意识；企业向观众免费发放健身项目体验卡，邀请观众进店体验，其间派遣教练细心为顾客讲解健身项目及其使用的好处，激发顾客的运动健身意识。在全民健身上升为国家战略的背景下，政府借鉴省外新推出的健身模式，使用医疗保险卡购买健身服务卡，推行医保卡健身。[①] 因此，在贵州省的健身行业中，现在贵阳市开通医疗保险卡支付健身费用的试用点，若开设效果理想，再进行多地开展。这不仅可以拓宽医保的功能用途，提高大众参加体育运动的积极性，带动健身场馆的体育类消费，进而促进体育康养产业的发展。

结　语

贵州体育积极响应“健康中国”的号召，全面支持体育产业的发展。中天体育作为贵州体育产业中的代表性企业之一，是体育康养健身服务型的产业，拥有专业的管理团队和教练团队，设计人性化的场馆以及制定清晰的发展方向。因此，在全民健身的大背景下，政府应找准定位，转变政府职能，构建服务型政府，建立健全市场监督管理机制，完善发展模式，推动“体育+康养”产业的融合发展，丰富体育康养产业的市场供给，带动贵州体育场馆周边的体育消费。此外，推行医疗保险卡健身服务，拓宽医疗保险的用途，进而提高国民的身体综合素质水平。

① 李继飞：《昆明商业健身俱乐部的现状调查与分析》，硕士学位论文，云南大学，2017 年。

B.20 贵州省“医养融合”养老机构发展成功案例分析

——以益养苑康养中心为例*

雍忆经**

摘　要：随着人口老龄化时代的到来，养老成为人们日益关注的话题。2013年，发展医养融合在国务院文件中首次明确提出，“医养融合”是我国积极应对老龄化的一种创新型养老模式，有效解决了老龄人在生活护理及医疗需求上的问题。益养苑康养中心作为贵州省具有代表性的医养机构，具有一流的服务品质及硬件设施，高度实现“医养融合”，对促进贵州省“医养融合”的发展具有重要意义。

关键词：康养产业；健康服务；医养融合；发展对策

随着全球老龄化时代的到来，老年人口比重与日俱增，由老龄化引发的各类社会问题不容小觑，巨大的养老压力成为世界各国共同面临的难题。近年来我国把推进医养结合和发展长期照料护理作为“健康中国”战略、积极应对人口老龄化战略的重点，并在政策制度构建与实践尝试上取得了显著成就，① 在全球老龄化趋势背景下“医养结合”应运而生，它是

---

* 本文涉及益养苑康养中心相关运营资料及数据由课题组调研时由益养苑康养中心提供，特此说明。

** 雍忆经，女，布依族，贵州民族大学社会学与公共管理学院2021级硕士研究生，研究方向为民俗学。

① 新华社：《习近平：决胜全面建成小康社会 夺取新时代中国特色社会主义伟大胜利——在中国共产党第十九次全国代表大会上的报告》，共产党员网，2017年10月27日，http://www.12371.cn/2017/10/27/ARTI1509103656574313.shtml。

一种养老新方式，也是我国老龄化日益严重的重要解决措施。贵州充分利用资源优势，发展康养产业，在医疗卫生服务、社会养老与健康养生事业方面不断融合创新。在此背景下，报告选取益养苑康养中心，作为案例进行分析，探索医养融合在贵州的发展现状与经验。

一、益养苑康养中心概况

益养苑康养中心（以下简称益养苑），是遵义市市属国有企业遵义市国有资本运营公司（原遵义金控集团有限公司）下属公司贵州益养大健康产业有限公司全力打造的大型康养服务综合体，是贵州省首家以融合式养老服务模式的示范基地。遵义市国有资本运营有限公司前身为遵义金控集团有限公司，于2020年4月按照遵义市委市政府决定，更名改组为当前名称，注册资本为100亿元，业务范围涉及金融服务、股权投资、资产运营、资本运作、产业发展、房地产开发等方面，现有总资产289.4亿元，是贵阳银行第3大股东、贵州银行第4大股东、道真农商行第1大企业法人股东；旗下拥有遵义市融资担保（集团）有限公司、遵义市国有资产投融资经营管理有限责任公司、遵义辣椒产业集团有限公司、贵州中航电梯有限责任公司、数字遵义建设投资有限公司、贵州益养大健康产业有限公司、遵义市鑫财投资有限公司7家全资或控股一级子公司，公司主体长期信用等级为AA，评级展望为稳定（联合信用评级公司评定）。

益养苑位于遵义市新蒲新区大学城遵义医药高等专科学校二期项目内，主要围绕“老有所依、老有所养、老有所学、老有所乐、老有所为”为宗旨建设的一所集自理、半失能、失能失智老人护理综合养老机构，涵盖老年大学、养老护理培训、老年咨询服务管理等功能，开展老年人护理、旅居养老、养老护理培训、老年咨询服务管理、养老保险、适老化改造服务、老年健康食品、老年健康辅具等业务，全力提升遵义康养水平，推进医疗康养向集群化、高端化、品牌化发展。

益养苑康养中心围绕上述宗旨，全面构建医康养、产教研、文旅养、机构社区居家、科技与服务、公共服务与市场化、公益与企业、党建与为老服务相融合的八大产业模式。

医康养相融合，即康养中心利用周边多家医疗资源（医学院、医专）与项目年长者日常就医、康复、慢病管理需求相融合。通过日常健康体检、巡诊、建立健康档案及急救的绿色通道，形成真正的医康养相融合的服务模式。

产学研相融合，即通过与遵义医药高等专科学校建立实习、实训、就业基地，同时开展教学、人才培养的共建战略合作。逐步形成产业发展引领专业研究，专业研究指引人才的培养方向，人才培养推动产业发展的良性循环。

旅养与文养相融合，即养老服务对象中分为高龄护理型以及低龄活力型，低龄活力老人最大的需求就是旅居养老需求和文化养老需求，可利用贵州气候优势打造旅居度假养老产品，吸引贵州周边省份来贵州感受优质的生态环境，同时享受高品质的老年度假生活。围绕老人文化需求开办老年大学，通过丰富的学习内容充实晚年生活。

机构社区居家相融合，即借助机构的服务能力，延伸到周边社区及居家上门服务，降低居家服务成本的同时，提升居家服务质量。

科技与服务相融合，即利用科技为养老服务赋能。养老服务行业属于传统的第三产业，主要是服务人员为长者提供帮助。近年来信息化、大数据、人工智能、5G 发展迅速，怎样利用科技手段助力传统服务，成为益养苑未来发展方向。

公共服务与市场化相融合，即企业发展核心以市场需求为动力，益养苑作为以市场化服务为导向的企业，同时作为国企也承担着政府社会的公共服务义务，通过开展相关的公共服务，为政府分忧解难。

党建与养老服务相融合，养老服务业目前还是新生行业，但是在老龄化越发严峻的今天，大量离退休老人精神没有寄托，大量从业者找不到职业归属，大量爱心人士及志愿者没有找到被帮助对象。以党建为引领，以“为人民服务”为宗旨，让年长者、从业人员及爱心人士找到正确方向。

公益服务与企业发展相融合，作为一家国有养老服务企业，益养苑勇挑社会责任，将公益服务作为发展中更重要的任务，利用公益项目推动品牌建设。

开展老年人护理、旅居养老、养老护理培训、老年咨询服务管理、养老保险、适老化改造服务、老年健康食品、老年健康辅具等业务，建设一所集自理、半自理、失能失智老人护理的综合养老服务机构。益养苑作为全省一流服务品质的养老企业，使命是让老人享受幸福的晚年，项目服务理念是突出家文化建设，以“给爸妈一个五星级的家”的服务理念，建设一所五星级医养结合的康养中心。

二、益养苑康养中心服务项目及设施

（一）服务项目

益养苑作为全省一流服务品质的养老企业，以亲情化、专业化、品质化、个性化的服务为理念，开设营养膳食、洗浴护理、排泄护理、康复护理、情感呵护、健康服务等内容，面向遵义地区辐射贵州及西南各省，一站式解决长者养老需求，打造全省中高端养老服务综合体。

表 1　益养苑康养中心服务项目

项目名称	服务内容
营养膳食	由专门的健康营养师根据长者身体状况、康复护理方案进行个性膳食定制。营养健康的膳食采用色彩悦目的餐具呈现，使年长者从视觉上到味觉上都充满幸福感。
洗浴护理	由专业的养老护理员按照洗浴流程进行服务，年长者身体状况得到改善，并帮助长者在保持身体清洁的同时放松身心，提高年长者的生活质量，使他们获得更高的幸福感和满足感。
排泄护理	养老护理员服务过程中详细记录年长者排尿、排便，特别是生活自理能力欠缺的年长者，记录包括排泄时间、排泄习惯、大小便排泄量等。掌握年长者的如厕习惯与规律，有效避免年长者大小便护理不及时，减少失禁的次数，预防便秘，维护年长者的尊严。
康复护理	保存年长者的日常独立生活能力，尽量维持年长者的自理能力，由专业康复师根据年长者身体情况制定康复计划，并在年长者身体条件允许的情况下，针对疾病和损伤造成的功能障碍，采取各种康复护理措施，减少或预防后遗症，最大限度地恢复年长者的活动能力，减轻年长者的病痛，促进健康，保持尊严。

续表

项目名称	服务内容
情感呵护	根据年长者的身体状况、兴趣爱好量身定制有益于老人身心健康的益智类活动、闲情娱乐类活动、室内球类运动、外出旅游类活动等，让老人在安全、舒适的生活之余，获得价值感、存在感和满足感，真正意义上“老有所养、老有所乐”。
健康服务	健康建档、24 小时护士值班、健康教学。

注：以上表格内容为作者实际调研所得和益养苑提供内部资料整理而成。

（二）项目设施

益养苑内为独立院落，格局宽敞，环境清幽，植被茂盛，绿化率为 50% 以上。苑内配置长者活动的公共区域及设施，有多功能活动中心、影音室、烘焙室、美发美妆室、琴棋书画室、门球场、儿童活动区等各类文艺活动室。娱乐活动种类繁多，设施齐全，各具特色，使长者老有所依、老有所养、老有所学、老有所乐、老有所为。楼层里面设置宽敞明亮的小型活动区域，设施齐全，长者在这里可以休闲娱乐、喝茶聊天、就餐等，有利于身心健康。

苑内房间布局典雅，适老设施完全覆盖，长者居住处系多层电梯房（6 部电梯），装有中央空调。房型有单间、双人间、套房大床房、套房双床房，满足长者不同需求。所有房间布局和配套设施充分按照适老化要求进行设计。

三、益养苑康养中心消费人群及盈利模式

（一）消费人群

传统上认为的医疗和养老服务的目的在于解决人们因疾病、失能带来的种种问题和障碍，而新健康老龄化提倡“确保健康的生活方式，促进各年龄段所有人的福祉”[①]。将新健康老龄化融入养老服务体系中，需要通过

① 孙鹊娟、田佳音：《新健康老龄化视域下的中国医养结合政策分析》，载《中国体育科技》2020 年第 9 期，第 59 页。

医养结合服务，帮助老年人维持或达到身心与社会功能的健康状态①，不同健康和自理状况的老年人，对医养结合服务需求的异质性较大。尽管失能老年人对医养结合服务的需求最大、程度更高，是接受医养服务最主要的人群，但医养结合针对 3 个不同阶段的老年群体所发挥的作用是不同的②。新健康老龄化理论认为，处于健康水平和功能能力不同阶段的老年人，都应该受到医养结合服务体系的照拂。针对 3 类老年群体，以医养结合服务体系的 3 个基本要素即服务对象、服务内容和服务模式为主要维度，可将医养结合服务的重点内容及主要模式特点归纳如下；

1. 对于功能完好的老年人，通过普及健康教育知识，预防慢性病和保健养生为主。医疗机构与养老机构以联合的形式，起到疾病预防的作用。

2. 对于功能处于明显衰退期的老年人，慢性病诊治和康复训练对增进老年人的健康起到推动作用。

3. 对于失能的老年人，在前两个阶段的基础上，更体现为专业的医疗、长期的照料护理及临终关怀。

表 2　不同类别服务对象的医养结合服务内容与模式

服务对象	服务内容	服务模式
功能完好的老人	疾病预防	医养联合
	保健养生	
能力衰退的老年人	慢性病诊治	养内设医
	康复训练	
失能老年人	专业医疗	医内设养
	照料护理	
	临终关怀	

资料来源：根据孙鹃娟、田佳音：《新健康老龄化视域下的中国医养结合政策分析》，载《中国体育科技》2020 年第 9 期，第 65 页内容整理而成。

① 杜鹏、董亭月：《促进健康老龄化：理念变革与政策创新——对世界卫生组织〈关于老龄化与健康的全球报告〉的解读》，载《老龄科学研究》2015 年第 12 期，第 10 页。

② 杜鹏、王雪辉：《“医养结合”与健康养老服务体系建设》，载《兰州学刊》2016 年第 11 期，第 176 页。

（二）合理的项目定价

入住益养苑康养中心的价格，因年长者身体状况、护理等级和入住房型不同，从3900元/月/人至9000元/月/人不等，综合平均价格，收费在5000元左右。

益养苑还推出试住优惠活动，试住时间4天3晚，试住费用为65岁以上168元，80岁以上268元（包含吃住、娱乐、养生泡脚等费用），试住对象仅限遵义市户籍人口或者在遵退休人员，年龄在65岁以上，活动项目包含烘焙课、棋牌娱乐、美发美妆、养生足浴、联谊舞会、卡拉OK、游戏等。

表3 益养苑康养中心服务项目收费标准统计表

房型	护理等级	合计（元/床月）	优惠活动期折扣及价格			
			8.5折	8.0折	7.5折	7.0折
双人间A户型	自助	3900	3315	3120	2925	2730
	介助级	4500	3825	3600	3375	3150
	介护Ⅱ级	5500	4675	4400	4125	3850
	介护Ⅰ级	6700	5695	5360	5025	4690
	特护	8200	6970	6560	6150	5740
双人间B户型	自理	4050	3343	3240	3038	2835
	介助级	4650	3953	3720	3488	3255
	介护Ⅱ级	5650	4803	4520	4238	3955
	介护Ⅰ级	6850	5823	5480	5138	4795
	特护	8350	7098	6680	6263	5845
双人间C户型	自理	4200	3570	3360	3150	2940
	介助级	4800	4080	3840	3600	3360
	介护Ⅱ级	5800	4930	4640	4350	4060
	介护Ⅰ	7000	5950	5600	5250	4900
	特护	8500	7225	6800	6375	5950

续表

房型	护理等级	合计（元/床月）	优惠活动期折扣及价格			
			8.5 折	8.0 折	7.5 折	7.0 折
VIP 区单间	自理	6000	5100	4800	4500	4200
	介助级	6600	5610	5280	4950	4620
VIP 区套间	自理	8400	7140	6720	6300	5880
	介助级	9000	7650	7200	6750	6300

注：以上表格为实地调研所得数据和益养苑提供的相关数据资料整理而成。

2021 年 7 月，益养旅居开始试营业。位于遵义市新蒲新区平安大道遵义医药高等专科学校二期项目，项目总占地面积 136.5 亩，总建筑面积 11.7 万平方米，旅居房间近 200 间，绿化面积达到 80%以上，夏季平均温度在 25 度。益养旅居严格按照四星级标准装修，布置配备了健身房、大小会议室、宴会厅，可同时满足 350 人会议及就餐需求。旅居酒店不限年龄，包含吃住和娱乐费用，128 元/人需提前预订。益养旅居还配有接送机（站）服务及管家式服务，为客人的食、住、行、游提供全方位定制的一条龙服务。下一步益养旅居还将开设游学体验、旅游团建等，以满足多层次、特色化的宾客需求。

四、益养苑康养中心的发展经验

（一）立足项目资源，精心规划布局

根据项目功能定位，将项目门诊楼、住院楼、食堂作为康养中心的医疗配套；将项目康复理疗楼分层设置为自理、半自理、失能失智老人护理中心；将项目科创楼规划为旅居、会议、培训为一体的酒店式服务中心；将项目辅助用房作为休闲、娱乐、生产等业务用房，拓展老年人服务产业，开发老年人营养餐、康复理疗等相关产品，创办康复器具生产、销售等实体，用好用活项目资源，做强做实公司实力产业。目前，已与新蒲新区卫健局达成合作意向，引进新蒲卫生院班底进驻建设新蒲新区中医院为康养中心医疗配套；对于康养板块，已引进专家提供咨询服务指导、专业

团队运营管理，制定康养标准，全力打造康养产业品牌。下一步将利用项目资源，采取自营、合营、承包等方式，持续不断增加项目功能、拓展产业、开发产品。

（二）立足发展目标，分步投资实施

根据项目建筑设施，康养中心规划设计床位 1000 张（不含医疗部分），分三期进行投资建设，预计约投资 6000 万。第一期投资 A 栋 374 张床位及多功能厅、厨房建设，约 1600 万，前期开放 100 张床位，目前已做好开业试运营准备；第二期投资 B 栋 244 张床位及老年大学建设，约 1400 万，已于 2021 年 6 月前全面完成。第三期根据项目运营情况进行适时推进，拟对相关楼层及两栋辅助性用房进行装修改造及增加相关服务功能，预计投资 3000 万元。整个项目实行分步投资，滚动发展。经测算，2021 年实现 100 位老人入住，实现现金流 600 万元，营收 350 万元以上；2022 年，千方百计实现盈亏平衡；预计第 7 年收回投资。同时，充分争取政策，依托市场，切实加大产业拓展、产品开发力度，持续增加公司营收、利润。

（三）立足品牌标准，建强服务队伍

围绕将项目建设成“遵义第一，贵州一流”的中高端康养服务示范中心这一目标，打造“益养”品牌，公司高度重视人才队伍建设。一是引进专业人才。经过多方咨询、多次邀请，从深圳引进了 1 名从业近 30 年的养老护理专家给提供咨询服务指导；与专注养老行业的贵州梅奥汇好养老服务有限公司签订合作协议，由该公司派驻专业骨干团队运营管理。同时，积极面向社会公开招聘了 11 名护理服务、宣传营销、社工人员，配备了较为齐全的基础队伍。二是培训服务队伍。项目从 2020 年 11 月对外开放以来，公司先后举办了 10 余期 300 余人次养老理论知识、业务技能培训，切实提升队伍对养老行业的认知和服务能力，确保入住老人满意度。三是加强对外合作。在项目推进中，得到了遵义医药高等专科学校、遵义市新蒲新区管委会的大力帮助和支持，与医专、新区管委会签署了合作协议。医专已对项目授牌“遵义康养学院”“教学实践基地”，专门派遣了 1 名熟悉

康养业务的老师参与项目建设，已分别选派3名康复治疗、养老护理、健康营养等专家老师进驻项目指导。新区管委会已将项目列入2021年医养结合试点机构，并明确在水、电、气、税费等方面给予减免。

（四）立足安全防控，做好后勤保障

为保证体验感，切实将项目建成一所"遵义第一，贵州一流""给老年人一个五星级的家"的综合养老服务机构、中高端康养中心。公司一是对项目楼栋、设施设备开展了全面安全排查；二是多次协调医专、新开投、中建四局等相关单位，对设施设备进行了全面调试；三是成立了安全防控领导小组，制定了安全生产、疫情防控应急预案，明确了领导小组、办公室、安保、值守等人员工作职责，安防措施落实到位，确保项目可以正常运营。

五、益养苑医养结合的建议

（一）健全法律法规，加强政策支持

"医养结合"运行的坚实保障是法律法规和政策制度。因此急切需要加强"医养结合"的顶层设计，制定有针对性的法律法规，使有法可依，操作逐渐向标准化和规范化看齐。针对相关法律法规中"医养结合"机构的准入资格，"医养结合"与社区养老的结合，详细规定了不同"医养结合"类型服务的具体内容、质量标准、供给方式、费用支付、运营监管等具体事项。贵州省卫健委印发《关于加快推进医疗健康服务和养老服务融合发展的设施方案》，加快推进健康养老服务机构建设，全面提升养老机构医疗服务能力，深入推进社区居家健康养老服务，大力推动健康养老服务产业发展，拉动旅游、运动、医疗、房地产等方面的消费增长①。法规是政策的有效补充，由于法规的制定、生效周期比较长，因此政策是当

① 老龄健康处：《关于印发〈关于加快推进医疗健康服务和养老服务融合发展的实施方案〉的通知》，贵州省卫生健康委员会，2020年2月23日，http：//www. gzhfpc. gov. cn/zwgk_ 500663/xxgkml/zcwj/xyzcfg/202002/t20200227_ 51882975. html。

下“医养结合”运行的主要推动力，所以在形成医养法律之前，还需要加强政策制定落实。首先，政策措施的可操作性需要强化，行业标准需要统一，做到医养宏观指导政策与微观落实政策相辅相成，发挥其实效作用。其次，政策内容需要创新。针对机构的医养转型，放宽转型机构的资格要求，减少拓展用地的办理成本，简化转型机构的审批登记，提供政策支持和资金支持，加大医养财政补给。最后，政策的落实需要加强。地方政府对中央的政策要结合地方情况落实，加强各职能部门之间信息共享。

（二）强化监督管理，完善评价体系

目前“医养结合”需由不同部门交叉管理，在实际运行中，管理空缺、推卸责任、落实不当的现象经常存在。所以除了成立医养专门管理机构、厘清各部门权责，还需要成立专业的第三方监督评估机构，进行常态化的监督和评估，建立明确的奖惩机制，杜绝部门的不作为行为。一方面，民政部门对养老机构进行监管，但是“医养结合”管理主体复杂涉及机构种类众多；另一方面，医养服务水平参差不齐，部分养老机构面对服务水平与经济效益之间的矛盾时，难以充分保障老年人的合法权益。所以，对“医养结合”机构的运营服务需要加强监督，提高医养服务水平。第一，政府加大对医养机构的管理，加强对机构运营过程的监管，针对机构类型的不同所制定的考核标准不同，实行定期检查制度，加强联合执法，加大处罚力度。第二，在政府的宏观调控下，做到尊重市场发展规律，各主体公平竞争，管理运行良好的机构自然能够出类拔萃。

（三）鼓励多元化资本参与，扩大医养行业筹资渠道

在“医养结合”养老服务模式的推行和发展过程中政府的财政投入起到主体作用，但是养老行业配套设施要求高，资金投入大，政府给予的资金补贴在初始阶段发挥启动作用，在未来的发展中政府应积极引导多元化的资本参与医养服务行业的发展，通过银行、企业等多方主体共同参与，建设多样化的筹资渠道。鼓励遵义市有实力的企业创办“医养结合”型养老机构，与传统的养老服务机构相辅相成，建立“政府主导、部门联动、

医养融合、持续发展”的综合发展体系。

（四）加强舆论宣传，积极转变观念

对绝大多数人来说，传统上是以“家”为单位的，全家人是捆绑在一起的，只有和家人在一起或者住在家里才有安全感，这种观念根深蒂固。只有这种观念得到了转变，才能推动“医养结合”的落实。益养苑可以加大宣传力度。首先，针对老年人排斥进养老机构的心理现象，对于居家养老的局限性和机构养老的优势进行比对分析，加大对养老方式多样化和养老理念现代化的宣传，让更多老年人走出家庭，提高老龄群体晚年生活质量。其次，对“医养结合”模式进行宣传。可以通过开展专家讲座和公益广告的方式进行理论输出，通过开展“医养体验日”的方式，使社会大众对“医养结合”有所了解。最后，加大对尊老爱老敬老理念的宣传力度。通过社会教育和媒体大力宣传，培养学生正确的老龄价值观，提高年轻人尊老爱老敬老的意识，关爱老龄群体，不把老龄群体简单看作是负担，营造社会良好的尊老爱老敬老的氛围。

（五）加强养老服务队伍建设，持续提升照护能力

医养结合服务的提供者是护理人员，老年人高品质的生活保障还需要专业的护理服务才能得以实现。益养苑护理人员多为贵阳、遵义地区高校毕业的医学专业护士，基础护理团队 18 人，引进专家 1 人，益养苑内部为医学专业人员设有实训基地，通过职业院校与企业合作办学，培养定向人才，解决就业难题，既提高学校的办学效率又满足医养结合机构人才需求。但是我国老年护理教育起步较晚，人才供应远远满足不了老龄事业的发展需求。因此为加强“医养结合”护理人员的培训，政府可以免费提供职业技能培训，达到持证上岗，缓解护理人员短缺现象，提高护理水平。

结　语

养老问题是各国共同面临的问题，老龄化现象在我国愈发突出。老龄群体中的独居空巢缺陪伴、高龄身体差、失能难自理等问题不断凸显，越

来越多的老龄群体对医疗康复服务需求大增。我国医疗服务却存在供给不足的情况，在此背景下"医养结合"模式应运而生，这是对养老医疗供给的有效补充。"养"和"医"的深度融合弥补了传统模式的不足之处，老龄群体的多样化需求得到满足，老年人的身体健康水平才能得以提高，为此值得深层次的研究，大范围的推广。益养苑作为全省一流服务品质的医养企业，是贵州省首家融合式养老服务模式的示范基地，益养苑的积极有益探索将推动贵州"医养融合"养老机构的进步，促进贵州省康养产业的发展。

案例分析篇
混合型案例分析

B.21 健康管理医疗康养产业发展现状分析

——以贵黔国际总医院健康管理为例*

熊朝霞**

摘　要： 随着近年来我国逐渐步入老龄化社会，医疗康养产业越来越成为热门发展的领域；医疗康养产业作为大健康产业的重要发展板块，其呈现的良性发展将直接关系到国家经济发展战略以及人民健康需求的变化。从医疗康养产业的消费群体来看，针对亚健康和病患人群进行医疗康养服务是目前康养产业中最成熟的构成部分。本文以贵黔国际总医院健康检查以及所提供的医疗康养服务为案例，对贵黔国际总医院的基本情况、运营现状、发展特色、社会效益，以及在康养产业发展的大环境中医疗康养服务型医院所面临的发展困境进行分析，并提出改善措施与提升建议。

关键词： 贵黔国际总医院；医疗康养产业；社会效益；发展困境

健康是民众生活幸福和国家富强发展的重要标志，健康管理在“健康中国”战略提出后备受关注，康养产业也成为“健康中国”战略中的关键发展项目之一。康养产业涵盖了医疗产业和健康管理产业，其外延包括了促进和维持健康的多个领域，如医药产业、健康体检管理等；在医疗市场普遍提供的医疗服务中，医疗康养服务主要是为客户提供患病前的健康体检预防以及患病治愈后的康养。健康管理是随着西方健康服务理念的普及

---

* 本文涉及贵黔国际总医院的相关运营资料及数据由课题组调研时贵黔国际总医院提供，特此说明。

** 熊朝霞，女，贵州民族大学硕士研究生，文物与博物馆专业。

而进入我国，我国在康养产业的发展方面起步虽较晚，但随着近年来人民生活水平以及健康管理需求的提升，以医疗康养产业为代表的健康管理在大健康产业的市场上，逐渐发展形成了医院、医疗、体检服务三种模式。与此同时，医疗康养市场上的医疗服务产品也随之增多，形成了以健康管理为主的康养产业逐渐发展壮大，辐射范围渐广、涉及领域增多、组织结构不断优化，提供的健康服务产品不断创新发展的繁荣局面。

一、贵黔国际总医院概况

贵黔国际总医院坐落于贵阳市乌当区东风大道1号，占地面积约300亩，建筑的占地面积约为45万平方米，医院现有床位3000余张，建设总体投资约35亿元①，医院于2019年8月至10月建成并逐步投入运营。将打造为西南地区集医疗、教学、科研和预防保健于一体的大型三级综合医院。贵州省既是红色文化区和少数民族世居地，又曾是脱贫攻坚战的主阵地，在医疗卫生服务方面存在优质资源紧张、分布不均，医疗资源满足不了人民群众日益增长的健康需求的情况，基于此建立了以国资投入为主的混合所有制医院——贵黔国际总医院。医院医师资源为原第三军医大学的专家团队，其收费以贵州省大型公立三级医院的收费为标准，开通了省市医保、新农合等惠民服务。来自原第三军医大学西南医院、新桥医院和大坪医院的100余位军医专家，脱下戎装投入医疗援黔，现已开创了全国第一个严格按照以公立医院收费为标准的大型混合所有制医院，此举措为医疗卫生事业的发展变革指明了新方向。

（一）高端智能医疗器械

贵黔国际总医院采用了最新的医疗建设规划设计，引进了国际医学界先进的医疗仪器设备，为病患提供一个现代化、智能化和生态化的诊疗空间。管理理念和软硬件管理平台都以国际上最先进的服务理念和技术为标准，构建以病人为核心、以电子病历为载体、以完备的医院管理和临床信

① 贵黔国际总医院：《贵黔国际总医院简介》，贵黔国际总医院，2019年，http：//www. gigh. cn/index. php？ m=content&c=index&a=lists&catid=2。

息系统为支撑的信息化体系，实现客户在医院的体检数据可以在医院内部重复利用，以及所有流程医疗数据闭环管理和高级医疗决策支持，达到单一医疗机构信息化建设的最高水平。

医院在核医学科已经使用了国际最先进的进口西门子 New Biograph mCTs 型 PET-CT（见图 1），该设备是全球首台具备 Flow Motion 技术的 PET-CT 影像设备。其一，该设备采用亚毫米高精变焦变速、植入式门控、低剂量球管等创新领先科技，可实现高精准度的 PET 连续进床安全扫描。其二，PET-CT 设备具有目前唯一可在活体上显示生物分子代谢、受体及神经介质活动的新型影像技术。例如，恶性肿瘤组织呈现出的高代谢图像会和正常低代谢的情况有着强烈的对比，通过反映出来的变化即可定位病变组织，对病变状态进行诊断和分析。其三，PET-CT 扫描检查是目前影像医学最先进的检查手段。综上所述，医院引进使用该种设备有以下三点优势：第一是安全程度极高，把辐射剂量降至最低，安全程度升到最高；第二是定位极其精准，成像质量是传统设备的两倍以上；第三是连续进床扫描，让静态数据与动态数据实时显示，实现零等待。

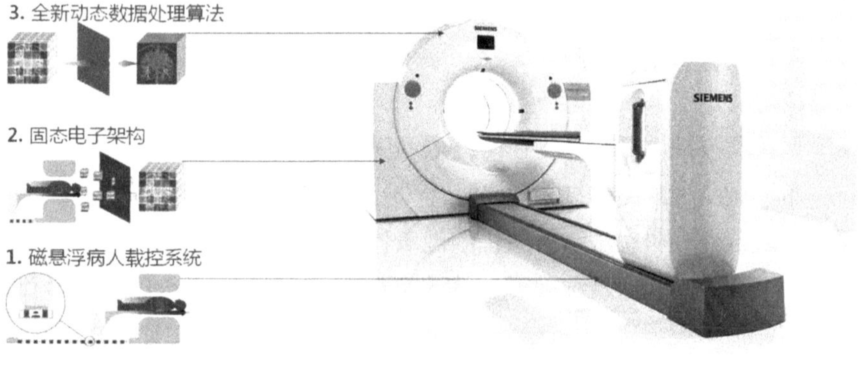

图 1　现代医学科技之冠 PET-CT

另外，据贵黔国际总医院相关负责人介绍，医院所引进的高端智能医疗器械“达芬奇手术机器人”（见图 2）系统汇集多项高新科技于一体，使得外科医生不再亲自上台，在远离手术台的操控台上也能通过观察立体的腔镜手术画面进行操控，达芬奇机器人的机械臂可在主刀医生的操控下为病患实施精准的手术，被广泛应用于复杂的外科手术。相较于人而言，达芬奇机器人可将视野放大10倍，机械手可以在540度的空间内灵活运行，是人手活动范围的3倍，尤其是在狭窄解剖区域中更凸显它的优势，突破了人手的局限，使手术更安全、更精准、更微创、更稳定，可减少术后并发症，缩短患者术后恢复时间。①

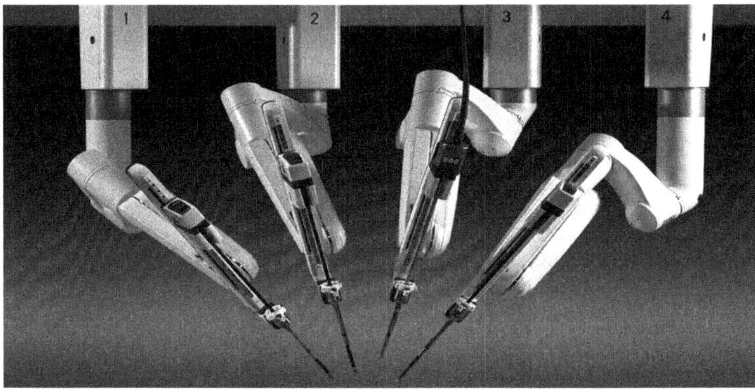

图2　第四代达芬奇手术机器人

（二）健康管理服务及定位

医院注重提升康养业务与康养发展，为满足民众对医疗康养层面的需求，医院通过提供系统、专业的言语吞咽训练、站立平衡训练等一系列训练，帮助病患恢复身体机能和自理能力。对于前来就诊进行健康管理的病患，医院首先对病患进行常态化的健康体检分析，并建立与存放相对应的健康档案，同时针对状况较差的病患开展健康风险评估和自理能力评估，并依据评估等级对病患制定健康管理和进行分级护理，且前来就诊的病患在进行健康体检后，若发现存在重大危害病症需转移至医院内部的其他科室时，其健康体检的数据可在医院内部进行共享，免去病患再次体检就治的麻烦；医院为前来进行健康管理的民众从生活护理到康复医疗、运动、心理护理等方面制定好个案服务流程，满足民众对健康管理的需求，并进

① 访谈人：熊朝霞，访谈对象：贵黔国际总医院副院长杨康，访谈地点：贵黔国际总医院，访谈时间：2021年8月2日。

行定期评估分析，及时调整适应病患恢复、调养的方案。除此之外，医院积极与附近社区、学校、家庭结成帮扶对象，通过进入社区指导、入户随访为民众提供健康指导、康复医疗培训，通过切实的行动把健康管理服务的范围和覆盖面向外延伸。

除常规的康复医疗服务外，医院还提供了健康咨询、健康体检、康复疗养、就医治疗为一体的健康管理服务。医院通过采取非医疗手段对病患进行身体机能的恢复、调理，生活方式的指导，使患者自愈能力得到恢复。前往医院进行健康管理的病患分为两类：第一类是处于稳定期的慢性病患者，其通过主动前往医院制定的健康管理可使身体机能长期处于稳定状态和恢复；第二类是病情变化较大、病情较重的患者，通过去医院的治疗一段时间使其病情稳定，康养医院通过对病患进行健康管理评估后，配套医院专业医护人员进行饮食疗法、运动疗法、心身医学疗法等，记录相关康复病历进行对比，精准地制定管理规划。

二、贵黔国际总医院的发展现状

贵黔国际总医院的落成瞄准了康复医疗市场，有效地补充了贵州省现有的康复医疗资源。此外，医院在社会资本办医方面的探索也将为整个康复医疗领域和非公立医院医疗的发展积极贡献宝贵经验。从我国康复医疗发展大环境来看，我国康复医院总量不足、康复专业人才不足等缺陷明显存在。目前我国康养医疗医院正朝着预防、保健、治疗、康复四位一体的方向发展，康复医疗医院的建立有利于为我国西南地区提供新的发展动力。

医院通过探索建立分层级、分阶段的康复医疗服务体系，逐步实现患者在综合医院与康复医院、基层医疗卫生机构间的分级医疗、双向转诊，并鼓励社会资本作为增量进入康复医疗服务领域。贵黔国际总医院的建立，正是我国现在康复医疗供需缺口大、国家政策不断鼓励社会资本参与的双重资本。相较于传统的综合性医院，贵黔国际总医院一方面在硬件和服务上秉承国际的新理念和高标准，积极与国际先进的康复技术接轨，把国际一流的康复专家和康复研究成果引入中国；另一方面，医院也将着力加强患者教育，让越来越多的人民群众认识康复、了解康复，帮助更多的民众提高生活质量。

（一）运营情况

医院现有医养结合床位约 200 张，医疗康养结合区域合理分为重症照护区、慢性康复区、失能失智功能区。在康复设备上，医院引进智能训练康复机器人、听视觉综合训练仪等先进的康复设备，为入院的病患提供优良的硬件设备。针对需长期照护的重症病患，为其提供气管切开、鼻饲等医疗康养需求，对步入生命尾期的病患提供安宁疗护，对其提供身体、心理以及精神上的支持，帮助其有效地缓解痛苦和不适。通过对医院 2020 年全年的营收数据以及收治病患数量进行统计，2020 年医院全年总收入 41383 万元。其中医疗总收入为 39770 万元，分别为门诊收入 7498 万元、占 18.85%，住院收入 28879 万元、占 72.62%，体检收入 3393 万元，占 8.53%（见图 3）；实现了医院人均医疗收入 33.6 万元，超额完成 2020 年的运营目标。

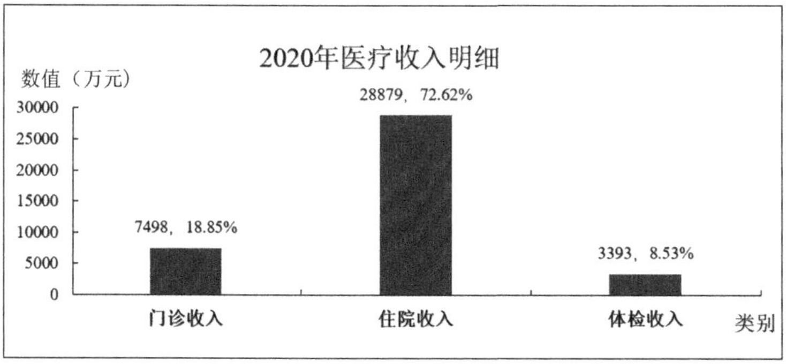

图 3　贵黔国际总医院 2020 年医疗收入明细图

医院在 2020 年全年的医疗收入中，医药占比为 27.2%、耗材占比为 19.5%、检查费占比为 14.8%、检验费占比为 12.4%、医务性收入占比为 25.5%。首年门诊量 212694 人次，住院量 16575 人次，其中省医保占 29%、市医保占 44%、省农合占 5%、市农合占 12%、自费病人占 10%

（见图 4）；其中，健康管理中心总收入为 3393 万元。①

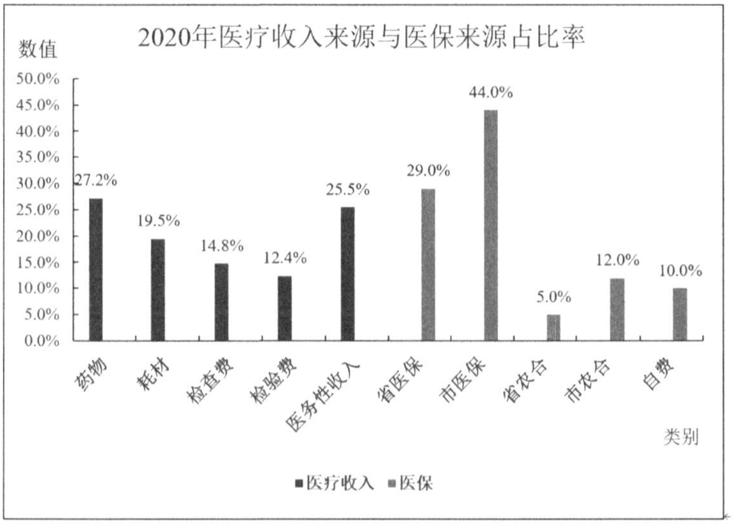

图 4　贵黔国际总医院 2020 年医疗收入来源与医保来源占比率图

（二）发展特色

贵黔国际总医院是一所混合所有制医院，其中国有股份占 63%，民营股份占 37%，是西南地区最大的集医疗、教学、科研、预防保健于一体的混合所有制的大型综合医院；除常规的康复医疗服务外，医院还提供了健康咨询、健康体检、康复疗养、就医治疗为一体的健康管理服务。设置临床科室和医技科室 40 余个，并将按计划分期分批打造贵阳市、贵州省以及国家重点学科和实验室。医院发展至今，已形成以下几方面特色。

第一是医院在救治方面初步形成区域性“疑、难、险、重”重大疾病救治中心的雏形。基于社会经济的发展给医疗市场带来了一系列的变化和新机遇，健康管理热潮下民众对健康意识和健康需求提升，医院突破了传统以提供治疗为主的医院，把康养医疗作为医疗服务的重要组成部分，指出健康管理所提供的服务并不仅局限于病患疾病本身，其本质在于对病患

① 数据来源：贵黔总院党委发〔2021〕3 号，关于引发《张绍祥同志在贵黔国际总医院 2020 年年终总结表彰大会上的讲话》，2021 年 2 月 5 日，第 2 页。

术后身体机能的康复和生活自理能力的提升。通过实际走访调研了解到，医院住院病人量占门诊病人量的7.79%，远远高于国内三甲医院，来院就诊病人不少都是疑难重症。医院自2019年运营至今，所开展的四级手术占比高达87.8%，医院融合多个学科成功开展了一系列复杂高难度的手术，部分手术是贵州首例，部分手术是西南地区首例。

第二是在科、教、研方面也有良好开端与成果。医院自2020年投入运营以来，以“贵黔国际总医院”为工作单位，在医学研究方面已经获得了卓然不菲的成果。这是基于康养产业萌芽发展时期研究型医院建设的首批成果，对今后医疗康养服务型医院的发展具有先导性和示范性意义。据统计，医院在2021年共接收四所大专、本科学校的实习生40人；见习护士40人，进修护士7人。医院与外界高校联合培养专业人才，持续推进标准化建设，构建以康养医疗科、教、研一体化的产业布局，实现医疗康养复合型人才的良性互动，通过快速组建人才队伍，提升学科力量，为民众提供高质量的健康管理服务，助力提升地区的康养医疗水平。

第三是在管理业务能力方面创新发展。改变传统医院病人入住需提前办理缴费业务这项操作，贵黔国际总医院医保中心、信息科、财务部、药学部、临床科室等多部门和科室通力协作，创新住院病人结算模式，使得入住病人能够在床旁直接进行结算，极大改善了患者就医体验，成为贵州省首家开展“床旁结算工作”的医院。

三、医疗康养医院发展面临的困境

目前，我国康养医疗市场需求庞大，发展前景广阔，但其市场的有效供给不足，在目前现有的医疗康养医院中存在品牌造势不足和基础设施、康养专业人才匮乏等问题。此外，随着民众健康管理意识的增强，市场上提供健康管理的医疗康养机构如雨后春笋，但受限于康养产业的市场回报慢、管理模式粗放、政策不完善等因素的制约，我国医疗康养产业尚未形成成熟且完善的体系。

（一）品牌打造需转型

品牌是医院对外推广宣传的服务定位和特色，以贵黔国际总医院为例，如图5所示，医院在2020年3月份医疗收入达1400万元，4月份达2200万元，到9月份增长到4795万元，10月份为4745万元；在第四季度，每日门诊病人量保持在1000左右，住院病人量保持在800人左右①。通过分析医院发展初期阶段的营收以及日门诊量的数据，到第三季度，发展增速放缓，至第四季度，开始趋于稳定，出现了康养服务型新建医院发展的第一个"平台期"，说明医院发展初期以"军医"为品牌进行对外宣传已经起到成效，但以此作为品牌推广的后续力度不足。因此，大力提高医疗康养型医院曝光度和知名度，加大医疗康养市场开拓的力度和支撑力度刻不容缓。

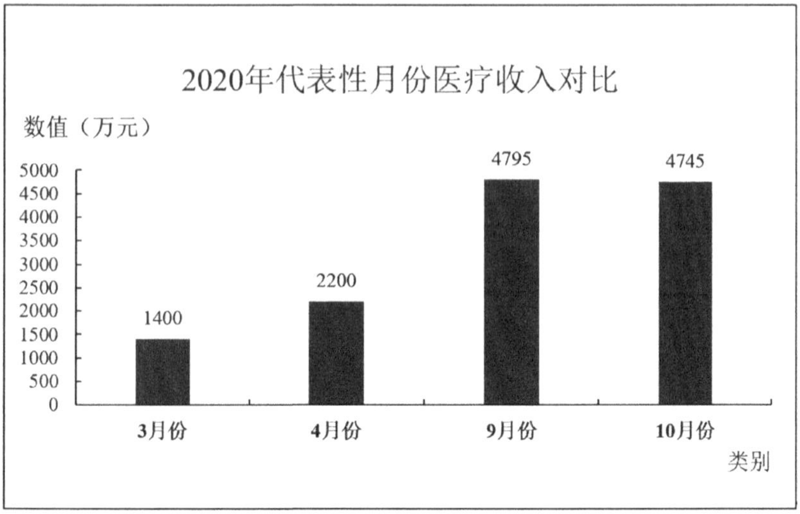

图5　贵黔国际总医院代表性月份医疗收入对比图

（二）管理及运行机制不顺

医院管理构架和运行机制亟待理顺，多部门多职能导致职务叠合带来的工作不便以及管理不到位，使得医院内部累积的各种矛盾开始凸显。据实地考察得知，医疗康养型医院管理在以下几方面存在不足：第一是药

① 数据来源：贵黔总院党委发〔2021〕3号，关于引发《张绍祥同志在贵黔国际总医院2020年年终总结表彰大会上的讲话》，2021年2月5日，第10页。

品、试剂、耗材供应商供货的及时性、跟进服务的紧密性都需提高，重大后勤保障等关键部位（消毒供应中心、锅炉管路及中央空调系统等）存在隐患。第二是财务付款、报账手续烦琐，审批流程过长，耗费了科室护士长、护士、医院机关工作人员的工作时间，大大增加了时间成本。第三是医院内部责、权、利关系建立不明晰，以及现代医院（企业）管理体制和运行机制也不明确，切实落实到位状况不明，需要相关机构对此进行监管与调整。

（三）相关扶持政策有待完善

医疗康养服务型医院的市场发展潜力巨大，康养产业具有较强的政策导向性，但其在实际的市场发展中，与之相关的激励、扶持政策往往落后于市场的发展速度，且民众对于医疗康养服务型医院的需求远高于市场上的供给，而政府层面对于医疗康养型医院所提供的资金补助和税费减免的优惠政策力度不足。据实际走访调研得知，医院在践行国家医保局所颁布的政策中，为保证惠民利民，医院内部依据相关政策做出了药品、器械选购及价格调整。据了解，医院现已进行了多轮数百个品种的药品、耗材的招标带量采购，医院内部的部分药品平均降价幅度为75%～85%，部分高质耗材降价幅度在90%以上。以医疗器械“冠脉支架”为例，其价格从12000元降为700元，其他高值耗材集采也在相继展开价格调整。医院对药品、耗材的降价举措使得全院医疗总收入和供应链利润急剧下降，这一系列运作导致医疗康养型医院在开发并提供医疗康养服务时需要花费高昂的成本，因此医院对所能提供服务的人群有限。

四、促进医疗康养医院发展的建议

（一）以学科建设为辅，打造知名品牌

要使医疗康养医院的核心竞争力和整体发展水平得到提升，需加强学科建设，建设打造医疗学术研讨基地，打造一流的高质惠民医院。为建设医学强院需加强以下三方面：第一是要始终强化医疗质量和医疗安全，深

入实践多学科诊疗模式，以不断提升诊疗水平为基础，使医院强势学科更强，弱势学科变强，加强新增学科的建设，形成“千帆竞发”的发展态势。第二是力争成为著名高校或医科大学的附属医院，让高校丰富的师资资源充分发挥作用，为医院人才队伍后备建设筑牢根基。第三是启动研究型医院建设，鼓励医院开展科研项目及新技术、新业务。对高层次科研立项、高水平研究论文、高质量研究成果进行奖励，设立科学研究基金，激发医院医护人员科学研究与技术创新的热情。

（二）加强队伍建设，完善绩效管理

医院需按照现代化医院管理的客观规律和运营机制、管理模式，建立财务监管、自主运营的管理构架，实行高效、流畅的医院运行机制。第一是牢固树立“人才资源是第一资源”的观念，加快医院专业技术人才队伍、经营管理人才队伍的建设。第二是扫除观念壁垒，畅通医院优秀人才引进的“绿色渠道”，重视建立“人才引进基金”，用于人才引进安家费等支出；并以各种形式吸引医院急需的健康管理、医疗康复型专业人才，进一步优化和升级医院现有专业技术人才队伍结构。第三是参照华西医院的人才管理与激励模式，按照其核心层、骨干层、基本层等三个层次的分类完善人事聘用管理、岗位管理、职称管理等制度，根据医院发展情况定编、定员、定岗、定责、定薪，并完善人事绩效管理体系。第四是建立体现岗位差异、兼顾学科平衡和技术服务价值的人事薪酬制度。根据医院经营管理不同时期、不同侧重点建立符合医院发展规律的绩效分配方案，做到多劳多得、优绩优酬。

（三）以政策为依托，创新提升服务

为提升医院医疗服务的质量与水平，打造惠民利民的一流医疗康养型医院，应强化医疗康养产业的政策扶持力度，加强医院科研项目及新技术、新业务的开展。第一是要以病人为中心，兼顾医院正常营收以持续发展，在进一步规范临床诊疗的基础上，开展临床路径管理工作，做到保证医疗质量和控制医疗成本，严格按照国家卫健委制定的病种临床路径明确医院管理工作。为医保支付方式改革打好基础的同时，适当与

当地康养协会、相关政府机构进一步协商，取得政府的扶持政策，实现医疗康养型医院可持续发展。第二是加强医院信息化建设，达到电子病历分级评价五级标准，实现医院办公和电子病历无纸化，建立适合医院发展的信息系统。第三是在医院医疗服务流程、后勤保障流程和行政管理流程上进行合理的分析优化，提高患者及员工满意度。此外，医疗康养机构有必要实行创新医养结合的医疗养老服务，在当前人口老龄化发展的背景下，要着眼于养老服务市场的需求变化，确保医疗康养服务机构针对老年人的养老服务与医院提供的医养有机融合发展，政府层面应加大对医疗康养机构的软硬件设备、医养专业人才的补充与提升，并协调好与医保、民政、卫健委部门对医疗康养机构的补贴、扶持力度，实现和提升医疗康养机构提供术后康复、生活护理、医养护理、休闲娱乐等一体化的康养服务。

结　语

现今，居民的生活水平和医疗康养水平在不断提高，但具体到医疗卫生公共服务的层面上，仍旧存在资源分配不均衡、区域发展不平衡等问题。因此，大力发展医疗康养产业，提升医疗康养水平，均衡医疗康养资源，促进医疗康养产业健康有序发展，完善地方社会保障措施正值其时。在 2019 年《健康贵州行动实施方案》公布以后，健康贵州行动为康养产业的发展提供了良好的政策环境。以本文中贵黔国际总医院为例，该医院遵循着“为百姓造福、为政府分忧、回馈社会、服务人民”的宗旨，在向民众提供生活护理服务、术后调养康复服务的基础上，进一步提升医疗诊治服务、疾病预防服务、康复治疗服务等项目，同时建立了以临床信息化系统为主，全院科室可共享的数字化电子病历，以及业务协同的临床智慧管理服务，成为健康贵州现代化医院建设的标杆，医疗康养市场中为人民服务的样板。在健康管理热潮下，医疗康养产业作为大健康产业中的朝阳产业，不断地在探索中发展，在发展中优化。

为推动医疗康养产业高质量发展，提高民众的生活幸福感，还需在以下几方面进行改善与提升：首先是完善与强化医疗康养产业发展的政策环

境，使其在惠民与利医层面都能达到双向满意；其次是对医疗康养型医院人才引进和运营管理机制等层面进行完善；最后是在一流的医师团队坐诊的基础上，重视打造医学强院的品牌，注重与医学类高校联合进行学科建设，联合建设疑难杂症研究基地和健康管理示范基地，为全国的医疗康养事业提供繁荣发展的经验样本。

B.22 贵州综合康养产业发展成功案例分析

——以华控城乡开发建设有限公司为例*

赵　艺　雍忆经**

摘　要：随着经济社会的发展，我国老龄化、亚健康、生态环境等问题愈加凸显，社会康养需求也在急速上升。在市场需求的助推下，贵州独特的气候条件、民族文化资源等，成为贵州发展康养产业的重要优势资源。本文通过梳理华控城乡开发建设有限公司发展康养产业的概况，归纳总结出制约华控城乡公司发展康养产业的四点因素，并提出相应的对策，以期能够为华控城乡发展康养产业提供参考。

关键词：华控城乡；康养产业；“梦寐太学”

随着社会经济的快速发展，我国人口逐渐呈现老龄化的趋势，亚健康、环境污染等问题都在不断加剧，这对人们的健康造成很大的威胁，因此越来越多的人对健康、养生、保健有了迫切的需求，同时也促进康养产业的发展。贵州拥有“中国避暑之都”“公园省”等美誉，同时有18个世居民族，具有丰富的民族文化资源，为华控城乡康养产业的发展提供众多基础条件。但是华控城乡康养产业在面临市场需求转变时存在

---

* 本文涉及华控城乡开发建设有限公司相关运营资料及数据由课题组调研时该单位提供，特此说明。

** 赵艺，女，贵州民族大学民族学与历史学学院2020级硕士研究生，研究方向为民族学；雍忆经，女，布依族，贵州民族大学社会学与公共管理学院2021级硕士研究生，研究方向为民俗学。

不少亟须解决的问题，如政策落实力度有待提高、康养产业链条较为单一、康养专业人才比较匮乏、康养产业营销方式单一等，这些问题一定程度上反映出华控城乡康养功能未被消费者充分知晓，因此，针对以上问题，提出其发展康养产业的相应举措，以期为综合康养产业的发展提供借鉴思路。

一、华控城乡开发建设有限公司概况

（一）公司基本情况

华控城乡开发建设有限公司在2018年经国家市场监督管理总局核准于北京注册成立。华控城乡通过混改控股项目企业总资产超过120亿元，主体信用评级AAA。

2019年，华控城乡与红湖康养集团战略合并，与中房老龄产业发展集团战略联合，共建国家开放大学北京老年学院康养旅居教育中心，多彩贵州康养中心，与四川省商业投资集团战略联合，联动发展。2020年，华控城乡与江苏大丰港越亚康养城、福建将乐深呼吸康养酒店、武夷宝岛集团酒店、上海虹桥希尔顿酒店等大批酒店、贵州红枫湖度假区、甘肃天祝藏族自治县文旅集团等几个企业进行战略及股权合并。与此同时，华控城乡贵州健康酒业集团和广西华控梦寐实业及投资控股集团成立。2021年，华控城乡自有资产总额超过300亿元，产业规模在国内较大，全国示范基地超过30个，梦寐太学会员入住超过10万人，国家级城乡融合产业示范区3个，国家产业特色小镇3个，产业投资基金300亿元。

企业信用评级

Credit china

企业信用等级证书

ENTERPRISE CREDIT EVALUATION CERTIFICATE

信用编码：BCC911105136

华控城乡开发建设有限公司

统一社会信用代码：91110112MA01AHEJ39

根据GB/T23794-2015，针对该企业的信用记录、经营状况、债务风险、发展前景、结合社会口碑、公众认可度，经审核评估，认定该企业的信用等级为：

AAA

颁发日期：2021年04月06日
有效期至：2024年04月05日
证书查询：www.315gov.cn www.creditbidding.org.cn

BCC

商务信用复认标识　电子证书

证书说明：

1. 企业信用等级自评定之日起有效期为三年。
The enterprise credit rating shall be valid for three years from the date of evaluation.

2. 企业信用等级自实行复审制度，有效期内，每年复审一次。经复审合格的，加盖复审章后可继续使用；信用状况发生变化的，需要重新评定信用等级并更换证书。
The enterprise credit grade shall be subject to review once a year within the validity period. If the applicant is qualified through the re-examination, the re-examination seal shall be affixed. May continue to use; If the credit status changes, the credit rating shall be re-evaluated and the certificate shall be replaced.

3. 有效期内企业改变名称的，必须持证到发证单位办理变更手续。
If an enterprise changes the name of the enterprise within the validity period of this certificate, the person in charge of the enterprise must bring the certificate to the issuing unit for the change procedure.

4. 本证书只证明企业有效期内的信用状况，不作他用。
This certificate only proves the credit status within the valid period of the enterprise, and will not be used for other purposes.

5. 本证书不得涂改、转借。
This certificate shall not be altered or lent.

年审记录：

中国商务诚信公共服务平台
CHINA BUSINESS CREDIT PUBLIC SERVICE PLATFORM
北京诚信通信资询有限责任公司
BEIJING CREDIT INVESTIGATION CONSULTANT COMPANY LIMITED
（央行企业征信业务经营备案编号：10019）

图 1　华控城乡开发建设有限公司企业信用等级（华控城乡开发建设有限公司提供）

（二）公司战略资源

华控城乡内设有康养运营、教务、中国退伍军人关爱基金会军创工作委员会，同时还开办了特殊慢性病康复基地，并研发康养产品。

第一，康养运营主体为红湖康养集团。红湖康养集团在康养及老年服务领域有十多年的行业积累和服务经验，是目前在全国享有盛誉的老年人康养旅居优质服务连锁企业集团，旗下有分布在全国各地的 30 个康养旅居基地。贵州省政府“多彩贵州康养中心”亦全权委托该集团运营，且已经与华控城乡全面股权合并。

第二，教务方面的运营主体为国家开放大学北京老年学院。具有覆盖全国的成人教育资源以及老年教育管理系统，梦寐太学会员与国家开放大学的学籍互通互联，其学籍、教学、师资、管理、考试和证书颁发等纳入国家开放大学体系。

第三，中国退伍军人关爱基金会军创工作委员会筹建覆盖全国的 6000 个社区驿站，帮助 2 万人创业，为 5 万退伍军人提供就业岗位，为 20 万梦寐太学会员提供全面服务，也为国企央企一带一路项目提供就业岗位。

第四，康养产品开发。目前华控城乡上线的康养产品主要分为三类。一是民族医药类。主要以畲药、藏医药、苗医药开发为主，针对颈椎病、肩周炎、足跟痛、腰椎间盘突出及各种腰椎病、股骨头缺血性坏死、脉管炎、骨髓炎、骨结核、糖尿病等疑难杂症。二是食药同源。首先是母婴产品，有针对怀孕期间的药食产品（增强免疫力产品、叶酸产品、DHA 产品等）；幼儿产品开发，益智产品开发、补钙产品、免疫力产品开发、产后恢复产品。其次是中老年产品，主要是针对四高人群、包括五行文化相关产品开发、特殊及常用病产品研发、癌症病人康复、中风病人康复。三是美白产品开发，开发减肥产品系列，针对男性、女性开发面膜、身体调理套餐、化妆品、精油产品等。与此同时，还针对中风病人康复（半身不遂、偏瘫、神经压迫）等几类疾病，建设特殊慢性病康复基地。

二、华控城乡开发建设有限公司的服务项目

（一）“梦寐太学”——全日制退休后继续教育

“梦寐太学”是由华控城乡引入的康养项目，旨在为离退休老人打造一个“梦寐以求”的集旅居、养生、文化、养老于一体的生态健康老年大学城。为老年人退休后的康养生活注入“健康”“旅居”和“教育”三大概念，并以此作为创办“梦寐太学”的品牌核心。“梦寐太学”还推动把“养老”服务人群的年龄往前扩大即将退休的年龄。项目的康养旅居运营由富有行业声誉的“红湖康养集团”运营团队负责，集团具有十多年的康养旅居老年服务良好声誉，目前在全国的 100 多处红湖康养基地中选择符合“梦寐太学”康养旅居及教育条件的整体合并入“梦寐太学”系统，在原有具有服务特色的康养旅居基础上加重“梦寐太学”的“教学”板块。同时还引入“国家开放大学”等正规成人高等院校的大学专业教学体系，由专业的成人高校严格施教，确保教学品质。其建筑形态及功能需求分别为：

1. 私塾式课堂，即开发多处独立四合院建筑院落，作为适合离退休老干部教学研修的专业课堂，开设国学、书画、农林牧、旅游、文理、设计、新能源、新材料、环保、艺术、免疫及抗衰等健康专业教育课程。

2. 康复养生馆，即引进专业的体检中心，开设康复、健身、专家巡诊中心，该养生馆与省内多家三甲医院合作为医院提供术后康复服务。

3. 别墅式教学寄宿楼，即改造修建独立别墅，为康养旅居公寓，并开设国学、诗经、周易、中医、保健、音乐、书画、戏曲、茶艺、禅修、农艺、科普、智库等适合老年人的专业课程。

4. 生态农庄，即借助项目部分农地建设家禽养殖舍、阳光蔬菜种植厅，并借助河道湖面发展水产生态养殖，以开心农场运营模式，与农科院所及农林大学农业专家合作，提供无公害纯天然有机种植和养殖技术。

（二）引入“国家开放大学”等正规大学提供教学保障

“梦寐太学”项目还引进国家开放大学等高校为其提供教学保障，由国家开放大学提供专业规划、各专业科目设计、师资保障、考试管理、成绩单和单科学业证书（全科目专业结业证书可联合颁发《太学证书》）。“梦寐太学”具备教学校园、班级教室、教学设备，按大学要求聘请各科系专业助教、教育行政管理团队，指派太学教育总监、各科系主任、各班主任、财务保障，按协议向大学支付合作办学经费等。“梦寐太学”还分别与美国南加州大学老年学院、加拿大普林斯顿国际学院等境内外高等院校签订《联合办学战略合作协议书》进行国际化联合办学。

（三）“梦寐太学”康养基地—江苏大丰港

“梦寐太学”康养基地所在地由大丰越亚置业发展有限公司提供，大丰越亚置业发展有限公司系华控城乡在江苏省的房地产开发企业，拥有位于江苏省大丰港区新城区内的土地，A4 地块 136920 平方米、A4 区中央湖东西两侧、大雁路东侧地块 89525 平方米以及 A4 人工湖西侧，大雁路东侧 7920 平方米，三个地块合计 234365 平方米约 351 亩，并经当地政府相关部门批准进行商业与住宅房地产项目开发。建设项目整体容积率 1.5（开发建设低密度 35 万平方米别墅和住宅及配套康养城），约 10000 个康养公寓套房，吸纳约20000名梦寐太学会员入住。

三、华控城乡开发建设有限公司消费人群及盈利模式

（一）消费人群——离退休干部、职工、军队退伍老兵

华控城乡主要的消费人群是离退休干部、职工、军队退伍老兵。在离退休干部、职工方面，华控城乡具有覆盖全国的成人教育资源以及老年教育管理体系，“梦寐太学”会员与国家开放大学的学籍互通互联，其学籍、教学、师资、管理、考试和证书颁发等纳入国家开放大学体系；在军队退伍老兵方面，华控城乡筹建覆盖全国的6000个社区驿站，帮助2万人创业，为5万退伍军人提供就业岗位，为20万梦寐太学会员提供全面服务，同时也为国企央企一带一路项目提供就业岗位。

华控城乡为离退休干部、职工、军队退伍老兵提供了许多服务项目。一是大学课堂。开发独立四合院建筑，作为适合离退休老干部教学研修的专业课堂，邀请离退休老教授、教师和离退休老干部前来讲学（鼓励离退休老干部、老教师主持授课）。二是康复养生馆。引进专业的体检中心，开设康复、健身、专家巡诊中心，提供术后康复服务。三是别墅式教学寄宿楼。改造修建独立别墅，为会员提供良好的住宿环境。四是生态农庄。与农科院所及农林大学农业专家合作提供无公害纯天然有机种植和养殖技术支持，为学员提供家禽养殖、蔬菜瓜果种植和水产养殖等农耕平台，也为院内会员及家庭提供绿色无公害有机农产品。

（二）盈利模式——会员制盈利模式

“梦寐太学”实行会员教育经费专项管理，每个会员（配偶或同居者二人）实行每年12000元（人均每年6000元）的收费标准，严格按照教育经费预算进行划拨，不得用于教育以外的开支，确保高品质的教学质量。会员推行终生教育制度，一个专业课程完成后还可以继续后续专业的学习，只要是信托会员，终生享受免费的太学继续教育，真正做到“活到老、学到老”。目前，“梦寐太学”在全国现有30多个基地、在约3万名

常住老龄会员的基础上进一步扩大规模，2021 年常住老龄会员达到 10 万人，并预计在 5 年内达到 50 万个标准间和吸纳 100 万人入住、100 万入学，20 万旅居康养接待能力，建成全日制老年大学和健康养老及旅居生活生态圈。

四、制约华控城乡开发建设有限公司康养产业发展的因素

（一）政策落实力度有待提高

任何产业的发展都离不开政府的引导和支持。近几年国家虽然在康养产业上出台了一系列优惠政策，提供资金支持，但是对于康养产业发展市场需求还存在许多不足。尤其是在具体的实施过程中，由于涉及较多的部门、跨行业等因素致使可协调性降低，还缺少相应的配套实施机制。如贵州省虽已先后出台了《贵州省加快生态旅游发展实施方案》《关于加快推进医疗健康服务和养老服务融合发展的实施方案》《推进森林康养产业发展的意见》等文件，但仍存在无法充分发挥优惠政策对康养产业发展的扶持作用的情况出现。

（二）康养产业链条较为单一

目前，康养产业是一个专业化程度非常高的产业领域，需要依托气候生态实现医疗、康复、休闲等多种元素融合发展。第一，华控城乡主要是依托于“康养+医疗”“康养+研学”的发展模式，然而在康养产业发展中，医疗设施逐渐成为必要条件，是发展康养产业的重要基础，而且在康养产业中消费主力就是离退休人群，年龄都偏大，故发展康养产业的企业都会注重医疗设施的建设，而忽视了“康养”设施的建设；同时，华控城乡开发“梦寐太学”，为离退休人群提供“康养、旅居和游学”居住，但是随着消费水平的不断提升，人们的消费需求也在提高。因此，华控城乡以“康养+医药”“康养+研学”发展模式为主，在产业链条方面还是无法满足公众的多元需求。第二，华控城乡所推出的产品

主要集中在民族药品方面，依托于周边少数民族资源，开发了苗医药、畲医药、美白产品、藏医药等康养产品，目前在其他产品方面很少涉及。

（三）康养专业人才比较匮乏

康养产业是一个专业化程度非常高的领域，对工作人员的服务技能要求较高。华控城乡康养产业发展的重心是“食药同源”游学康养中心，而“康养+医药”融合的新业态需要一批既精通健康知识又懂旅游发展的复合型人才。虽然华控城乡也在致力于培养一大批专业人才，但是仍然不能满足华控城乡发展“康养+医药”融合新业态的人才需求，缺乏专业性、持续性的人才供给，继而难以满足实际的工作需要。

（四）康养产业营销方式单一

在大数据发展的环境下，自媒体已经逐渐兴起，被大众所喜爱。但是华控城乡在营销方面却没有抓住自媒体的优势，更多的是停留在传统的营销方式，主要是采用银行推介、今日头条发布、开发免费 App 等方式。华控城乡在线上的宣传管理方面投入较少，缺少抖音账号、微信公众号、官网等较为普遍流通的宣传平台，甚至进入相关查询页面会出现加载不了或者无法打开网页等现象，导致消费者不能获取相关信息，削弱消费者心中的期待，难以在主流媒体或相关重要窗口进行宣传。

五、华控城乡开发建设有限公司康养产业发展对策

（一）政策：加大扶持力度，鼓励多元主体投资

按照“政府引导、社会参与、市场投入”的运作方式，在政府的引导下，华控城乡应加强多元主体参与，多渠道为康养项目建设引入资金。进一步加大资金投入，主要是针对“康养+医疗”方面，对于护理床位、养老服务中心及养老护理员等，允许企业通过贷款、融资等方式，让更多的信贷资金和社会资金投入康养产业；鼓励各类保险机构进入康养产业发展，参与康养行业的建设。

（二）产业：推进补链延链，激发“链”式效应

一是打造一批示范基地。华控城乡康养产业发展要充分利用贵州康养禀赋优势，将民族文化、美丽乡村和特色饮食作为名片，将贵州 18 个世居民族的风情和民俗文化进行充分挖掘、整理，利用贵州丰富的民族节庆文化为契机提升华控城乡“康养+研学”影响力，打造一批温泉疗养、民族医药治疗保健、健康管理等为一体的康养产业，凸显华控城乡康养产业发展特色。除此之外，还可以将华控城乡康养产业与乡村振兴相结合，发展乡村康养旅游，助力文化旅游业发展，推动乡村振兴目标实现。

二是推动产业融合，形成联动效应。立足贵州良好的气候条件、民族资源、大数据发展等优势，充分发挥康养产业的联动性，加快康养产业与大数据、大生态、大旅游融合发展，形成“康养+医疗”“康养+休闲”“康养+旅游”“康养+农业”等多层次、多领域的康养产业链条，促进产业之间的联动性，形成共生共建共享效应。

三是丰富产品类型，打造精品。华控城乡目前所推出的产品，大部分都是母婴产品和中老年产品，对于其他人群却鲜少涉及。因此，应开发覆盖所有人群的产品，根据不同类型的人群，制定不同的服务产品，做到个性化定制，避免产品同质化。同时也要提升配套设施，让消费者真正感受到“快进慢游”的效果。

（三）人才：培养专业人才队伍，完善人才保障机制

一是挖掘和培养本土人才。坚持运用“培养+引进+激励”相结合的机制，为康养产业的发展提供专业人才支持。华控城乡康养产业的工作人员大部分都是酒店管理专业，在研学教师方面主要是来自贵州大学、贵州师范大学的老师，因此，可以采取“企业+学校”结合共同培养专业人才，采用与学校联合培训的模式来培养高素质的应用型人才团队，利用地区就近就业优势通过与地区高校合作定制化的人才输送，并采用“培训+实践”形式，培育综合应用型人才。

二是提升人才队伍质量。重视康养行业人才队伍的质量，建立专门的专家系统，从专业素养上加强对康养从业人员的技能培训以及增加应急处

理的训练，使从业人员在面对各种危险情况时，都能够从容不迫，沉着冷静地处理各种问题。同时，还应强化从业人员的文化素养和人文知识培训，以提供高质量的服务。

三是完善人才保障机制。由于康养产业的职业认同度较低，工作强度大，年轻群体从事康养行业比例较低。因此，可以通过制定康养从事人员岗位津贴制度，划定康养从事人员的最低工资、法定工作时间等；提高康养从业人员的社会地位，加强社会对其认可度；鼓励企业与开设康养专业的院校开展订单式人才培养。

（四）营销：加强营销推介，强化品牌意识

一是与多方平台合作，拓宽营销渠道。加强与多方平台合作，扩展用户资源，立足“生态贵州”“多彩贵州”“避暑养老胜地”等品牌效应，充分利用自媒体，如抖音、快手、微信公众号等平台大力宣传，吸引离退休消费群体对华控城乡康养产业的关注。

二是创新宣传方式，重视宣传效果。目前，大多数的消费者在选择养老项目时，都会通过上网查询相关信息。因此，华控城乡必然要在各大媒体平台上做好康养产业的互联网营销，留住消费者的目光。第一，提供持续性的营销和“一条龙”式的服务。通过建立华控城乡康养服务网站，在网页上设置大量的专栏为消费者提供康养项目中所需要的衣、食、住、行等各个方面的信息，从而做到“一条龙”式的服务。另外，在网站上要时刻增加营销信息的丰富性、变化性，并允许访问者通过网站的客户服务窗口快速提问和获得答案；第二，打造有个性的自媒体营销。通过自媒体营销，能够达到快速曝光，制造热点话题。向消费者传递产品信息，实现有效的整合营销。

结　语

随着“健康中国”战略的深入推进和群众健康意识不断增强，康养产业呈现快速发展态势。贵州是发展康养产业的福地，打造国内一流康养目的地正当其时。贵州省生态环境优美、民族文化资源丰富、气候宜人，发

展康养产业是贵州应对人口老龄化，主动适应经济发展新常态和全面建成小康社会的一项紧迫任务。作为国内专业康养服务机构之一，华控城乡专注于康养及老年服务产业，打造智慧康养服务体系与大数据信息平台，并在2020年，华控城乡开创性地与国家开放大学北京老年学院合作，共建康养旅居教学中心。在此举措下，华控城乡逐渐形成以“康养、旅居及退休继续教育”产业为基础，形成在全国范围内发起并联合多家大型企业及金融机构参与筹建的全日制、寄宿式、连锁游学康养模式融合发展的业务布局。华控城乡发展康养产业不仅能够满足人们对美好健康生活的需求，而且还将医疗服务、旅游、研学、休闲等多种元素相融合，带动关联产业发展，助推贵州康养产业发展。

B.23 贵州“乳业+康养”产业发展成功案例分析

——以贵州好一多乳业股份有限公司为例*

杨　青**

摘　要： 随着健康时代的到来，民众的康养意识大幅度提升，康养产业得到迅速发展。贵州好一多乳业股份有限公司以全产业链、全环保、安全营养和高级定制为目标，追求健康、养生、绿色、营养均衡，顺应市场需求，顺势加入康养产业建设发展的行列中。研究通过深入了解贵州好一多乳业股份有限公司基本情况，总结促进康养产业发展的优势和公司成功经验，分析发展“乳业+康养”产业的制约因素，提出适宜好一多乳业未来发展的对策和建议。

关键词： 康养产业；乳业；全产业链

如今，发展康养产业是多个省份经济转型升级的关键点，贵州特殊的地理位置，良好的生态和人文资源是发展康养产业的独特优势。贵州好一多乳业股份有限公司的产业属于区域型乳业，通过给贵州的消费者提供新鲜的乳制品，在局部市场精耕细作，发展成为贵州当地的强势品牌。① 贵

---

* 本文涉及贵州好一多乳业股份有限公司相关运营资料及数据由课题组调研时该单位提供，特此说明。

** 杨青，女，贵州民族大学民族学与历史学学院研究生，研究方向为文物与博物馆。

① 侯军伟：《乳业新周期 增长新突破 2020 年中国乳业市场分析及 2021 年市场发展趋势》，载《中国乳业》2021 年第 2 期，第 2—7 页。

州好一多乳业股份有限公司拥有万头奶牛标准化养殖基地和乳品加工生产示范基地，保证奶源质量安全，坚持优质、营养、高端品质，为推动“乳业+康养”产业的发展提供了良好的平台。随着消费者对乳品认知度的提升，好一多乳业将生产专业性强、客户针对性高等产业优势转化为产品优势，针对“康养”人群研发专门产品和满足客户的不同需求，为“乳业+康养”产业的融合发展提供了可能性。

一、贵州好一多乳业股份有限公司概况

2021 年贵州“100 强品牌”榜单上贵州好一多乳业股份有限公司以 15924 万元的品牌价值、739 分的品牌强度，位列第 56 位，成为贵州唯一入围的乳制品企业。2021 年度贵州省农业企业 50 强名单上，贵州好一多乳业股份有限公司位列第 15 位，成为贵州省唯一入围的乳制品企业，好一多乳业的产品品质获得行业认可。

（一）企业简介

贵州好一多乳业股份有限公司属于创新型乳制品企业，是贵州首家通过 ISO9001：2000 质量管理体系和 HACCP 食品安全管理体系双认证的乳品生产企业，同时也是专业性鲜乳制造公司，并且在 2020 年实现利税 6000 万元。天然纯鲜乳制品是公司主导产品，同时还经营饮料、养殖业、种植业、冷冻饮品等。自 2001 年成立以来，贵州好一多乳业股份有限公司与科研机构进行紧密合作，和国内外乳品企业保持横向联系，坚持国际先进技术和贵州乳业发展有机对接，确立了以科技创新支持产业发展的战略目标。在促进公司产业迅速发展的同时，还积极履行企业社会责任，先后获得多项荣誉（详情见表 1）。公司目前拥有世界领先的万头奶牛标准化养殖基地和乳品加工生产示范基地，不仅直接解决 300 余人就业问题，还带动就业 3000 余人，年产值近 5 亿元。近 10 年来，贵州好一多乳业股份有限公司以利益联结机制发动农户种植牧草、开展物流运输，带动周边近千户村民增加收入，帮助 110 户建档立卡贫困户共 460 人脱贫，累计带动农户创收 3 亿元，在脱贫攻坚上发挥出了龙头企

业的带动作用。

表1　贵州好一多乳业股份有限公司近两年所获荣誉

颁发单位	荣誉名称	获得时间
贵州省扶贫基金会	众志成城抗疫情——爱心榜样单位	2020年2月
贵州省农业产业化龙头企业协会	第一届理事会副会长单位	2020年4月
贵阳市商务局	贵阳市生活必需品重点保供企业	2020年7月
中华人民共和国农业农村部	农业产业化国家重点龙头企业	2021年3月
贵州省农业产业化龙头企业协会	2020年度农业龙头企业社会贡献奖	2021年1月
贵州品牌全球传播行动组委会办公室 贵州“100强品牌”展示推介活动组委会 贵州省品牌建设促进会	2021贵州“100强品牌”	2021年5月
贵州省品牌建设促进会	贵州省农业企业品牌50强	2021年7月
贵阳市工商联 贵阳市农业农村局	参与贵阳市“千企帮千村”精准扶贫行动中表现突出的荣誉证书	2021年9月

（二）企业发展模式

贵州好一多乳业股份有限公司坚持“以销定产，以产定养”的发展模式，根据销售量确定生产量；生产量确定养殖规模，进行小批量生产，保证生产量和销售量能够对等。目前，公司拥有国内领先的现代化牧场，为该发展模式的推进奠定了坚实基础；完整的生产链和运输冷链保证乳制品能够在24小时内从牧场送到消费者手中，最大程度保障乳制品的营养价值。该模式凭借生产差异化、产品高端化和营养价值的优势来竞争市场，从而推动了“乳业+康养”产业的发展。

康养产业发展的基础就是自然环境，只有符合国家生态标准的地区才能更好地发展康养产业。[①] 贵州好一多乳业股份有限公司为减少对自然环境的污染，创新贵州生态乳业发展模式，对养殖牧场采用干湿分离技术：将牛粪汇集到集污池，进行干湿分离、沉淀得到干粪和湿粪；湿粪汇集到清液池，一部分加工成天然有机肥料用于浇灌牧场种植基地，另一部分粪水经过净化后穿过22公里管网排到流转的土地上建设湿地，而湿地上不仅可以种植莲藕和水生蔬菜，还可以发展养殖业；干粪可以添加谷壳、菌种、酒糟等添加剂加工成烟草专用肥。由此便建设了“绿色生态循环圈”，实现了环保生态效益和社会效益、企业经济效益的高度契合。

（三）发展历程

贵州好一多乳业股份有限公司建立之初就专注于生产奶源优质的巴氏鲜奶，将消费市场定位在贵州，以迎合贵州消费者的喜好。公司利用产业链优势，保证产品健康、绿色、环保，以让消费者从牛奶中汲取到更多的营养成分。从其发展历程来看（详情见表2），公司同其他乳品企业合作的同时还积极借鉴成功经验，弥补公司短板，根据公司发展现状找到准确的市场定位，明确“乳业+康养”产业的发展目标。贵州好一多乳业股份有限公司在2021年7月16日承办了“国家优质乳工程，乳品新时‘鲜峰’论坛”，推行优质乳工程，大力发展巴氏鲜奶，以构建有序的乳制品行业生态，让更多的消费者知晓并理解巴氏鲜奶的高端品质。

表2　贵州好一多乳业股份有限公司发展历程

2001年	贵州好一多乳业股份有限公司成立
2004年	首个标准化养殖小区；成为贵州省首家通过双认证的乳品企业（HACCP体系和ISO9001：2000质量体系双认证）
2007年	日产200吨液态奶扎佐基地建成
2008年	评为国家级农业产业化重点龙头企业
2009~2012年	引进4000头三代完整全系谱荷斯坦奶牛

① 胡建华、钟刚华：《赣南苏区康养产业发展路径研究》，载《决策咨询》2020年第5期，第93—96页。

续表

2001 年	贵州好一多乳业股份有限公司成立
2014 年	荣膺首届贵州食品最具公众影响力五张名片（杰出品牌），成为贵州唯一获此殊荣的乳企
2015 年	“好一多”模式获得认可并且推荐全国推广
2017 年	唯一获得贵州省生产企业原奶监测资格
2018 年	新增日产 100 吨液态奶全自动化生产线
2019 年	奶源基地后环评获备案通过
2020 年	纳入贵州省上市企业后备目录，“新鲜订”上线
2021 年	通过国家优质乳工程验收

注：根据贵州好一多乳业股份有限公司宣传册整理得来。

二、贵州好一多乳业股份有限公司发展康养产业的优势

“康养产业”是以生命科学技术的发展为依托，随着人们收入水平的提高和“健康理念”的形成，衍生出来的全新产业概念。[①] 从“养生”的角度来看，增强体质、预防疾病是主要目的，推动“乳业+康养”产业的发展的目的是为满足消费者的健康需求推出相关乳制品。贵州好一多乳业股份有限公司的奶源是本地的优质奶，含有丰富天然活性营养。众所周知，牛奶作为全蛋白质食品是人体补充钙和蛋白质的最佳来源，同时还具有助眠、补钙、养颜等功效。牛奶不仅含有充足的钙和蛋白质，还拥有丰富的天然活性营养，容易消化和吸收，成为人们日常生活中最理想的天然食品。公司在生产乳制品时，为了留住更多的天然活性营养，采用 72℃至 85℃的巴氏杀菌工艺，满足消费者在牛奶中的营养所需，全程 24 小时的冷链配送保障，在“乳业+康养”产业的发展中拥有很大的优势。

① 房红、张旭辉：《康养产业：概念界定与理论构建》，载《四川轻化工大学学报》2020 年第 4 期，第 1—20 页。

售模式，同时还推出奶卡服务。公司根据消费者提出的需求和建议，不断进行完善，增加了天天送、隔日送、工作日送、周末送、换着喝、暂定送、一次购等多种功能选择。

（四）线上线下结合的互动宣传模式

贵州好一多乳业股份有限公司不仅专注于乳制品质量上的提升，还先后研发了不同口味的乳制品，占领了贵州95%以上的高端鲜奶市场份额。2021年5月20日，公司推出了新口味酸奶“青梅竹马”。“青梅竹马”采用日本青梅与酸奶融合形成酸甜口味，该口味的推出赢得了很多年轻消费者的喜爱。公司在“青梅竹马”新品推出当天采用了线上互动的宣传模式，利用抖音App发起“全城寻找你的青梅竹马”活动。同时，贵州好一多乳业股份有限公司推出“好一多”地铁专列（贵阳地铁1号线）。“好一多”专列的推出将中国天眼和贵州特色品牌很好地融合，打造出贵阳独特的地铁文化，因此成为贵阳市民的网红打卡点。线上和线下结合的互动宣传模式很好地促进了“好一多”品牌美誉度和知名度的提升。

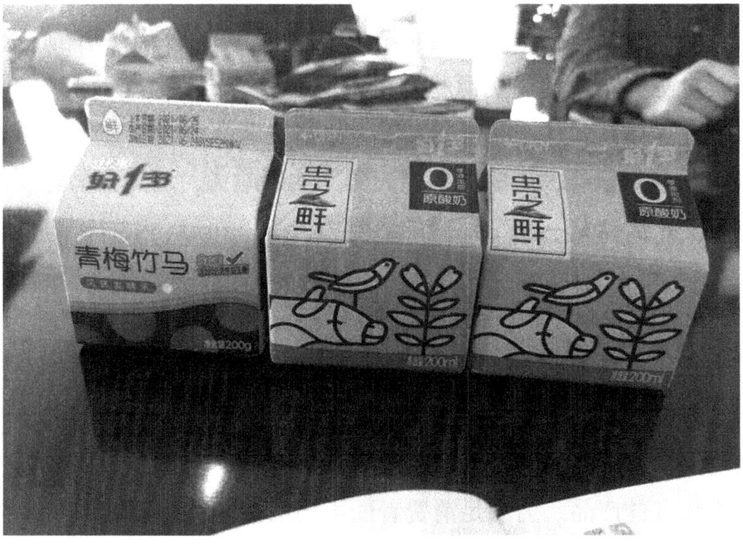

图5 “青梅竹马”酸奶与原酸奶（杨青 摄）

四、公司发展"乳业+康养"产业存在的制约因素

（一）鲜奶配送面积窄，销售范围小

贵州好一多乳业股份有限公司采用"高精尖"的发展模式，亟待在更多城市甚至其他省份宣传推广，让更多的人民喝上高品质的乳制品，但鲜奶的保存、运输等多方面因素制约了好一多乳品的推广。首先，鲜奶的运输要求高，需要全程冷链，大大增加的运输成本，限制了乳制品的销售范围；其次，常温奶为了长途运输和长时间保存，采用高温杀菌，在杀菌过程中，牛奶中所富含的活性营养物质也被破坏殆尽，而公司为了保护巴氏鲜奶的"鲜、活、纯"，只能在低温下保存7到10天，这使得保存时间和条件成为拓宽配送区域的制约因素之一；最后，"乳业+康养"作为康养产业的衍生产业，越来越多的乳企将目光聚集在这个产业上，必然在扩大生产与保证乳制品质量之间存在取舍困难。从消费者角度看，配送过程是否能够最大程度留住产品的中所富含的营养物质，并且及时送到消费者手里为重中之重；从企业角度看，保证食品的营养健康来留住消费者，使其不得不缩小销售范围和配送区域，来确保公司在"乳业+康养"产业发展中的食品质量。

（二）生产成本高，产能不足

近年来，我国奶牛养殖业呈良好发展态势，贵州好一多乳业股份有限公司养殖场的奶牛所喂养的饲料是采用东北的优质青贮饲料和美国进口的苜蓿，配有专职的牛保姆，饮用洁净的山泉水，平均每天每头奶牛的饲养费高达50元。[①] 饲养的成本高，养殖牧场的选址要求高等因素限制了公司奶牛养殖规模的扩大，从而导致产能不足。

公司采用100%全封闭机械化采奶技术，严格遵循灌装工艺流程装入全程冷链技术的灌装奶源车，奶源车立刻把新鲜原奶运送到"好一多"鲜

① 李唯睿：《好鲜奶是怎样炼成的：消费者代表鉴证"好一多"品质》，载《当代贵州》2013年第27期，第48—49页。

奶生产厂进行 CIP 工艺流程、发酵工艺流程、加工工艺流程、包装、储存、配送到最后的验收上每个加工流程有着严格而精细的标准，为了保证每一个工艺流程都达标，不得不提高生产设备成本。目前所生产的设备主要依靠进口；此外乳糖、“1，3-二油酸-2-棕榈酸甘油三酯（OPO 结构脂）”、乳铁蛋白等受到国内产品结构（奶酪产量低）和提纯制备技术及单体工厂产能的影响，高成本的生产设备和进口饲料，加之人工、环保等成本逐渐上涨等方面的原因导致公司产能不足。

（三）替代产品多，市场竞争激烈

贵州好一多乳业股份有限公司在成立之初选择主推拥有新鲜优质奶源的巴氏鲜奶。为了留住鲜奶的活性生命物质和营养，更利于钙质的吸收只能缩短保质时间，提高保存条件，使得好一多鲜乳产品虽然“质优”但生产成本较高。目前，由于乳制品行业的标准门槛较低，消费者对相关专业知识的认知度较浅，无法做出准确的判断，因此很多消费者甚至贵州消费者也选择国内大品牌乳制品，这对“好一多”的市场竞争造成了较大的影响。全球范围内巴氏鲜奶与常温白奶份额比是 7∶3；在中国大陆地区这一份额比是 3∶7。[①] 目前国内乳品市场仍以常温白奶、低温白奶、酸奶及乳酸菌饮料、风味乳饮料等为主，其销售覆盖面远远超过好一多乳制品的销售面积。因此，公司研发新产品和升级换代的能力跟不上市场变化需求，产品生产线较为单一，线上线下融合发展模式还未完全普及，延续传统的销售方式和配送渠道将在激烈的乳制品竞争中面临重大挑战。

五、公司发展康养产业的解决途径

（一）拓宽配送面积，明确配送体系

在乳产品销售方面，贵州好一多乳业股份有限公司要积极适应消费者购物习惯的改变和购物渠道的转换，在进一步做好线下进商店、学校、社

① 农业农村部市场预警专家委员会：《中国农业展望报告（2019—2029）》，北京：中国农业科学技术出版社，2019 年版。

区、企业的同时，更要注重合理布局线上销售渠道，实现线上线下有效并且准确衔接。公司与贵州康养产业商会在用户运营、新品开发、产品推进、品牌建设、供应链提升等方面应开展合作，建设好一多乳制品中转站，借助康养产业商会平台开展康养知识大课堂，提升人们的健康养生意识；同时与不同行业进行跨行业合作，打开新的销售渠道、拓宽配送面积，建立起完整科学覆盖面广的配送体系。

（二）注重奶源建设，发展"乳业+康养"相关产业

贵州好一多乳业股份有限公司极其重视奶源的质量安全，坚持国际乳业发展模式，将养殖牧场放在首位，保证奶源安全。在奶源建设方面，公司应积极借助政策优化种植业结构，示范区、示范点要逐步扩大青贮玉米和优质牧草种植面积，逐步优化饲料种植业结构，降低饲料成本；利用好"粮改饲"等农业结构供给侧项目，采用"种养结合"奶牛养殖方式；[①]提高养殖技术，通过机械智能化生产等措施提高饲料转化率，运用疾病诊断试剂盒技术快速开展奶牛常见疾病的诊断，减少成本损失。随着社会经济的迅速发展，康养产业逐渐走进大众的视野，贵州康养产业商会致力于加快康养产业市场化、专业化、多元化、国际化发展，推动康养产业成为贵州经济增长的抓手，实现不同行业的高度聚集，产业的深度融合，康养关联业态的一二三产业联动发展。贵州好一多乳业股份有限公司与康养产业商会合作发展"乳业+康养"产业，推动乳业与旅游、保健、康复、医疗等行业跨界合作，增强公司快速响应市场的能力，准确把握客户消费倾向和需求，以提供多元化的优质鲜乳制品。

（三）研发新产品，扩大竞争优势

研发新产品是公司扩大竞争优势的关键点，贵州好一多乳业股份有限公司应开展母乳活性成分、功能配料、高蛋白和特殊乳制品的技术新领域的研究，积极与高校、科研机构合作，重点培养鲜乳制品的营养技术研究实力。目前，公司乳制品的质量安全检测数据达到欧盟标准，可以利用这

① 何志强：《我国乳业发展现状与前景分析》，载《中国乳业》2021年第4期，第20—23页。

一优势研发能够满足婴幼儿、青少年、中年、老年等不同年龄阶段的营养需求产品，增加运动型、营养型、保健品以及特医食品等乳制品的生产，提升乳制品价值链，实现多元化经营，满足消费者多样化需求，进而推动“乳业+康养”产业的快速发展。公司应继续发挥品牌优势，利用外部支持政策，优化销售渠道、提升售后服务、收集消费者意见、提高消费者对“好一多”品牌的认知度和依赖度，借助贵州康养行业商会争取更多的消费群体，扩大竞争优势。

结　语

贵州好一多乳业股份有限公司跟随“大健康”的时代脚步，将目光聚集在康养产业这个新兴产业上，促进“乳业+康养”产业的融合发展。未来，公司仍将奶源的质量安全作为发展的重要驱动因素，并延展至全生命周期的营养供给，使其成为消费者选择的决定因素。公司与贵州康养产业商会联合建设“公司+商会+商会合作企业”的销售链，不仅有利于提升贵州好一多乳业股份有限公司的美誉度和竞争力，还有利于打造全方位多层次贵州康养产业新业态。